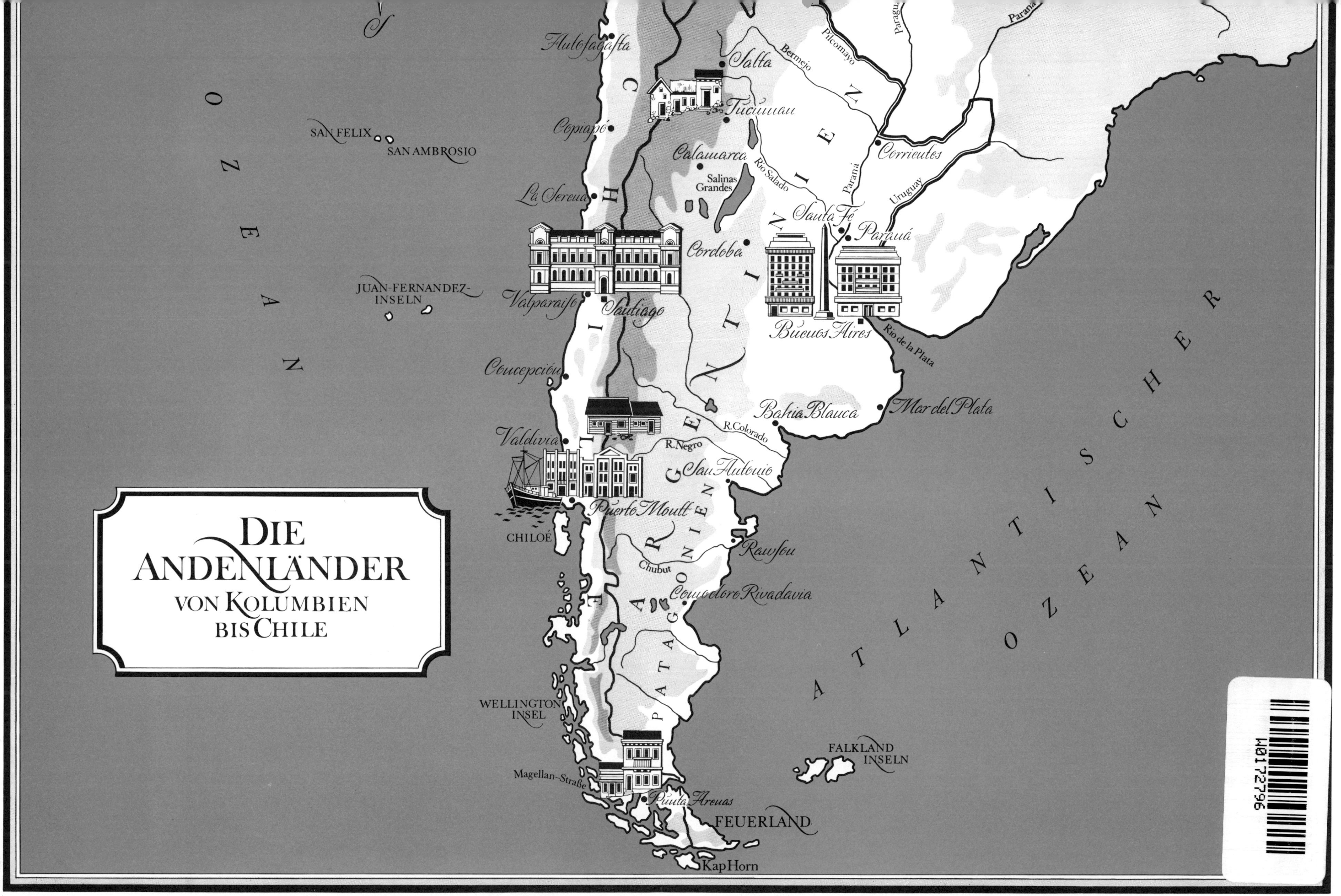

DIE ANDENLÄNDER
VON KOLUMBIEN BIS CHILE
OZEAN
ATLANTISCHER OZEAN
CHILE
ARGENTINIEN
PATAGONIEN
Antofagasta
Copiapó
La Serena
Valparaíso
Santiago
Concepción
Valdivia
Puerto Montt
CHILOÉ
WELLINGTON INSEL
Magellan-Straße
Punta Arenas
FEUERLAND
Kap Horn
SAN FELIX
SAN AMBROSIO
JUAN-FERNANDEZ-INSELN
Salta
Tucuman
Catamarca
Salinas Grandes
Córdoba
Rio Salado
Santa Fé
Paraná
Corrientes
Uruguay
Pilcomayo
Bermejo
Paraguay
Buenos Aires
Rio de la Plata
Mar del Plata
Bahia Blanca
R. Colorado
R. Negro
San Antonio
Rawson
Chubut
Comodoro Rivadavia
FALKLAND INSELN

Im Schatten der Anden

Nora von Reiswitz

Im Schatten der Anden

Kolumbien · Ecuador
Peru · Bolivien
Argentinien · Chile

Süddeutscher Verlag

Mit 110 Farbbildern nach Fotos
von Nora von Reiswitz

Schutzumschlag: Die Vorderseite zeigt die Cordillera del Paine in Chile, die Rückseite ein Papyrusschilfboot am Titicacasee in Bolivien.

Die Vorsatzkarte zeichnete Christl Aumann, die sechs Länderkarten im Textteil sind von Neuwirth-Bösch.

ISBN 3-7991-6096-5

Reproduktion und Druck: Karl Wenschow GmbH, München
Bindearbeiten: R. Oldenbourg, München

Inhalt

Bilderverzeichnis

Vorwort

Aus der Anfangszeit der Geschichte des amerikanischen Kontinents wissen wir nur wenig. Vor ungefähr fünfzehn- bis zwanzigtausend Jahren wanderten Menschen aus der Mongolei und Sibirien über eine Landenge, die damals in Höhe der Beringstraße noch bestand, auf den amerikanischen Kontinent. Sie zogen allmählich gen Süden, teilten sich in kleine Gruppen auf, die dem Jagen und Sammeln nachgingen und in Höhlen lebten. Von den Einwohnern aus späterer Zeit wurden einfache Steinwerkzeuge gefunden; sie sind wohl etwa zehntausend Jahre alt. Weitere Funde aus so »grauer Vorzeit« sind Höhlenzeichnungen in verschiedenen Gegenden des Kontinents. Später müssen Menschengruppen aus Japan, Polynesien und sogar Australien in Booten über den Pazifik von Strömungen um die Nordküste von Hawaii getrieben worden sein, die dann in Mittel- und Südamerika an Land gingen. Sie besiedelten nicht nur die Küstenstreifen, sondern zogen auch in das Gebirge und weiter nach Osten in den Urwald oder in die großen Ebenen. Die Besiedelung war ein langsamer Prozeß, der sich über tausende von Jahren hinzog; heute haben wir kaum Kenntnisse darüber, da die Menschen meist in Pfahlbauten aus Holz lebten und so keine Spuren hinterließen. Keramikfunde, die bisher als die ältesten des Kontinents bezeichnet werden können, wurden vor wenigen Jahren an der Westküste Ekuadors gemacht. Es sind kleine Terrakottafiguren, die einem Kulturbereich zugeordnet werden, dem der Name »Valdivia-Kultur« gegeben wurde und der sich auf die Zeit von 3200 bis 2000 vor Christus datieren läßt. – Die Namen der Kulturen lehnen sich an die Namen der Fundorte an.

Wenig später ersteht in Peru eine der gewaltigsten und größten Kulturen Lateinamerikas, »Chavín de Huantar« genannt, nach dem kleinen Dorf hoch oben mitten in den Anden. Der Beginn dieser Kultur wird von Wissenschaftlern heute auf etwa 1200 v.Ch. datiert. Wir nehmen an, daß die Menschen, die in Chavín ihre Tempelanlage bauten, aus dem Amazonasgebiet in diese einsame Bergwelt gezogen waren, denn dem Gott, den sie dort in Stein meißelten und anbeteten, gaben sie die Züge des Jaguars – ein Tier, das nicht in kahlen, kalten Berghöhen lebt, sondern im Urwald. Dazu kam die Schlange, die Göttin der Erde, die auch die Feuchtigkeit und das schützende Blattwerk des Waldes braucht. Das dritte Symbol ihrer Götterwelt war der Kondor, der Herr der Lüfte, als Sinnbild der himmlischen Macht. Die Kultur von Chavín hat sich im Lauf von fünfzehn Jahrhunderten über weite Teile Südamerikas ausgedehnt. Um unsere Zeitenwende wanderten Olmeken aus Mexiko bis nach Peru, brachten die gleiche Götterverehrung und -darstellung mit und mischten sich unter die Kultur von Chavín de Huantar.

Einflüsse dieser Kultur finden wir heute von Kolumbien bis Bolivien. Sie bildet wohl die Grundlage aller großen Kulturepochen der Andenländer. Auch die Grundmauern der großen Anlage von Machu Picchu aus inkaischer Zeit sollen in der Chavín-Epoche gebaut worden sein. Seine Götter stellte das Volk von Chavín meist abschreckend dar, mit riesigen Zähnen, entweder die Haare als Schlangen ihren Kopf umzüngelnd oder in den Händen Schlangen, umgeben von Adlerköpfen. Statt Händen hatten sie oft große Klauen wie ein Raubtier.

Erstaunt es uns wirklich, daß in den alten Kulturen Lateinamerikas Tiere als Gottheiten verehrt wurden? Der Franzose Pierre Honoré versucht in seinem Buch *Ich fand den weißen Gott* einige Parallelen aufzuzeigen: War nicht der Panther das Symbol der Artemis, und bewachten nicht Adler und Schlange den Ölbaum der heiligen Astarte? Finden wir nicht schon bei den Sumerern die Schlange als Erdmutter dargestellt, in Kreta die Göttinnen, die in jeder Hand eine Schlange tragen? Schauen wir uns die zentrale Götterfigur des Sonnentores von Tiwanaku im heutigen Bolivien an: auch sie trägt in jeder Hand eine Schlange. Aber nicht nur hier haben wir Übereinstimmungen zwischen der Alten und Neuen Welt. Kannten die Indianer Lateinamerikas möglicherweise auch die Bibel? Wir sollten uns mit einigen der vielen von den spanischen Chronisten der Eroberungszeit überlieferten Legenden, die ihnen von den Indianern erzählt wurden, beschäftigen. So heißt es in einer Legende, daß im Tal von Mexiko in alten Zeiten ein gläubiger Mann mit seiner Frau wohnte, dem eines Tages Gott selbst erschienen sei und ihm den Auftrag gegeben habe, sich unverzüglich ein Schiff zu bauen, seine Familie und seine Habe auf das Schiff zu nehmen und von jedem Tier ein Paar. Kaum waren sie an Bord, begann ein großer Regen, der nicht mehr aufhören wollte. Berge und Täler wurden überschwemmt, und alle Menschen und Tiere mußten ertrinken. Am Tag, als endlich der Regen aufhörte, ließ der Mann eine Taube fliegen, beobachtete ihren Flug, und als sie nicht wiederkam, fuhr er ihr mit seinem Schiff nach; dort mußte Land sein. Eine Geschichte, die der uns aus Mesopotamien überlieferten aufs Wort ähnelt. Auch haben geologische Untersuchungen ergeben, daß es tatsächlich vor ein paar tausend Jahren dort eine gewaltige Überschwemmung gegeben hat.

Bräuche haben uns die Chronisten, nicht nur nach Erzählungen der Indianer, sondern auch nach dem, was sie mit eigenen Augen gesehen haben, überliefert. So erlebten sie, wie Kinder im Tempel »getauft« wurden. Sie wurden mit Wasser besprengt, und dazu wurden folgende Worte gesprochen: »Nimm und empfange, denn vom Wasser wirst Du auf dieser Erde leben, vom Wasser wächst und grünst Du, das Wasser schenkt uns, was zum Leben not tut – empfange dieses Wasser«. Ebenso benutzten die Azteken und Inka Räucherharz als Weihrauch. Das Erstaunen der Spanier nahm kein Ende, als sie in den Tempeln die Ohrenbeichte vernahmen, auch daß den Indios kleine Brotstücke ausgeteilt wurden, um sie mit ihren Göttern zu versöhnen. Weiterhin überliefern uns die Chronisten, daß der Kaiser der Azteken und der Inka Perus bei großen Festen eine Krone trug. Sie bestand aus Federn und war mit Gold und Edelsteinen verziert. Auch hielt er ein goldenes Zepter in der Hand, saß auf einem Thron, wurde in Sänften getragen; auf Schilden waren Wappen zu sehen. Ihre Mahlzeiten nahmen die Herrscher von wunderschönen goldenen Tellern, Tassen, Löffeln und Gabeln ein. Gabeln wurden in Europa beispielsweise erst im späten 16. Jahrhundert eingeführt. Wohl aber sind diese Tafelgeräte den Archäologen in Ägypten, Mesopotamien und an verschiedenen Plätzen der Alten Welt in die Hände gefallen. Allerdings stammen diese aus der Zeit um 3000 v.Ch.

Sollten wir uns nicht auch fragen, warum sich bis heute in ganz Lateinamerika die Sage vom »Weißen Gott« gehalten hat, der einmal vor langer Zeit über das Meer gekommen war, ihnen weise Gesetze und Lebensformen gebracht habe, die teilweise bis heute gültig sind? Besteht eine Verbindung zu den alten Legenden, wenn ein weißer Gast in entlegenen Gegenden des Altiplano noch heute von den Indios als »Viracocha«, das heißt »Weißer Gott«, angeredet wird? Wurden weißhäutige, bärtige Männer – ein Äußeres, das bei der Urbevölkerung Amerikas nicht vorkam – in Schilfbooten vom Passatwind aus dem Mittelmeerraum über den Atlantik »geweht«, in den gleichen Booten, wie sie noch heute auf dem Titicaca-See aus Papyrus gebaut und benutzt werden? Waren sie es, die vieles von ihrer Kultur mitbrachten? Waren sie die Könige und Kaiser im alten Mexiko und Peru? Die Chronisten berichten, sie hätten weiße Haut und Bartwuchs gehabt, wie wir einige auch auf Keramiken dargestellt finden. Aber der Weiße Gott, der als erster über das Meer zu ihnen gekommen war, blieb nicht bei ihnen, er ging zurück aufs Meer – so sagen die Indianerlegenden. Wohl hat er ihnen beim Abschied versprochen, einmal wiederzukommen. War das nicht einer der wesentlichen Gründe, warum der Handvoll verwegener spanischer Eroberer ein Sieg über die Völker Lateinamerikas so leicht gemacht wurde? Wir lesen bei den Zeitgenossen Cortez' und Pizarros, mit welcher Bereitschaft und Ehrfurcht sie zuerst empfangen wurden. Nur, wie schnell mußte das in Widerstand und Haß umschlagen, als sie merkten – diese Weißen Götter kamen nicht mit weisen Gesetzen, sondern waren besessen von der Gier nach Gold und Edelsteinen. Ja, sie plünderten und brandschatzten diesen Kontinent unbarmherzig, sie machten nieder, was ihnen im Wege war und nahmen mit, was ihnen wertvoll erschien. Erst im Laufe der Zeit brachten sie Dinge, die auch den Indios nützlich waren. So gelangten das Zuckerrohr, die Banane, Reis, Ananas, Mango, Weizen, Gerste, Roggen, Hülsenfrüchte, Pfirsiche, Aprikosen, Feigen, Äpfel, Birnen, Pflaumen, Quitten, Kirschen und manch' andere Obst- und Gemüsesorten nach Mittel- und Südamerika. Darüber hinaus waren es ebensoviele Gewürzarten, die in der Neuen Welt eine Heimat fanden und dort bis heute prächtig gedeihen. Die Indianer hingegen boten den Spaniern nicht nur den Tabak und die Kartoffel, sondern unter anderen auch die Tomate, Mais, Kakao und die heute in Europa so beliebte Avokadobirne.

Haben wir nun versucht, ein wenig über die ursprünglichen Bewohner Lateinamerikas auszusagen, so sind das nur sehr kleine Mosaiksteinchen in einem gewaltigen Gefüge, das uns auch heute noch viele Rätsel aufgibt, die wir vielleicht niemals lösen können, da uns doch ein sehr wesentliches Hilfsmittel hierfür fehlt: die Schrift. Wohl benutzten die Mayas Glyphen, bei denen in letzter Zeit die Wissenschaftler große Ähnlichkeit mit der Schrift der Kreter feststellten. Etwas können wir mit Sicherheit den Zeichnungen und Skulpturen auf und aus Stein und Keramik, in Gold und anderen Metallen und den Darstellungen auf ihren prachtvollen Geweben entnehmen: daß die Zentren der alten Völker Lateinamerikas Kultstätten für ihre Götter und deren Vertreter hier auf Erden waren, und die Gegenstände für ihre Verehrung verwendet wurden. Eine besondere Bedeutung kommt dabei dem Totenkult zu. Im Gegensatz zu uns heute, die wir es verlernt haben, mit dem Tod zu leben, waren die Toten im alten Amerika die Mittler zwischen den Göttern und den Lebenden. Sie verloren nie ihre Bedeutung. Selbst heute noch haben die Indianer in entlegenen Gegenden Lateinamerikas ihre alten Bräuche aufrecht erhalten oder aber sie mit den ihnen auferlegten Riten, Sitten und Gebräuchen vermengt. Noch heute werden im Hochland von Peru, Bolivien und Chile beim Bau eines neuen Hauses von allen Gegenständen, die den Erbauern lieb und besitzenswert sind, kleine Nachahmungen, ja, sogar ein lebendes Tier, vor Beginn des Baues eingegraben – die Götter mögen ihnen alles das geben und erhalten – . Ist das Haus fertig, wird der Priester geholt, um das Haus zu weihen und auf dem Dachfirst ein Kreuz oder Kruzifix zum Schutz des Hauses und seiner Bewohner zu befestigen. Auch werden noch heute Tiere zur Beschwörung der Götter geopfert. So opfern selbst in einem so europäisierten Land wie Chile die dortigen Indianer, die Araukaner, einen schwarzen Hengst zur Herbeirufung des Regens. Die Eigenständigkeit des größten Teils der Bewohner Lateinamerikas finden wir aber nicht nur in der Verschmelzung der alten Gewohnheits- und Glaubenswelt mit der modernen. Das Denken, Fühlen und Handeln dieser Menschen wird durch ihre politische, wirtschaftliche und religiöse Stellung in der Welt von Heute ausgedrückt. Es ist ein europäisierter, christlicher, amerikanischer Kontinent entstanden, der ein Recht auf menschliche und politische Würde und Unabhängigkeit hat. Dort kann die Natur sehr hart sein. Speiende Vulkane begraben Hab und Gut und treiben die Bewohner in die Flucht. Es beben die Erde und das Meer und reißen dabei unbarmherzig Menschen aus dem Leben; oder der Urwald, die »grüne Hölle«, läßt sie für immer verschwinden. Die Länder, in denen sie leben, sind reich, aber es ist schwer, sich den Reichtum nutzbar zu machen. Erst allmählich wird in vielen Gegenden deutlich, wie wichtig es ist, den Boden ertragreich zu machen und sich die dafür notwendigen Kenntnisse anzueignen. War es bis vor einiger Zeit in den meisten Ländern noch ein »In-den-Tag-hineinleben«, so ist weiten Kreisen der Bevölkerung inzwischen zum Bewußtsein gekommen, daß sie allein den Fortschritt nicht durchsetzen können. Deshalb ringen sie um die Anerkennung und Unterstützung in der Welt, nicht als Almosenempfänger oder als politisch und geistig Unselbständige genommen zu werden. Durch klar formulierte Literatur, die uns ihr Leben und Denken vor Augen führt, wird uns ihr politisches Engagement für Freiheit, Menschlichkeit und Anerkennung deutlich gemacht. Das kirchliche Leben Lateinamerikas vollzieht sich nicht nur hinter Kirchen- und Klostermauern. Hier werden kämpferisch die Belange der Bevölkerung vertreten. Es genügt nicht mehr, Verkünder allein zu sein. Sehr oft leben die Vertreter der Kirche mit den Armen in erbärmlichen Verhältnissen und versuchen durch Wort und vor allen Dingen Tat, ihren Mitmenschen zu helfen.

Folgendes hat George Pendle in seinem Buch *A History of Latin America* über den Subkontinent gesagt, was uns vielleicht ein Stück weiter hilft auf dem Weg des Verständnisses für die Bevölkerung, die fernab »Im Schatten der Anden« lebt: »Die Welt wird kaum nach Lateinamerika schauen, um ihrer Demokratie, Organisation, Geschäftstüchtigkeit, Wissenschaft oder ihrer strengen moralischen Grundsätze willen. Lateinamerika hat für eine industrialisierte und mechanisierte Welt etwas anderes beizutragen: die Wertschätzung des Individuums, die Freundschaft, die Gestaltung der Freizeit, die Kunst des Gesprächs, die Anziehungskraft des intellektuellen Lebens, die Gleichheit der Rassen, die rechtliche Grundlage internationalen Lebens, die Zuordnung des Leidens und der Kontemplation, den Wert des nicht nur Praktischen und über Allem: die Bedeutung des Menschen, die über Dingen und Vorschriften steht«.

Kolumbien

Kolumbien, das Land, das mit seinem Namen den großen Entdecker der Neuen Welt ehrt, Christoph Kolumbus, gräbt sich nach einem Besuch tief ein in unsere Erinnerung und Träume. Seine gewaltige Landschaft, seine vielseitige Flora und Fauna leben in uns weiter fort. Die Anden ziehen sich durch das Land wie drei dicke Äste eines alten, knorrigen Baumes. Sie verlaufen von Süden nach Norden und werden von großen Flüssen geteilt, deren behäbige Wassermassen durch rege Schifffahrt belebt werden. Sie strömen zum Atlantik und bilden, wie etwa der Magdalenenstrom – der »Rio Patria«, das heißt der Strom des Vaterlands – oder der Atrato im Golf von Urabá eine feucht-heiße Deltagegend, in der das Klima dem Menschen nicht wenig zusetzt.

Beginnen wir unsere Reise »Im Schatten der Anden« in den mittelalterlichen Mauern der Hafenstadt Cartagena, die nur etwa 100 km westlich vom Delta des Magdalenenstromes liegt. Über Jahrhunderte war sie die wichtigste Stadt an der karibischen Festlandsküste des gewaltigen Subkontinents, vielleicht sogar dieses ganzen Gebietes. Als die Spanier im Jahr 1500 zum ersten Mal ihren Fuß auf das hier lagunenartig aufgebrochene Land setzten, wurden sie sehr bald von dem kriegerischen Indianervolk der Kariben vertrieben. Die Kariben waren einige tausend Jahre zuvor in den Wäldern des Amazonasgebietes beheimatet. Es waren Nomaden, die vom Jagen und Fischen lebten. Im Laufe der Zeit teilte sich der Volksstamm. Einige von ihnen zogen nach Süden, wo sie heute noch als Guaranís und Araukaner – wenn wir den modernen Geschichtsforschern glauben wollen – weiterleben. Andere Gruppen bewegten sich allmählich nordwärts durch das heutige Venezuela und die Guayanas. Sie bevölkerten die Inseln der großen und kleinen Antillen und gaben dem Meer, das wie eine Riesenbucht zwischen dem nördlichen und südlichen Amerika liegt, ihren Namen. In steter Unruhe landeten sie dann wieder an der Küste des südlichen Festlandes, im heutigen Kolumbien. Von dem unwirtlichen Gebiet der Guajira, dem gebirgigen Nordostzipfel Kolumbiens, zogen sie westwärts an der Küste entlang und später durch die Ebenen der großen Flüsse nach Süden. Dies alles geschah etwa um das Jahr 1000 n. Chr. Auf ihrem Weg gen Süden verdrängten sie andere Indianerstämme, die sich bereits sehr viel früher in diesem Land niedergelassen hatten.

Als die Spanier zu Anfang des 16. Jahrhunderts ins Land kamen, fanden sie mehrere hundert Indianergruppen in Kolumbien vor. Einige von ihnen waren bereits zu seßhaften Volksstämmen geworden, da sie sich mit dem Anbau zuerst der Yuca, später auch von Mais, dem Boden und seiner Nutzung verbunden fühlten. Mit der Beziehung zu einer bestimmten Landschaft und dem Anbau von Pflanzen beginnt ihre erste Stufe dessen, was wir als Kultur bezeichnen. Ihr folgen Kulthandlungen, um von außerirdischen Mächten Segen für Wachstum und Gedeihen zu erflehen. Ergänzt wird die Glaubenswelt vom Kult um die Toten, die als Mittler zwischen den Lebenden und den Gottheiten verehrt werden und auf ihrer Reise ins Jenseits gut ausgestattet

1 *Orchidee aus Kolumbien.*
Zu der Familie der Orchideen gehören 740 Gattungen und 18 000 Arten. Sie ist die zweitgrößte im Pflanzenreich unserer Erde. Es werden noch heute immer wieder neue Arten gefunden. Sie kommen in fast allen Klimazonen und Höhenlagen vor. Die hier abgebildete Orchidee ist eine wildwachsende Art, die wir in feuchten Gegenden bis zu einer Höhe von etwa 3 000 Meter finden. Sie ist zwischen Bambussträuchern und anderem Gebüsch heimisch.

2 *Cartagena, Kolumbien.*
Blick über die Festungsmauer auf die Karibische See. 1533 gründeten die Spanier im geschützten Inneren einer großen Bucht diese Hafenstadt. 200 Jahre lang wurde sie zum »Nadelöhr«, durch das das neu geschaffene Vizekönigreich Peru Handel mit der Alten Welt treiben durfte. Sie wurde zum Bollwerk gegen fortgesetzte Seeräuberei. Deshalb dauerte es 200 Jahre bis diese Trutzmauern erbaut waren, die mit 17 Meter Stärke und 12 Meter Höhe in der Lage waren, die Stadt vor feindlicher Besetzung zu schützen.

3 *Prozession in Cartagena, Kolumbien.*
An jedem Karfreitag nimmt die ganze Stadt an einer Prozession teil, bei der sie dem gekreuzigten Christus und der trauertragenden Muttergottes durch die Straßen der kolonialen Altstadt folgen. Die schönen, alten Häuser und malerischen engen Straßen bilden dabei eine Kulisse aus der Zeit spanischer Herrschaft.

sein müssen. Sie werden in kunstvoll gewebte Tücher gehüllt, erhalten ihre Waffen, Nahrung in schönen Keramiktöpfen und Idole zum Schutz mit auf den Weg. Die ältesten Keramikfunde wurden im Norden Kolumbiens gemacht, in der Nähe von Cartagena, und zeigen die gleichen linearen Verzierungen und zoomorphen Reliefs auf den Tonscherben wie die Keramikfiguren der Valdivia-Kultur an der Küste von Ecuador, der ältesten Keramikkultur Amerikas, etwa 3200 v. Chr. Sowohl aus Mittelamerika als auch zu einem kleineren Teil aus Peru und Bolivien waren einige kulturell hochstehende Indianerstämme nach Kolumbien gezogen und verbreiteten hier ihre Errungenschaften.
Cartagena de Indias – wie der offizielle Name der Stadt in der Kolonialzeit lautete – ist auf viele halbinselartige Landzungen gebaut. Die Stadt ist jedoch so geschickt angelegt, daß die Hafenbecken innerhalb der Stadtmauern liegen, und so zu allen Zeiten eine gute Kontrolle der Schiffe gegeben war.
Als 1533 endgültig der Widerstand der Indios gegen die Spanier gebrochen war, mußten bei der Gründung der Stadt mehrere Festungen gebaut werden, um von dort aus die ein- und auslaufenden Schiffe zu schützen. Eine Auflage des spanischen Mutterlandes an seine neuen Kolonien jenseits des Atlantiks war, daß alle Länder Südamerikas während der ersten 200 Jahre Regierungszeit der Vizekönige von Peru, die den gesamten spanischsprachigen Subkontinent beherrschten, nicht untereinander, sondern ausschließlich mit Lima Handel treiben durften, und nur von dort wurde die Fracht nach Spanien bestellt, die wiederum nur im Hafen von Cartagena verschifft werden durfte. Aber auch Waren wie Textilien, Öl und Mehl aus Spanien, vor allen Dingen jedoch Sklaven aus Afrika, die für die Arbeiten in den verschiedenen Minen gebraucht wurden, landeten in diesem großen Umschlaghafen Cartagena. Als »Gegenleistung« wurden die Schiffe mit Gold und Silber, dem fünften Teil, den die Konquistadoren ihrem spanischen König schuldeten, in die alte Heimat geschickt. Wir können uns unschwer vorstellen, welches Interesse fremde Länder an dem Handelsplatz und den hier auslaufenden Schiffen fanden. So wurde Cartagena wieder und wieder von holländischen, französischen, englischen und portugiesischen Piraten belagert. Die Holländer schleiften die Stadt elf Jahre nach ihrer Gründung. Wenige Jahre danach versuchten es die Franzosen, allerdings vergeblich. Sir Francis Drake verstand es einzudringen, aber dem härtesten Angriff und der längsten Belagerungszeit widerstand Cartagena, als der britische Admiral, Edward Vernon, an dessen Seite der Bruder des nordamerikanischen Präsidenten, George Washington, kämpfte, 1741 die Stadt belagerte. Vernon war sich seines Sieges so sicher, daß er bereits die Gedenktafel und Münzen zu Ehren seines Sieges im Schiffskoffer mit sich führte. Die unglaubliche Leistung, Vernon und seine Leute in die Flucht zu schlagen, vollbrachten die Bewohner Cartagenas unter der Führung von Blas de Lezo, dessen Mut und Erfolg davon unterstrichen wird, daß dieser tapfere Mann, einarmig, einbeinig und einäugig – soweit hatten andere Kriege ihn schon zum Krüppel geschlagen – Vernon zum Aufgeben zwingen konnte.
Fast 200 Jahre hat der Bau der Befestigungsanlagen dieser geprüften Stadt gedauert. Innerhalb dieser heute noch völlig erhaltenen 17 Meter dicken und 12 Meter hohen Mauern finden wir die Altstadt mit ihren engen Straßenzügen kolonialer Häuser, deren holzgeschnitzte, mit Ziegeln gedeckte Balkons den Räumen im Inneren die sengende Sonne fernhalten. Eindrucksvolle Kirchen mit barokker Fassade und Türmen bewahren in ihrem kühlen, schlichten Innenraum die Atmosphäre der Kolonialzeit. Die schweren Tore stehen tagsüber offen. Die salzige Luft der Karibischen See mischt sich mit dem Weihrauchduft des Gotteshauses. Da ist die Kirche und das Kloster von San Pedro Claver, dem Heiligen der schwarzen Sklaven aus Afrika. Die Anlage wurde zu Beginn des 17. Jahrhunderts von den Jesuiten diesem Heiligen, der in ihren Mauern gelebt hatte, geweiht. San Pedro Claver predigte die Gleichheit der Rassen, bettelte für die Schwarzen, heilte sie und kämpfte für ihre Rechte, denn er konnte das Sklaventum nicht mit dem Christentum vereinen. Aber war es nicht ebenfalls ein großer Geistlicher, der die Sklaven auf den neuen Kontinent bringen ließ? Es war der Dominikanerpater Bartolomé de las Casas, der für Gerechtigkeit und ein leichteres Los der Indios eintrat. Er schilderte dem spanischen Hof die Mißhandlungen der Eingeborenen durch die Eroberer in so schillernden Farben, daß zu ihrem Schutz die »Leyes de Indios« erlassen wurden. So konnte er seine Schützlinge vor der schweren Minenarbeit bewahren; und an ihrer statt leisteten die Schwarzen aus Afrika diese Frondienste.
War in Spanien die Inquisition ein schon seit Jahren erprobtes Mittel zur Ausrottung der Ketzer und zur Verfolgung der Juden, so wurde in Cartagena die Inquisition eingesetzt, um die römisch-katholische Lehre von Einflüssen durch die Riten der Neger rein zu halten. Die

Arme der Inquisition reichten von Cartagena über die Antillen, über Panama, Kolumbien bis Venezuela. Noch heute können wir auf unserem Rundgang durch die museale Stadt in den Mauern des heiligunheiligen Hauses der Inquisition die grausamen Werkzeuge betrachten, mit denen den armen Sklaven Glaube und Leben genommen wurde. Da Cartagena heute das größte Touristen- und Schmuggelzentrum der kolumbianischen Atlantikküste ist, treffen wir ungezählte, in allen Sprachen schwatzende Neugierige, die sich die Funktionen der Folterwerkzeuge und Galgen demonstrieren lassen.

Zur Erholung vom Blick in die finstere Geschichte des Landes setzen wir uns zwischen die kolonialen Bauwerke auf die Plaza Bolívar in den Schatten der alten Bäume, lauschen dem Plätschern der Brunnen und lassen uns von den flinken, dunkelhäutigen Buben die Schuhe putzen. In der Mitte dieses beschaulichen Fleckchens schaut der große Befreier, der Kolumbien der spanischen Herrschaft entledigte, zu uns herab, der General Simón Bolívar. Auch für ihn war Cartagena de Indias eine geschichtsträchtige Stadt, nämlich der Ausgangsort seiner Feldzüge nach Süden. Hier war der größte Umschlagplatz von Menschen und Waren in der Kolonialzeit; strategische Bedeutung jedoch gewann sie durch ihre geographische Lage. Wenngleich das Reisen in der Kolonialzeit mit viel Schwierigkeiten und Abenteuern verbunden war, reichte es doch aus, neben den materiellen Werten auch das geistige Gut aus der Alten in die Neue Welt zu tragen.

In Cartagena landete der Venezolaner Francisco Miranda, dessen rastloser, fortschrittlicher Geist sich schulte, während er bei einem Aufenthalt in Nordamerika die Züge der Demokratie kennenlernte, in Rußland zum engen Freund Katharinas der Großen wurde, in England modernen Philosophen lauschte, in Frankreich an Napoleons Feldzügen teilnahm; in Italien suchte er das Gespräch mit den aus Lateinamerika vertriebenen Jesuiten, bis er in Spanien Verständnis dafür zu finden hoffte, daß in der Neuen Welt eine völkische Großfamilie geboren und gewachsen war, die ein Recht auf Gleichstellung mit den Völkern der Alten Welt hatte. Warum sollte ein in Lateinamerika geborener Spanier nicht fähig sein, sein Land zu regieren, eine politisch, wirtschaftlich oder militärisch wichtige Funktion auszuüben, wo er doch mehr Steuern und Abgaben leisten mußte als ein in Spanien geborener Einwanderer? Diese Benachteiligungen führten allmählich zu den sich vorbereitenden Unabhängigkeitskriegen. Bereits Ende des 18. Jahrhunderts gelangte ein Werk über die Französische Revolution in die Hände des Kolumbianers Antonio Nariño, der daraus die »Erklärung über die Rechte des Menschen« übersetzte und verbreitete und damit zu einem wichtigen Werkzeug der politischen Umwälzungen im 19. Jahrhundert wurde. Francisco Miranda, Antonio Nariño, Camillo Torres sowie der große Nationalheld Venezuelas, Kolumbiens, Ekuadors, Perus und Boliviens, der General Simón Bolívar, sie waren alle in Südamerika geborene Spanier, die sich mit der kolonialen Machtpolitik Spaniens nicht mehr identifizieren konnten und ihr Recht auf Eigenständigkeit in heldenhaften Kriegen erkämpften. Auf unseren Reisen durch Südamerika begegnen wir deshalb auf Schritt und Tritt Stätten dieser ehemaligen Kriegsschauplätze. Cartagena wurde immer wieder der Ein- oder Ausreisehafen, Gefängnis oder vorübergehend politisches Hauptquartier in dieser großen Bewegung, die zum ersten Mal 1811 zu der Unabhängigkeit des heutigen Kolumbien von der spanischen Krone führte.

Doch ehe wir das Küstengebiet verlassen, beschäftigen wir uns noch einmal kurz mit Simón Bolívar, der 1812 in Cartagena seinen gewaltigen Befreiungsfeldzug durch die Länder Südamerikas begann und 1830 arm und vereinsamt im kolumbianischen Exil, in Santa Marta, starb. Hier endete der große Traum des weitsichtigen Caudillo, ein spanischsprachiges, südamerikanisches Großreich zu gründen, ohne in Erfüllung zu gehen. Bolívar hatte zu erreichen versucht, daß durch ein geeintes, starkes Südamerika der Einfluß fremder Staaten ausgeschaltet werde. Insbesondere fürchtete er England, das durch verstärkte Investitionen und Handel in der Neuen Welt versuchte, die Kolonialmacht Spanien abzulösen. Ebenso versuchte es Nordamerika. Der damalige Präsident James Monroe bemühte sich um Zweierlei: die Engländer nicht Fuß fassen zu lassen und den nordamerikanischen Einfluß zu verstärken. Sein Leitspruch, »Amerika den Amerikanern«, bewahrheitete sich bis heute nicht. Persönliche und einzelpatriotische Machtkämpfe der Cabildos ließen die Republiken erstehen, wie sie mehr oder weniger auch heute noch bestehen. Aus dem Vizekönigreich Neu-Granada, zu dem Venezuela, Kolumbien und ein Teil Ekuadors gehörten, wurde die Republik Gran Colombia, die aber nur wenige Jahre bestand, ehe jede dieser drei Republiken ihre nationale Unabhängigkeit und Selbständigkeit erlangte.

Nun aber verlassen wir die befestigte Stadt und schauen uns etwas vom Hinterland an. Dort finden wir große Tabakfelder. Tabak ist eine Pflanze, die im vorigen

4 *Plaza Bolívar in Bogotá, Kolumbien.*
Im Herzen der Landeshauptstadt, an der Plaza Bolívar, steht die Kathedrale der Metropole. 1807 wurde dieser fast klassischstrenge Bau an der Stelle errichtet, an der eine schlichte Kirche aus den Anfängen der Kolonialzeit gestanden hat. Im Inneren finden wir ein aus Walnußholz geschnitztes Chorgestühl, schöne Silberarbeiten und Edelsteine an den Altären sowie einige Bilder des berühmten kolumbianischen Malers der Kolonialzeit, Gregorio Vásquez Arce, der in einer Seitenkapelle seine letzte Ruhe fand.

5 *Straßenbild in Bogotá, Kolumbien.*
1538 gründete der spanische Eroberer und Sieger über den Chibcha-Stamm der Muisca die Stadt Santa Fé de Bogotá. Sie ist in 2640 Meter Höhe in einer fruchtbaren Savanne gelegen und erstreckt sich bis an die Hänge der Ostkordillere. Der zum Teil noch verbreitete Stil spanisch-kolonialer Bauweise hält sich zwischen modernen Hochhäusern der Innenstadt. Die engen Straßen sind belebt vom bunten Treiben der 3,5 Millionen Einwohner.

6 *Markt in Bogotá, Kolumbien.*
Auch im Herzen der Stadt finden wir sehr belebte, bunte Märkte, auf denen Lebensmittel aller Art verkauft werden. Als Treffpunkt der Stadt- und Landbevölkerung vergeht hier die Zeit unbemerkt. Offene Kochstellen ersetzen die Restaurants und laben Käufer und Verkäufer. Im kühlen Innenraum der barocken Kirche wird das Tagesgebet gesprochen.

7 *Auf dem Gemüsemarkt in Bogotá, Kolumbien.*
Der wöchentliche Gemüsemarkt wandert in den südamerikanischen Städten täglich von einem Viertel zum anderen. Meist sorgen recht gemütliche »Mamis« für das leibliche Wohl der Kundschaft. Wird die Sonne zu warm, dient ein den Körpermaßen angepaßter Regenschirm als Schattenspender.

8 *Salzkathedrale in Zipaquirá, Kolumbien.*
Ein 400 Meter langer Gang in das Innere einer Salzmine führt uns zu dieser Kathedrale, deren Innenraum 23 Meter hoch ist. 8000 Menschen finden hier Platz. Ihr Bau wurde im vorigen Jahrhundert begonnen. 1954 wurde sie der Schutzheiligen der Minen, Unserer Lieben Frau vom Rosenkranz geweiht. Schon vor der Ankunft der Spanier gewannen die Chibcha-Indianer hier Salz. Das war von so großer Bedeutung für sie, daß der Häuptling, der Zipa, hier sein Regierungszentrum errichten ließ. Der Name »Zipaquirá« heißt: Die Stadt des Häuptlings. An den Mauern des gewaltigen Innenraumes der Kathedrale erkennen wir deutlich die Salzadern.

9 *Auf dem Weg nach Tunja, Kolumbien.*
Wie in so vielen Gegenden Lateinamerikas erkennen wir auch hier, wie durch das Abschlagen der Wälder der Regen die Erde wegschwemmt. Karge Berghänge bleiben übrig. Durch Anpflanzen verschiedener Baumarten wird versucht, weiteres Veröden aufzuhalten.

10 *Stausee von Tominé, Kolumbien.*
Etwa 100 km westlich von Bogotá liegt der flache Stausee von Tominé in etwa 3000 Meter Höhe. 1967 wurde hier die Stadt Guatavita umgesiedelt, in einen im kolonialen Stil neuerbauten, nahe gelegenen Ort, Guatavita La Nueva. Das Tal, in dem die alte Stadt lag, wurde überflutet. Der neue Stausee dient der Hauptstadt Bogotá als Wasserspeicher. Er ist zum beliebten Ausflugsziel der sportbegeisterten Großstadtbewohner geworden.

Jahrhundert ihren Weg aus Äthiopien über Spanien nach Lateinamerika fand. Lange Zeit war sie Kolumbiens wichtigster Exportartikel. Darüber hinaus sind hier die größten Ölraffinerien des Landes, die der heutigen Wirtschaft große Bedeutung verleihen. Berge gibt es in dieser Gegend kaum. Etwa 100 km östlich, in der Deltamündung des großen Magdalenenstromes, liegt die viertgrößte Stadt des Landes, Baranquilla, eine geschäftige Hafenstadt, deren Bedeutung vornehmlich darin liegt, die im Hinterland gepflanzte Baumwolle und andere Güter, die auf dem großen Strom herangebracht werden, zu verschiffen. Unweit östlich von Baranquilla liegt die malerische, älteste Stadt Kolumbiens, Santa Marta. In ihrer Umgebung werden vor allem Bananen, Baumwolle und Kaffee angebaut. Hier beginnt eine der wenigen großen Eisenbahnstrecken des Landes. Auf diesem Weg können wir in 24stündiger Fahrt durch die großartige Landschaft der Ostkordillere bis zur Hauptstadt Bogotá reisen.

Kolumbien, das Land an den beiden Meeren, bietet uns nicht nur Küstenlandschaften. Das Hinterland mit seinen gewaltigen Gebirgsketten, tiefen Tälern und großen Flüssen führt uns auf einsame Pfade, bei denen sich die Landschaft abrupt ändert. Sind wir in den Flußtälern in tropischen, dicht bewachsenen Landstrichen, so winden sich die Straßen schnell hinauf durch die bewaldete Zone, in der sich in der dünner werdenden Luft der Nebel lange hält. In einer Höhe über 3000 bis 4000 Meter erreichen wir eine eigenartige Hochmoorlandschaft, deren Vegetation uns in Erstaunen versetzt. Die zum Teil meterhohen Espeletien, dort nennt man sie »frailijones«, zu deutsch »Riesenmönche«, deren lange, schmale Blätter sich wie Mönchskutten um den Stamm legen, geben den weiten Tälern etwas Gespenstisches. Auch leben hier noch die letzten Saurier, die Bergtapire und einige Brillenbären. Beide Arten sind jedoch so selten und scheu, daß wir ganz besonderes Glück haben müssen, um im Morgengrauen etwas von den Tieren erspähen zu können.

Zwischen den beiden großen Flüssen, dem Magdalena und dem Cauca, in einem Hochtal der Zentralkordillere, liegt die Industriestadt Medellín, die zweitgrößte Stadt des Landes. Sie ist sauber und gepflegt, viele moderne Hochhäuser streben gen Himmel, und nur wenige koloniale Bauten erinnern an »alte Zeiten«. Die 300jährige Kathedrale versetzt uns in die Zeit der Vizekönige. Barocke Schnitzereien im Inneren und das schlichte weißgetünchte Äußere unterstreichen die Überzeugungskraft des sakralen Baues. Demgegenüber bietet die hochgelegene neue Kathedrale als einer der größten Backsteinbauten des Kontinents die gelockerte Atmosphäre einer eher extrovertierten Gesellschaft von heute.

Medellín ist das Zentrum der umfangreichen Textilindustrie des Landes. Allerdings beherbergt ein großes Hochhaus im Zentrum der Stadt den Umschlagplatz des wichtigsten Handelsfaktors des Landes, des Kaffees, dessen Exportanteil 60% ausmacht, und Kolumbien an die zweite Stelle der Welt auf dem Kaffeemarkt setzt. In der Umgebung von Medellín werden Gold, Silber und Kohle gewonnen. Darüber hinaus tut das temperierte Klima der Land- und Viehwirtschaft gut.

Die Spanier hatten sich nicht sehr für das Zentralgebiet der heutigen Provinz Antioquia interessiert. Hier lebte kein künstlerisch hochstehendes Indianervolk wie in anderen Teilen des Landes, bei denen sie ihr Verlangen nach Gold befriedigen konnten. Hier begegneten ihnen lediglich Nomaden, die »von der Hand in den Mund« lebten. Bereits 1541 gründeten aber die neuen spanischen Herren die Stadt Antioquia in Erinnerung an die syrische Stadt Antiochien. Bis heute hat diese ihr koloniales Gesicht bewahrt. Nicht zu Unrecht läßt der Name der Stadt darauf schließen, daß ein großer Teil der ersten Bewohner aus dem vorderen Orient kam. Wirklichen Aufschwung nahm die Gegend aber erst 100 Jahre später, als mit einer neuen Welle spanischer Einwanderer viele Menschen jüdischer Herkunft kamen, glücklich der spanischen Inquisition entronnen zu sein. Sie gründeten Medellín, betrieben in der Umgebung Landwirtschaft und schufen im 19. Jahrhundert die Grundlagen für den Kaffeeanbau. Das gesunde Klima und gute Ernährung mögen wohl auch mit die Gründe sein, warum es hier nicht nur in »alten Zeiten« sondern auch heute noch viele Familien gibt, die bis zu 20 Kinder haben und großziehen.

Langsam haben wir uns auf unserem Weg durch dieses großartige Land nach Süden bewegt und streben nun der Hauptstadt Bogotá entgegen. Die Flugzeit von Medellín nach Bogotá ist nach einer Stunde beendet; auf dem Landweg, wo wir die Wahl zwischen Bus und Bahn haben, sieht das ganz anders aus. In der Regenzeit, von April bis Oktober, sind die Straßen oder Brücken häufig über- oder weggeschwemmt. Sind sie aber befahrbar, so hören wir an der Busstation, daß wir für die Entfernung von 500 km zwischen 14 und 20 Stunden brauchen. Wie fast überall auf diesem Kontinent bieten Fahrpläne nur einen ungefähren Anhaltspunkt über die Dauer der Reise oder auch der Abfahrts- und Ankunftszeiten. Wir sollten uns aber nicht die Gelegenheit entgehen lassen, uns durch eine Fahrt in den einmal besser, einmal weniger gut erhaltenen Gefährten mit der Landschaft und vor allen Dingen mit der Bevölkerung vertraut zu machen.

In Kolumbien geschieht das auf recht abwechslungsreiche Weise. Treffen wir in den so europäisierten Ländern wie Argentinien und Chile in den großen, sauberen Reisebussen keine Haustiere als Reisegefährten mehr an, so gehören sie in Kolumbien, Ekuador, Peru oder Bolivien als Passagiere noch ganz dazu. So kann es passieren, daß plötzlich während rasanter Fahrt ein des Geratters und Lärms überdrüssiges Hündchen es vorzieht, die Flucht zu ergreifen, und in einer der ungezählten, flott diagonal genommenen Kurven durch die wegen der Hitze immer offene Türe mit Todesmut den Sprung in die Freiheit zu tun. Ein Aufschrei seines Herrchens veranlaßt den Fahrer zu halten, aber nicht ersterer, sondern letzterer verläßt, nicht ohne sich vorher nach dem Namen des Flüchtlings erkundigt zu haben, die »Arche auf Rädern« und läuft rufend durch die Gegend. Erst wenn Hundeherrchen oder -frauchen sehen, daß der Helfer unverrichteter Dinge seinem Gefährt zustrebt, erheben sie sich empört und müssen nun ihrerseits durch die Wiesen streifen. Irgendwann gelangt dann der »pasajero canino« – wie der vierbeinige Passagier respektvoll bezeichnet wird – wieder unter den ungemütlichen Sitz seines Gebieters. Auch empfiehlt es sich bei einer Busfahrt mit offenen Fenstern darauf zu achten, ob auf den Sitzen vor uns kleine Kinder mit auf Reisen gehen. Meist sind die dazugehörenden Eltern zu höflich, den Bus anzuhalten und warten zu lassen, wenn die Kleinen ein menschliches Rühren ankommt. So fragen wir uns gelegentlich, wieso bei wolkenlosem Himmel plötzlich leichte Spritzer unser Gesicht befeuchten. Zu spät entdecken wir den kleinen Popo, der da dem Fahrtwind ausgesetzt wird. Diese kleinen »Belustigungen« sollten uns jedoch nicht davon abhalten, zu den hohen Gipfeln der Berge hinauf zu schauen oder dem Tosen der reißenden Flüsse zu lauschen.

So kommen wir nach einer ausgedehnten, abwechslungsreichen Fahrt, die man im Auto in sehr viel kürzerer Zeit zurücklegen kann, in eine hochgelegene Savanne, in deren Herzen Santa Fé de Bogotá liegt – so wurde die heutige Hauptstadt bei ihrer Gründung 1538 von dem spanischen Eroberer und Rechtspfleger Gonzalo Jiménez de Quesada getauft. Jiménez de Quesada hatte versucht, von der Hafenstadt Santa Marta aus auf dem Landweg nach Peru vorzudringen. Er folgte dabei dem Magdalenenstrom, bis er, bereits tief im Landesinneren, auf Indianerstämme traf, die mit Salz handelten. Das schien ihm eine so wichtige Entdeckung und Zeugnis einer besonderen Kulturstufe, daß er seine Route änderte und den Salzhändlern nachzog. Dabei gelangte er in das Reich der Chibcha, im Zentrum des heutigen Kolumbien. Besonders aber führte ihn sein Weg zu dem Chibcha-Stamm der Muisca. In der Chibchasprache heißt »muisca« Mensch. Damit drückten sie das Besondere ihres Volkes aus, sie stellten sich an die Spitze der Menschheit. In den Muisca fand Jiménez de Quesada nicht nur ein kulturell ebenso hochstehendes Volk wie es dies zur gleichen Zeit in Peru und Mexiko gab, er kam ebenso wie Francisco Pizarro in Peru zu einem Zeitpunkt, in dem auch dieses Volk durch Krieg geschwächt war. Die Muisca waren in zwei Gruppen geteilt. Die einen wurden von dem Fürsten Zipa regiert, hatten ihr Zentrum in Bagata, unweit des heutigen Bogotá, den anderen stand Zaque vor, ihre Hauptstadt Huisa lag nordöstlich von Bogotá im heutigen Tunja. Es wird angenommen, daß die Chibcha aus der Gegend von Panama etwa 500 n. Chr. in dieses Gebiet eingewandert sind. Da sie das warme Klima der Ebene gewohnt waren, wurden sie erst später von den eindringenden kriegerischen Kariben in die kühle Hochebene vertrieben. Obwohl in ihrem Reich die großen Smaragdadern des Landes liegen, von denen sie auch Steine herausbrachen, kultivierten die Muisca in erster Linie das Land. Unter anderem bauten sie Kartoffeln, Mais, Bohnen und Avocadobirnen an. Sie tauschten ihre Früchte, Metalle und Salz gegen Baumwolle ein, die in ihrem Klima nicht wuchs.

Geschichtsschreiber überliefern uns, daß die Muisca in Familiengemeinschaften gelebt haben. Es regierte sie ein Fürst, der durch Mutterrecht an die Macht kam, das heißt Thronfolger wurde nur ein Sohn einer Schwester. Jedem Fürsten stand ein Kronrat zur Seite, Priester, Militärs und eine Beamtenschaft. Es war kein Sozialstaat wie bei den Inka im Süden. Die Familien besaßen eigenes Land, mußten für sich selbst sorgen und dem Staat Abgaben leisten. Die Thronfolger wurden sehr enthaltsam, einsam und streng erzogen. Sie wurden jahrelang in Dunkelhaft gehalten, bezogen viele Schläge und mußten viel fasten. Auf diese Weise sollten magische und übernatürliche Kräfte wachsen, die sie zum Führen befähigen würden. Die abergläubische Weltanschauung wurde dadurch unterstrichen, daß das Volk nie seinem Herrscher ins Antlitz sehen durfte. Nur mit gesenktem Haupt näherten und

11 *Viehmarkt in Kolumbien.*
Auf den Wochenmärkten im ganzen Lande werden nicht nur Lebensmittel verkauft. Auch das Vieh wechselt hier seinen Besitzer. Geduldig warten Mensch und Tier danach auf den Heimweg.

12 *Dorfbäckerin.*
Wenig verändert hat sich im Laufe der Zeit die Herstellung von Brot und Brötchen. Die geschickten Hände der Frauen erledigen diese Arbeit nach wie vor in der häuslichen Backstube.

13 *Gerber bei der Arbeit.*
Wie in vielen Ländern Lateinamerikas finden wir auch in Kolumbien sehr gute Lederwaren. Häufig wird das Leder noch mit der Hand gegerbt, das heißt die Häute werden eingeweicht, danach die Borsten heruntergeschabt, in großen Trommeln in Laugen präpariert, in Wasserbecken gespült, auf Leinen aufgehängt und getrocknet und abschließend auf Rahmen gespannt, um wieder ihre ursprüngliche Form zu erhalten.

WISCONSIN

14 *Paez-Indianer.*
Sie leben in der Provinz Cauca im Süden Kolumbiens. Sie haben sich als etwa 25 000 Seelen zählender Volksstamm erhalten, der seine eigene Sprache, Sitten und Gebräuche fortführt. Sie wählen auf Jahre einen Gemeinderat, der die Kontrolle über das Gemeindeleben, die Landwirtschaft, den Bau von Straßen oder Häusern überwacht. Sie ernähren die Bevölkerung der ganzen Region mit Mais, Bohnen, Yuca, Gemüse und Obst.

entfernten sie sich. Deshalb trugen meist Beamte die Wünsche und Verordnungen vor. Es war sogar eine der härtesten Strafen, vor den Fürsten treten und ihn anschauen zu müssen. Die Muisca verehrten den Gott Chiminigagua als den ersten Gott und Schöpfer von Licht und Luft. Ihm folgten Chia der Mond, Sue die Sonne, Luchaviva der Regenbogen und Sia das Wasser. Jedoch wie bei Quetzalcoatl in Mexico und Viracocha im Reich der Inka glaubten die Muisca an einen Gott »Bochica«, der in der Legende als ein weißhäutiger, bärtiger Mann beschrieben wird und zu ihnen gekommen sei, um ihnen Kultur zu bringen. Bochica stand in Verbindung mit der Sonne als der Vertreterin des Guten im Gegensatz zu Chia dem Mond, der Nacht, dem Dunkel. Die Muisca brachten Menschenopfer und schnitten den Geopferten das Herz aus dem Leib. Ihre Tempel waren aus Holz gebaut. Nachdem die Spanier dort die reichen Gold- und Edelsteinverkleidungen heruntergerissen hatten, brannten sie die heiligen Stätten nieder. Dies Chibcha-Volk hatte große Töpfer und sehr gute Goldschmiede hervorgebracht, obwohl die Quimbaya im Caucatal ihnen noch überlegen waren. Sehr häufig benutzten sie eine Legierung aus Gold und Kupfer. Sie fertigten wunderschöne Figuren, Masken, sowie Kopf- und Brustschmuck. Neben den Tempeln verkleideten sie auch die Paläste und Sänften ihrer Oberhäupter. Die Goldarbeiten benutzten sie wohl ausschließlich für Kulthandlungen und gaben sie ihren Toten mit ins Grab. Ihrer Legende nach lebte der Sonnengott auf dem Grund des Sees, auch Bochica war wieder in einen See »heimgekehrt«. So mag sich auch die Geschichte über den Fürsten von Guatavita erklären, der seinen Körper alljährlich mit Harz bestreichen und mit Goldstaub bedecken ließ, darauf ein Floß am Ufer des Sees bestieg, sich in die Mitte des Sees rudern ließ und dort das Gold dem Gott opferte, in dem er im See untertauchte und den Staub abspülte. Viele Goldgefäße und -figuren wurden alljährlich bei diesen Zeremonien mitgeopfert. Die Kunde dieser Legende hat nicht nur die spanischen Eroberer veranlaßt, auf den Grund der im Muisca-Gebiet gelegenen Seen zu tauchen. Bis heute wird nach den versunkenen Schätzen gesucht. Vieles ist gefunden worden, das meiste aber sicher im undurchdringlichen Schlamm versunken. Viele Jahrhunderte bevor die Spanier nach Südamerika kamen, galt Gold in Europa und Asien als das lebenserhaltende Mittel, im Gedanken daran, daß Gold etwas Heiliges, im Schoß der Mutter Erde Gewachsenes ist. In asiatischen Kulturen galt es, »einem Toten in alle Öffnungen seines Körpers Gold und Jade zu stecken, so bleibt er vor dem Verfall bewahrt« schreibt Tan Hung-Ching im 5. Jahrhundert in einer Studie. Liegt dieser Gedanke möglicherweise auch den altamerikanischen Kulturen zu Grunde, ihre Toten so reich mit Gold und Edelsteinen auszustatten?

Auf unserem Rundgang durch die Hauptstadt Kolumbiens kommen wir zu der großzügigen Plaza Bolívar, die vor der Zeit des Automobils eher einem französischen Park geglichen haben soll. Heute treten wir statt auf weiche Kieswege zwischen grünen Rabatten auf hartes Pflaster. Anstelle der zu wiederholten Malen zerstörten Hauptkirche aus kolonialer Zeit erhebt sich heute der eher klassisch-barocke Bau der großen Kathedrale mit ihrer kleinen Nachbarin, der Kapelle »El Sagrario«, die die Wirren der letzten 300 Jahre gut überstanden hat. Regierungsgebäude säumen den weiten Platz. Auf einer Seite erhebt sich das Capitol, in dessen schönen Kolonnaden nicht nur Senatoren und Abgeordnete wandeln. Wir gehen an der Kathedrale vorbei die zu den Bergen ansteigende Straße hinauf und kommen zum Palast San Carlos. Von hier aus regierte Simón Bolívar über Groß-Kolumbien.

Wenn wir unsere Blicke über dieses Fleckchen Erde der Neuen Welt gleiten lassen, sollten wir an vieles Geschehene denken, das von hier aus die Geschicke des Landes bestimmte. Nach den Soldaten von Jiménez de Quesada, die aus dem Norden kamen, trafen bald darauf Rivalen aus dem Süden und Nordosten in der Savanne von Bogotá ein, Benalcázar aus Quito und der Welser Nikolaus Federmann, dem der spanische König Karl V. seine Schulden damit beglich, daß er ihm und einigen Mitstreitern Eroberungszüge und Landeinnahme in der Neuen Welt gestattete. Sie versuchten, Jiménez de Quesadas Eroberungen zu vereinnahmen. Dieses Debakel endete vor den Cortes in Spanien, die für Jiménez de Quesada entschieden. Er, der inzwischen die Savanne gut kannte, brachte bei seiner Rückkehr aus Spanien Rinder, Schafe, Pferde, Getreide und Zuckerrohr mit und erweiterte so die Möglichkeiten der Landwirtschaft erheblich.

Nach annähernd 50 Jahren Eroberungsfeldzügen entschied der spanische König, daß aus dem den Spaniern zugefallenen Teil Südamerikas ein einziges Vizekönigreich mit Hauptstadt Lima gebildet werde, verschiedene »Audiencias« gegründet und diesem zugeordnet würden. So hoffte er, die Kolonialisierung in Ruhe und Ordnung voranbringen zu können. Es entstand die Real Audiencia de Santa Fé, zu der das heutige Panama und der Mittel- und

Nordteil Kolumbiens gehörten. Zunächst regierten hier zivile Präsidenten, die sehr bald den Spitznamen »die Präsidenten im Talar« erhielten, da sie alle Rechtswissenschaften studiert hatten. Zu Anfang des 17. Jahrhunderts wurden sie von den »Herren mit Umhang und Schwert« abgelöst, Militärs, die ihrerseits über 100 Jahre an der Macht blieben. Inzwischen erwies sich die trotz allem noch starke Abhängigkeit von Lima als untragbar, sollten wirklich diese großen Territorien zu geordneten Verhältnissen kommen. Deshalb wurde 1719 aus der Real Audiencia de Santa Fé das Vizekönigreich Nueva Granada. Ihm gehörten nicht nur die bisherigen Landesteile an, hinzu kam noch Venezuela, gen Süden ganz Kolumbien und die Hälfte des heutigen Ekuador. Aber bereits gegen Ende des Jahrhunderts beginnt es in Neu Granada zu gären. Das Volk erhebt sich gegen die Herrschaft der Spanier. Noch halten alle Schichten zusammen, um gemeinsam gegen die hohen Tribute zu protestieren. Auch waren den Indios Landstücke zugeteilt worden, die sie nicht verkaufen durften, von denen sie sich aber auch nur mühevoll ernähren konnten. Zwar war schon seit langem das Sklaventum abgeschafft, aber eine Beteiligung der Schwarzen am wirtschaftlichen Wachstum noch immer kaum gegeben. Der Aufstand wurde niedergeschlagen, da die unterschiedlichen Interessen der einzelnen Volksschichten zur Zwietracht untereinander geführt hatten, und es so der Regierung nicht schwer fiel, wieder Ruhe im Land herzustellen. Jedoch die Ruhe täuschte. 1810 wurde der spanische Vizekönig seines Amtes enthoben, allerdings gelang es Simón Bolívar erst neun Jahre später, mit einem kleinen Heer aus Venezuela kommend, in der Schlacht bei Boyacá – zwischen Bogotá und Tunja – endgültig die Regierung in die Hände der Südamerikaner zu legen. Von nun an hieß das Reich Gran Colombia und sollte der erste Schritt zu den Vereinigten Staaten von Südamerika sein. Aber die Republik von Großkolumbien behielt nicht lange ihre Einheit. Nach zehn Jahren bestand sie nicht mehr. Venezuela und Ekuador wurden selbständig. Nur Panama blieb noch bis 1903 bei Kolumbien. Da wurde es unter dem finanziellen Druck der USA, der durch den Kanalbau entstanden war, zu einem sozusagen unabhängigen Staat, das heißt der »große Bruder im Norden« nahm das kleine Land unter seine »Fittiche«.

Mit der politischen Selbständigkeit Kolumbiens begann die Auseinandersetzung zwischen Konservativen und Liberalen. Die Konservativen strebten ein zentralistisch geführtes Regierungssystem an, die Liberalen ein föderalistisches. Ungefähr dreißig Jahre lang lag das Land unter liberaler Regierung in bürgerkriegsartigem Zustand, und nur mühsam konnten Reformen auf wirtschaftlichem, sozialem und politischem Sektor vorangetrieben werden. Zehn Jahre wechselten sich konservative und liberale Präsidenten ab. Es wurde eine zentralistische, konservative Verfassung eingeführt, die inzwischen seit über 100 Jahren besteht. Jedoch brach gegen Ende des vergangenen Jahrhunderts der »Krieg der tausend Tage« aus. Er endete mit dem Verlust von Panama. Der Friede, der während der ersten Hälfte unseres Jahrhunderts herrschte, brachte dem Land wirtschaftliche und soziale Reformen. 1948 entflammte wiederum ein Bürgerkrieg, der zehn Jahre anhielt und dessen Hintergrund wieder die Auseinandersetzung zwischen Konservativen und Liberalen bildete. Es gärte mehr, als dem Fremden klar wurde, wenn er auf seine Frage nach dem Unterschied zwischen beiden Parteien zur Antwort bekam: »Es unterscheidet sie wenig mehr, als daß die Konservativen morgens um 9 Uhr und die Liberalen um 10 Uhr in die Messe gehen«. Auftakt zu der blutigen Auseinandersetzung, bei der mehr als 200000 Menschen ihr Leben ließen – bei einer damaligen Bevölkerungszahl von etwa 10 Millionen – war der Mord an dem liberalen Präsidenten Jorge Gaitán. Nach zehn Jahren einigten die beiden Parteien sich auf Waffenruhe. Durch eine Volksabstimmung wurde entschieden, daß beide Parteien einen gemeinsamen Präsidenten unterstützen und alle politischen Posten zu gleichen Teilen an beide Parteien vergeben würden. So erlangte das Land die so notwendige politische Stabilität. 1974 wurde das Abkommen dahingehend geändert, daß jede Partei einen eigenen Präsidentschaftskandidaten ernennt.

Ist die politische Ordnung seit Jahrzehnten in Kolumbien hergestellt, so hat sich das, was als Bürgerkrieg begann, in abgeschwächter Form bis heute als »Unruhe um der Unruhe willen« erhalten. Noch immer besteht die Abhängigkeit des Schwächeren, aus der es selten einen Ausweg gibt. Die Frage nach der menschlichen Anerkennung liegt bis heute in vielen schwarzbraunen Augen, in die wir auf diesem Kontinent schauen. Auch drückt sie sich hier in ihrer teils melancholischen, teils aggressiven Literatur aus, wenn nicht gar in gewaltsamen Auseinandersetzungen.

Von Bogotá aus setzen wir unsere Reise nach Cali im Südwesten des Landes fort. Da die Hauptstadt im Gebiet der Ostkordillere liegt und Cali in dem der westlichen, haben wir Gelegenheit, die drei großen Gebirgsketten innerhalb eines

15 *Auf dem Hauptplatz in Cali, Kolumbien.* 1536 wurde diese Stadt von den Spaniern gegründet. Heute hat sie mehr als eine Million Einwohner. Sie ist die Hauptstadt einer reichen Provinz. Land- und forstwirtschaftliche Güter, Kaffee, Zuckerrohr, Gold, Platin und Kohle werden von hier ausgeführt. Hier, auf diesem mit Palmen bestandenen Platz, sitzen fleißige Leute mit Schreibmaschinen, die gegen Entgelt Schreibaufträge ausführen, besonders solche für Behörden.

16 *Popayán, Kolumbien.* Inmitten einer fruchtbaren, grünen Landschaft hat diese Stadt ihren Charakter vergangener Jahrhunderte bewahrt. Hier, am wichtigen Hauptplatz, steht die Kathedrale, daneben das erzbischöfliche Palais. 1536 gründete Sebastián de Benalcázar die Stadt, die fast 200 Jahre zur Audiencia de Quito gehörte, ehe sie der Führung von Bogotá zugeordnet wurde. Noch heute strahlt diese Stadt eine Atmosphäre der Ruhe und Beschaulichkeit aus.

VENTAS

Tages zu durchqueren. Wieder sitzen wir im Bus, mehr oder weniger gemütlich, aber amüsiert über das Treiben um uns herum, denn es dauert seine Zeit, bis Mensch und Vieh ihr Plätzchen gefunden haben.
Fahren wir an einem Sonn- oder Feiertag in Kolumbien Bus, so gibt der Fahrplan weniger noch als an Werktagen die richtigen Ankunftszeiten an den Zielorten an. Die Kolumbianer sind nämlich begeisterte und gute Radrennfahrer. Dieser Sport läßt sich natürlich vorzugsweise sonntags und dann selbstverständlich auf asphaltierter Straße durchführen. Entdecken wir also eine dergestalt sportliche Gruppe, so wird kurz darauf bereits gehalten, alles steigt aus dem Bus aus, reiht sich in die anfeuernde Menge am Straßenrand, und erst, wenn aller Wirbel vorbei ist, setzen wir unsere Reise fort. Darüber hinaus wird natürlich zu den verschiedenen Mahlzeiten an den von den Busunternehmen ganz sicher »unter Vertrag genommenen« Restaurants gehalten. In der Regel versorgt sich nur die ganz arme Bevölkerungsschicht selbst mit Reiseproviant, das heißt man kauft zusätzlich für ein paar »Pfennige« etwas gekochten Mais, Huhn, Salat oder Gebackenes. Einen Europäer mutet ein Anhalten dieser »Landarchen« ohnehin meist wie eine »Besuchsreise zu fliegenden Händlern in Sachen Nahrung« an! Wir können uns kaum vorstellen, mit welch einem Tempo und Gedränge Kinder und Erwachsene die Busse während des Anhaltens überfallen, die Türen und den Gang verstopfen, so daß ihnen keiner entrinnen kann, zumal sie auf den noch fahrenden Bus aufspringen und dann den Reisenden ihre mehr oder weniger geruchsintensive Ware anpreisen und gleichzeitig bereits in den Schoß legen, so daß ein Ablehnen nur mit äußerster Mühe gelingt. Erst danach ist an ein Aussteigen zu denken. Auf der Weiterfahrt schaut der Fahrer mit prüfendem Rundblick im großen Spiegel über seinem Sitz in eine zufrieden schmatzende Menge. Glücklich ist dann der, an dessen Ärmel oder Schulter sich keine Fettpfötchen kleiner Mitreisender einer Reinigung zu unterziehen bemühen.
Kurz nach Bogotá geht unsere Fahrt sehr bald bergab ins Tal des Magdalenenflusses. Wir verlassen die kühle Bergregion und kommen in die tropische Klimazone, wo Tee, Kaffee, Baumwolle und Zuckerrohr angebaut werden. Bald aber klettert die Straße wieder kurvenreich bergauf über den Kamm der Zentralkordillere. Oben haben wir kaum Zeit, darüber nachzudenken wie anders, wie kahl es hier gegenüber den Tälern ist, da befinden wir uns schon wieder in rasanter Bergabfahrt, diesmal zum Caucafluß, der hoch im Norden in den Magdalenenstrom mündet. Eine gute Strecke fahren wir am Flußufer entlang. Hier erfreuen uns die an den Bäumen lang und zottelig herunterhängenden grau-grünen Greisenbärte aus der Familie der Bromeliaceen, die wir von Chile bis USA finden. Die Pflanzen werden bis zu einem Meter lang und verleihen der Landschaft etwas Rübezahlartiges. Vor Cali geht es wieder etwas hinauf in die Berge. Wir blicken noch einmal zurück in das fruchtbare, reiche Tal dieses großen Flusses, das Simón Bolívar als den »Garten Amerikas« bezeichnet haben soll.
Etwas nördlich von Cali im Cauca-Tal lebte von etwa 200 v. Chr. bis zum Erscheinen der Spanier die Indianergruppe der Quimbaya. Diese gelten als die besten Goldschmiede des Kontinents. Ihre Werke können wir heute in allen großen Museen der Welt bewundern. Sie gossen das Gold entweder in verlorene Formen, hämmerten, schweißten oder trieben es. Das Gold war meist sehr rein, nur gelegentlich legierten sie es mit Kupfer. Silber und Bronze waren, anders als in Peru oder Bolivien, unbekannt. Unter ihren geschickten Händen entstanden kunstvolle antropomorphe Figuren, Tiere und Schmuckstücke aller Art. Später gelangten ihre Goldarbeiten sowohl bis nach Peru als auch bis Mexiko. Die alten mexikanischen Kulturen haben sogar möglicherweise erst von den Indianern Kolumbiens die Goldschmiedekunst übernommen.
Heute finden wir in dieser Gegend kaum mehr Indianergruppen. In Cali empfangen uns geschäftige, fröhliche Menschen, Weiße, Schwarze und Mischlinge. Erst in der Abgeschiedenheit unseres Hotelzimmers kommen wir dazu, die Großartigkeit der Landschaft, durch die wir Stunde um Stunde gefahren sind, wirklich nachwirken zu lassen. Abwechslungsreich und nicht von Menschenhand zerstört, hat sie unser Auge aufgenommen. An das intensive Grün der Berghänge werden wir noch oft denken, wenn wir durch die trockene Sandwüste südlicher Länder kommen.
Cali, heute mit 1,5 Millionen Einwohnern die drittgrößte Stadt des Landes, wurde bereits 1536 von Pizarros Streitgenossen Benalcázar gegründet. Er kam aus dem südlichen Quito und zog gen Norden ins Land des »El Dorado«, dessen Ruf weithin gedrungen war. Die Menschen scheinen sich in dieser aufstrebenden, lebhaften Industriestadt wie Ameisen zu rühren. Aber auch hier, wie in so vielen Großstädten, besonders Kolumbiens, dürfen wir uns nicht achtlos dem Betrachten unserer Umwelt hingeben. Zu viele Menschen gibt es, die zu arm sind, um nicht der Versuchung zu erliegen, den, der offen-

17 *Der Werdegang des Kaffees.*
Kolumbien ist der zweitgrößte Kaffeeproduzent der Welt. Zu etwa 60 Prozent bestreitet es seinen Export mit diesem Produkt. Deshalb ist diese Pflanze von ganz besonderer Bedeutung für das Land. Bis vor kurzem gedieh Kaffee nur im Schatten größerer Gewächse, wie etwa der Banane. Heute jedoch verbreitet sich eine Sorte, die in voller Sonne gedeiht. Zweimal im Jahr werden die leuchtend roten Früchte geerntet, danach getrocknet, um anschließend in den Handel zu kommen. Gebrannt werden die Früchte erst im Verbraucherland, da sie dadurch ihren individuell gewünschten Geschmack erhalten.

sichtlich mehr besitzt als er selbst, um möglichst viel seiner Habe zu erleichtern.
Cali hat nur noch wenige Gebäude aus kolonialer Zeit. Vielleicht zieht uns deshalb am meisten das Kloster von San Francisco an. Der 200jährige Backsteinbau beherbergt noch heute eine Klosterschule mit einer hervorragenden Bibliothek. Auf einem der Hügel um Cali steht eine Christusfigur, ähnlich wie jene, die über Rio de Janeiro und Brasilien schaut. Von hier oben haben wir nicht nur einen herrlichen Blick in die Weite der Landschaft, sondern auch über die weit ausgedehnte Stadt. Allerdings versperren uns die Berge den Blick bis zum Pazifischen Ozean.
Diesen erreichen wir nach zweistündiger Autofahrt. Die Hafenstadt dieser Gegend, Buenaventura, gehört mit zu den emsigsten der »Südküste-West«, wie dieser Küstenstreifen unter den Seeleuten heißt. Buenaventura liegt in einer der regenreichsten Gegenden der Welt. Es soll einmal in einem Jahr knapp 10000 Millimeter Niederschlag gefallen sein! Im großen Tal des Caucaflusses und der Gegend von Cali gedeihen hervorragend das Zuckerrohr, Kaffee, Bananen, vor allem aber wird hier Gold und Platin gefunden. Hier liegen auch große Kohlevorkommen, die dieses Land zum größten Exporteur Südamerikas auf diesem Sektor machen.
Befassen wir uns aber noch etwas eingehender mit jenem Produkt, mit dem Kolumbien – nach Brasilien – weltweit an die zweite Stelle der Produzenten gerückt ist, dem Kaffee. Diese Pflanze, »cafe arabica«, wurde gegen Ende des 18. Jahrhunderts aus Äthiopien über Spanien nach Lateinamerika und damit auch nach Kolumbien gebracht. Die besten Sorten gedeihen hier in einer Höhenlage von 1000 bis 2000 Meter über dem Meeresspiegel. Man zählt im Land mehr als 300000 Kaffeefarmer; die Größe der Anbaufläche des Landes ergibt, daß über die Hälfte von ihnen weniger als acht Hektar Land dafür zur Verfügung hat. Das bedeutet, daß dieser Produktionszweig noch fast gar nicht mechanisiert ist, denn Maschinen wären für so kleine Einheiten kaum sinnvoll. So pflücken die Farmer zweimal im Jahr die leuchtend-roten Bohnen. Etwa 2000 Stück brauchen sie, damit sie ein Pfund verkaufen können. Kommt die Ernte in den Handel, wird sie nach Größe, Gewicht und Form sortiert. Gebrannt werden die Kaffeebohnen erst im Verbraucherland, denn durch das Brennen und die Brenndauer erhalten sie ihren eigentlichen Geschmack, und der ist ja überall verschieden.
Von Cali führt uns unser Weg weiter in den Süden, nach Popayán, einer wunderschönen Stadt, die in 1760 Meter Höhe gelegen ist. Sie hat ihren kolonialen Charakter bis in unsere Tage bewahrt. Auch gilt sie als die »Sommerresidenz der Zuckerrohrplantagenbesitzer«. Häuser, Kirchen und Klöster sind weiß gestrichen und geben dem Straßenbild ein gepflegtes, sauberes Äußeres. Popayán hat in der ersten Zeit nach seiner Gründung durch die Spanier nicht zur Real Audiencia de Santa Fé de Bogotá gehört, sondern zu Quito/Ekuador. Da in Quito Meister der barocken Bau- und Schnitzkunst die prächtigsten Zeugnisse ihres Könnens hinterlassen haben, ist auch hier einiges davon der Nachwelt überliefert. Besonders bemerkenswert unter den vielen sehenswerten Kirchen und Häusern ist die Klosterkirche von San Francisco. Ihre Kanzel wird als das schönste Schnitzwerk des Landes gepriesen. Die mit Silber legierte Glocke der Kirche hat einen herrlichen Ton, der weit über die Stadt hinaus erklingt. Betreten wir zur Zeit der Abendmesse das Kirchenschiff, können wir miterleben, daß ein Orchester die Messe begleitet. Die Musik wird gespielt auf alten Flöten, Geigen und der typisch südamerikanischen Harfe, bei der ein großer Schalltrichter den Ton verstärkt. Auch hier spüren wir, wie sich Indianisches mit Spanischem vermischt. Von der Kirche sind es nur wenige Schritte bis zum Kloster, das heute nicht mehr Diener der heiligen Lehre, sondern des Tourismus beherbergt. Es ist ein wunderschönes Hotel, in dem wir uns gut auf unserer Reise durch die Anden erholen können.
Lange werden wir uns nicht Zeit zum Besinnen nehmen können. Noch viel Schönes und Beeindruckendes harrt unser. So steigen wir tags darauf wieder einmal in eine dieser »Knochenwiegen« und machen eine kleine Rundreise nach Osten. Asphaltstraßen gehören auf dieser Strecke zu den modernen Errungenschaften der Technik, die als Zukunftsmusik auch weiterhin so mancher Gegend dieses Kontinents vorenthalten bleiben. Für die Unbequemlichkeiten wird man dafür aber reichlich durch eine großartige grüne Gebirgslandschaft entschädigt.
Die kurvenreiche, schmale Strecke führt an steil abfallenden Hängen entlang. Wir können kaum den Seufzer unterdrücken, der uns nach den scharfen Biegungen zu entschlüpfen droht, wenn wir es wieder einmal ohne Gegenverkehr geschafft haben. Allerdings vergehen fast sieben Stunden, bis wir die etwa 100 Kilometer bis nach San Andrés de Pisimbalá, unser Ziel, benötigen. Wenn uns die Wahrheit des Sprichwortes »Gott hat dem Menschen die Zeit gegeben, von Eile hat er nichts gesagt«, nicht schon lange klar

18 *Páramo oder Hochmoorlandschaft.* In weiten Teilen Kolumbiens und Ekuadors finden wir diese Moor-Landschaften, die in Höhen zwischen 3500 und 4200 Meter vorkommen. Charakteristische Pflanzen für diese eigenartige, feuchte Gegend sind vor allen Dingen die »frailijones« oder »Riesenmönche«, die zu den Arten der Espeletia gehören. Sie haben einen dicken, bis mannshohen Stamm, den die abgestorbenen Blätter umhüllen, die der Pflanze zu ihrem Namen verhelfen. Sie tragen einen grau-grünen Blattschopf, aus dem zahlreiche gelbe Blüten wachsen.

19 *Der Magdalenen-Strom, Kolumbien.* Er entspringt in Südkolumbien, wo sich die Ost- von der Zentralkordillere trennt. Er mündet nach einem Lauf von etwa 1540 km in die Karibische See. Er ist der größte Fluß des Landes und wird voller Stolz von den Kolumbianern »der Fluß des Vaterlandes« genannt. Fast 1000 km des Stromes sind schiffbar. Bereits in vorkolumbianischer Zeit transportierte der Zipa der Muisca-Indianer das gewonnene Salz auf dem Fluß. Dem folgten die Spanier und fanden so das Herz des Volksstammes.

geworden wäre, hier bestätigt sie sich ganz gewiß. Aber nicht nur der Begriff »Zeit« ist in diesen Breiten etwas Abstraktes, auch die Auskünfte nach Ortschaften und Entfernungen schwimmen in einem Meer von Ungewißheit. Immer wieder hören wir beim Zusteigen der Passagiere in den Bus auf die Frage des Fahrers an den neuen Gast, wohin er wolle, daß dieser ihm schlicht erklärt: »dorthin«. Die Reaktion des Fahrers ist eindeutig, denn zufrieden nickend legt er laut krachend den Gang ein und steuert sein dampfendes Gefährt durch weitere halsbrecherische Kurven. Die Passagiere melden sich schon von allein, wenn sie sich unserer Gesellschaft entledigen möchten. Auch dann erst müssen sie ihren Obulus entrichten. Den Fremden hingegen machen sie sehr höflich darauf aufmerksam, wann er am Ende seiner Strapaze ist.

Wir befinden uns im Gebiet von »Tierradentro«, zu deutsch »dem Land da drinnen«; schon der Name sagt einiges über die Abgeschiedenheit dieses Landstriches aus. In San Andrés de Pisimbalá finden wir überraschenderweise archäologische Stätten, die noch bis vor wenigen Jahren unter der Erde schlummerten. An verschiedenen Stellen der Berghänge steigen wir über hohe Stufen, enge, steile kleine Wendeltreppen in unterirdische Grüfte oder Grabtempel hinab, die im Inneren der Berge aus dem weichen Granodiodorit herausgehauen sind. Meist finden wir in den Kammern mehrere Nischen, in der Mitte Säulen, und fast alle Innenräume sind mit schwarzer, roter oder brauner Farbe in symmetrischen Mustern ausgemalt. Zum Teil entdecken wir auch menschliche Figuren an den Säulen, die als Halbreliefs gearbeitet sind. In diesen Grüften wurden wunderschöne große, urnenartige Keramiktöpfe gefunden. Die Ureinwohner dieser Gegend sollen zu der Völkerfamilie der Chibcha gehört haben, es müssen aber Beziehungen zu den Quechua-Indianern aus Peru bestanden haben. Dies ist erkennbar an überlieferten Worten und der Verwandtschaft der Kunst, auch mit der von San Agustín, die sich nur wenig südlich in dem einzigen Zentrum Kolumbiens, in dem die alten Völker ihr Können in Stein der Nachwelt überliefert haben, erhalten hat.

Wenn wir unsere Reise fortsetzen, sind wir auf unserem Weg nach San Agustín gut zwölf Stunden dem Schicksal des »mañana« und der Art von Vehikeln ausgeliefert, wie es sie nur in tropischen, sich erst jetzt in die Zeit der Technik entwickelnden Gegenden geben kann. Es sollte nicht unerwähnt bleiben, daß wir uns auch hier – wir finden sie weitverbreitet in Kolumbien und Ekuador – von Phantasiegebilden transportieren lassen können. Sie haben das unerläßliche, übliche Chassis, der Aufbau ist dann allerdings aus Holz, ohne Türen, Fenster oder Mittelgang. Die Bankreihen gehen von Seite zu Seite, links schließt der Innenraum mit zwei Brettern ab, um die Fahrgäste vor unfreiwilligem Aussteigen zu bewahren, und rechts ist entweder ein Brett oder nichts, damit ein Einsteigen ermöglicht wird. Hinten ist eine breite Plattform, auf der Ziege, Schaf oder Schwein mitreisen kann, kleinere Haustiere werden natürlich zu Füßen der Besitzer innen mitgenommen. Eine besonders sportliche Leistung verlangt das Einsteigen. Vom Trittbrett aus schwingt man sich über das Seitenbrett aufs Geratewohl ins Innere des bereits immer vollbesetzten Gefährts, das heißt im Zweifelsfall landet man mehr oder weniger sanft auf dem Schoß eines zukünftigen Reisegefährten, der schnell seine frisch auf dem Markt erstandene Habe, oder Gitarre, vielleicht sogar die Nachkommen, zu retten versucht. Besonders hervorzuheben ist aber auch die vergnügte Stimmung in dieser auf größtmögliche Tuchfühlung ausgerichteten Reise. Bei einem der täglichen Tropenregen verwandelt sich das Gefährt in eine schlingernde Arche, in der die Gäste an den Außenplätzen nicht weniger als unter der morgendlichen Dusche gewaschen werden. Darüber hinaus bestätigt unsere meist nicht mehr sehr stabile Wirbelsäule, daß dieses rollende Ungetüm Federn auch nur in seinen ersten, mindestens zwanzig Jahre zurückliegenden Lebensjahren besessen haben kann.

Irgendwann aber schreiten wir durch die moderne Haustür eines gepflegten, kleinen Hotels und bewundern bereits mit Staunen die kunstvoll gearbeiteten Steinfiguren von San Agustín. Bis heute sind die Wissenschaftler sich nicht im klaren, in welcher Zeit und unter welchem Einfluß diese gewaltigen Steinfiguren und Hünengräber entstanden. Wahrscheinlich haben hier verschiedene Kulturstufen ihr Zeugnis hinterlassen. Der Anfang soll im 6. Jahrhundert v. Chr. liegen. Die letzten Zeugnisse sind aus dem 12. bis 14. Jahrhundert. Der Ort muß eine Kultstätte gewesen sein. Aus der Anzahl der vielen Steingräber ist zu schließen, daß es sich vorwiegend um Totenkult handelte; die Pilger mögen von weit hergekommen sein. In den Gräbern lagen sehr schön geformte Urnen, Töpfe und Figuren aus Keramik, aber wenig Gold oder Edelsteine. Aus der Art der Darstellung und Technik kann man schließen, daß der kulturelle Einfluß hauptsächlich aus Mittelperu gekommen sein wird, von den Leuten von Chavín de Huantar, dem ältesten Kulturvolk im Süden. Wie in Chavín sind die Figuren größtenteils symmetrisch und statisch, haben sehr häufig die übereinandergehenden, großen Zähne der Raubtierkatzen, manche weiblichen Figuren haben allerdings einen fast zärtlichen Ausdruck im Antlitz. Einige Figuren sind bis zu fünf Meter hoch. Ihre Darstellung ist sehr verschieden. Es sind Krieger, Priester, Herrscher oder auch schwangere Frauen. Ebenso gibt es einige Figuren, die als »Doppeltes Ich«, oder »alter ego«, bezeichnet werden; sie geben möglicherweise den Dualismus des Körpers und der Seele zum Ausdruck, vielleicht ist das alter ego geistiger Beschützer des anderen Ich. Die Kultur von San Agustín, die völlig isoliert in Kolumbien dasteht, vielleicht allerdings ein Bindeglied zwischen alten mittelamerikanischen und peruanischen Frühkulturen darstellt, war schon längst vor der Ankunft der Spanier erloschen. Ganz sicher besteht keine Beziehung aus jener Zeit zu den heute in dieser Gegend lebenden Paez-Indianern, die sich erst wesentlich später hier niedergelassen haben. Deutlich aber empfinden wir beim Anblick dieser Zeugen der Vergangenheit die tiefe Religiosität derer, die all das geschaffen haben. Sind die Menschengestalten meist als das gemeint, was sie abbilden, so verkörpern die Frösche, Jaguare, Schlangen und Adler, die wir zwischen den steinernen Gestalten finden, bei allen altamerikanischen Kulturvölkern, so auch in San Agustín, irdische und himmlische Mächte.

---

20 *San Agustín, das »Alter Ego«, Kolumbien.*

Südöstlich von der Stadt Popayán liegt das großartige Gebiet der archäologisch interessanten Funde von San Augustín. Über 300 Steinfiguren und viele Steingräber wurden hier seit Mitte des 18. Jahrhunderts gefunden. Wissenschaftler vertreten die Meinung, daß hier ein heiliger Platz und wichtiger religiöser Mittelpunkt gewesen sei, an dem bereits einige Jahrhunderte vor unserer Zeitrechnung Tote beigesetzt wurden. Die riesigen Steinfiguren dienten dem Totenkult. Das zweite Ich kann sowohl darauf deuten, daß es der Schutzheilige des ersten Ich ist, als auch der auf dem Kontinent üblichen mythologischen Vorstellung der Indianer entsprechen, daß durch eine Maske mit Tierzügen, die sie für rituelle Tänze als zweites Ich trugen, die Macht und die Kräfte des Tieres, das für sie Symbole göttlicher Kraft in der Natur bedeutete, auf sie übergingen. Möglicherweise wird aber der Dualismus zwischen unserer Seele und dem Körper zum Ausdruck gebracht.

Ekuador

Beim Klang des Namens »Ekuador« mag es sein, daß wir an ein kleines Land an der Küste des Pazifischen Ozeans in Südamerika denken. Mehr aber noch verbindet dieser Name uns mit der imaginären Linie, die die nördliche von der südlichen Halbkugel unseres Globus trennt. Es ist die spanische Übersetzung der lateinischen Bezeichnung »Äquator«. Nur rund 20 Kilometer nördlich der Hauptstadt des Landes steht ein Monument in Höhe des Äquators, das die vier Himmelsrichtungen angibt, gekrönt von einer Weltkugel. In der kahlen Bergwelt der Anden können unsere Gedanken hier, von der »Mitte der Welt« aus einen Rundgang um die Erde antreten. Mitte des 18. Jahrhunderts kam eine kleine Gruppe von Wissenschaftlern unter der Führung des französischen Mathematikers La Condamine hierher, um den Zwischenraum der Meridiane zu messen und damit den genauen Verlauf des Äquators zu bestätigen. Bereits die indianische Bevölkerung hat, der Überlieferung nach, die Äquatorlinie gekannt. Sie nannten sie »den Weg der Sonne«. Wo die Sonne ihre Strahlen jahraus jahrein senkrecht zur Erde schickt, erleben wir die ewige Tag- und Nachtgleiche; sowohl morgens als auch abends um sechs Uhr werden wir von dem leuchtenden Himmelskörper begrüßt und verabschiedet. Hier, in der Hochebene von Quito, begleitet uns ein angenehmes Klima. Die Landeshauptstadt liegt in 2850 Meter Höhe, umgeben von Bergen, von denen die etwas entfernt gelegenen, schneebedeckten Vulkane eine Höhe von fast 6000 Meter über dem Meeresspiegel erreichen. Bei klarem Wetter haben wir einen begeisternden Anblick um diese schöne Stadt herum. Der Pichincha, dessen Hänge bis direkt in die Stadt reichen, hat große geschichtliche Bedeutung. Hier wurde die entscheidende Schlacht der spanischen Kolonialherren gegen die nach Selbständigkeit drängenden Kreolen unter der Führung von Marschall Antonio José de Sucre, einem Mitkämpfer Simón Bolívars aus Venezuela, geschlagen. Andere Vulkane, die in der Ferne leuchten, sind der Cayambe, Ilinaza, Antisana, Cotopaxi, manchmal kann man sogar den Chimborazo erkennen. Alexander von Humboldt, der von 1799 bis 1804 die nördliche Hälfte Südamerikas bereiste, hat gesagt, daß »Ekuador von der Straße der Vulkane durchzogen wird«. Noch heute schicken ungefähr zwanzig von ihnen Rauch und Asche gen Himmel. Sicher sind wir ebenso fasziniert wie Humboldt, wenn wir das Land von Nord nach Süd durchreisen. Auf der gut 900 Kilometer langen Strecke von der kolumbianischen bis zur peruanischen Grenze, auf der wir von Hochtal zu Hochtal gelangen, säumen etwa dreißig wohlgeformte Kegel nach West und Ost unseren Weg. Hier entspringen auch die meisten Flüsse Ekuadors, die einmal zum Pazifischen Ozean und einmal zum Amazonasbecken fließen. Der Westteil des Andenrückens fällt in die große Ebene zum Pazifik ab. Dort herrscht tropischheißes, feuchtes Klima. Hier gedeihen Kaffee, Kakao und die Banane besonders gut. Ekuador ist der größte Bananenexporteur der Welt. In den Hochtälern, die zwischen 2000 und 3000 Meter über dem Meeresspiegel liegen, wird Viehwirtschaft betrieben, Kartoffeln, Mais, Weizen und andere Getreidearten angebaut. Die östliche Andenkette fällt zum Amazonasbecken ab, dem dritten und größten Teil des Landes. Durch die Entdeckung der Erdölvorkommen im Urwald ist dieses kleine Land in den letzten Jahren zum zweitgrößten Erdölstaat

21 *»Die Mitte der Welt«, Ekuador.*
Etwa 25 km nördlich von Quito steht dieses Denkmal, zur Erinnerung an die Expedition französischer Wissenschaftler, die 1735 den genauen Verlauf des Breitengrades 0 – des Äquators – vermessen hat. Von hier aus laufen jeweils 90 Breitengrade parallel zum Äquator zum Nord- und zum Südpol. Hier, in knapp 2400 Meter Höhe ist die Umgebung karg und trocken.

22 *»La Ronda« – Straße in der Altstadt von Quito, Ekuador.*
Diese Straße hat ganz ihren Stil aus der spanischen Kolonialzeit bewahrt. Der Name »La Ronda« stammt noch aus der Zeit, in der sich die Spanier hier wie in ihrem Heimatland zu Tänzen und Serenaden trafen. Das Kopfsteinpflaster erinnert ebenfalls an vergangene Zeiten.

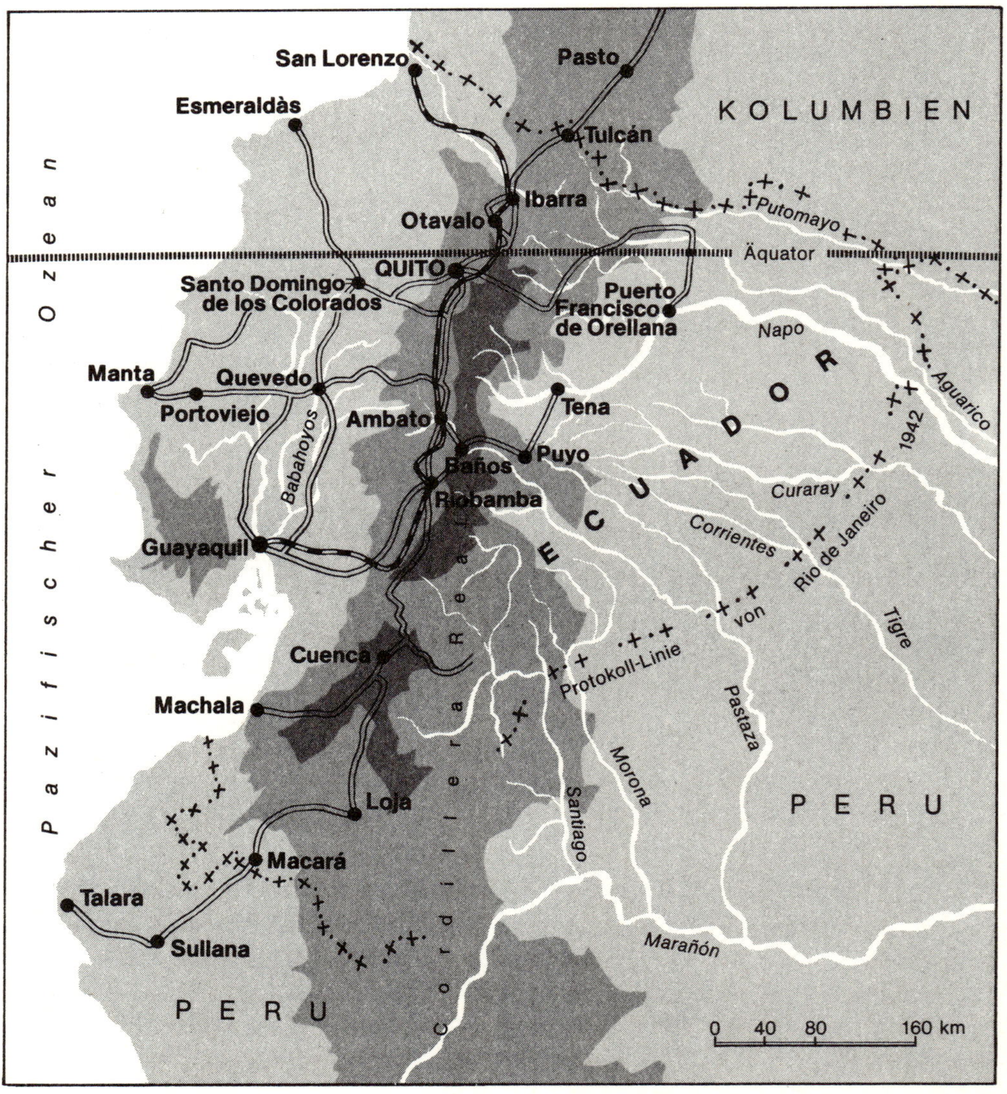

N O

23 *Palastwache am Regierungsgebäude in Quito, Ekuador.*
Prächtige Uniformen kleiden die Wachen des Regierungsgebäudes. Der Helmbusch zeigt die Landesfarben, rot-blau-gelb. In diesem Bauwerk wurde bereits 1612 die Real Audiencia de Quito abgehalten. Von 1957 bis 1960 wurde der Palast renoviert. Seither erzählt uns im Treppenhaus ein riesiges Mosaik von der ersten Fahrt auf dem Amazonas-Fluß, die im heutigen Ekuador auf dem Napo-Fluß begann.

24 *Jesuitenkirche in Quito, Ekuador.*
In mehr als vierzigjähriger Arbeit entstand Mitte des 18. Jahrhunderts diese prächtige Kirche nach Plänen der Mutterkirche der Jesuiten in Rom. Sie gehört zu den großartigsten Barockkirchen der Welt. Die sechs Säulen Salomos neben dem großen Eingangsportal sollen Nachbildungen der Säulen des Baldachins im Petersdom von Rom sein. Hier kommt die Mischung von europäischer Kunst und indianischem Erbe zum Ausdruck.

25 *Innenraum der Jesuitenkirche in Quito, Ekuador.*
Im Innenraum der Kirche sind die Stukkaturen und Schnitzereien der Wände, Säulen, Decke und Altäre im reichverzierten spanisch-maurischen Stil mit Blattgold überzogen. Auch hier haben europäische Stilrichtung und indianisches Kunstempfinden eine überragende Leistung vollbracht.

26 *Quito, Ekuador, am 5. Dezember.*
Alljährlich wird in den Tagen vom 1. bis 6. Dezember die Gründung der Landeshauptstadt, San Francisco de Quito, gefeiert. Höhepunkte sind Stierkämpfe, die Wahl einer »Königin von Quito«, Sportwettkämpfe und Tanz. Am 5. Dezember entsenden alle größeren Schulen verkleidete Gruppen, die auf der Paradestraße Tanzvorführungen bieten.

27 *Der Vulkan »Cotopaxi«, Ekuador.*
Mit knapp 6000 Meter ist er der höchste aktive Vulkan der Welt. Immer wieder zieht dieser Berg begeisterte Bergsteiger aus allen Kontinenten an. Die Grenze des ewigen Schnees liegt hier in der Nähe des Äquators bei etwa 5000 Meter.

des Subkontinents geworden und nimmt an einem guten Wirtschaftsaufschwung teil. Allerdings gibt es 30 Prozent Indianer, die noch kaum Lesen und Schreiben können, 10 Prozent Weiße und 60 Prozent Mischlinge. Nur ein geringer Teil der Bevölkerung ist in den gesamtökonomischen Prozeß des Landes eingegliedert. Die Indianergruppen leben meist noch nach eigenen Gesetzen in abgeschlossenen Gruppen und halten an ihren alten Traditionen fest. Auch kennen sie im allgemeinen keine Arbeit, die auf Erwerb ausgerichtet ist, besonders nicht die isoliert im Urwaldgebiet lebenden Indianer.
Im nördlichen Landesteil, fast im Grenzgebiet mit Kolumbien, leben die Otavalo-Indianer, im Tal des gleichnamigen Flusses. Sie gelten als die größten Meister des Kontinents am Webstuhl und fertigen wunderschöne Tücher, Decken und dergleichen an. Ihre Ware ist so begehrt und berühmt, daß wir sie ebenfalls in Kolumbien und Venezuela antreffen. Samstags halten sie Markt im Dorf Otavalo. Bereits am Abend zuvor treffen wir ein zahlreiches, fröhliches Völkchen auf dem Hauptplatz, wo sie lachen und singen und mit Blas- und Zupfinstrumenten ihre alten Weisen spielen. Ganz ungezwungen wird der Fremde eingeladen mitzumachen, sich zu unterhalten oder zuzuhören. Mag sein, daß ihr weitreichender Handel sie so offen und fröhlich macht. Im allgemeinen sind Indianer scheu, ja eher abweisend. Am Samstag hört man bereits im Morgengrauen die leisen, nackten Sohlen über das Kopfsteinpflaster huschen. Sie schleppen ihre Lasten zum Markt. In den Hotels beginnen gleichzeitig die Türen zu klappen. Alle wißbegierigen Touristen wollen erleben, was sich da tut. Es ist ein buntes Treiben, das wir da im Ort mitmachen dürfen. Ein schöner Anblick erfreut unser Auge. Die Otavalos sind sauber und gut gekleidet. Ihre Kinder werden, wie bei allen Indianervölkern, von klein an in die gleichen Gewänder wie die Erwachsenen gesteckt.
Der Marktplatz ist groß. Hinter den Gebäuden der einen Seite spielt sich der Viehmarkt ab, der seinen eigenen Regeln des Handels unterworfen ist. Ein neugieriger Fremder tut gut, hier sehr auf der Hut zu sein, denn durch ein unbedachtes Kopfnicken mag er schon ein ganzes Dutzend Ochsen oder Schafe besitzen. An einer anderen Seite des Platzes werden Gemüse- und Obstsorten verkauft. Meist sitzen die sauber und hübsch anzusehenden Mädchen zwischen den Bündeln von Möhren, Knoblauch, Zwiebeln und Kartoffeln auf dem Boden, um von dort aus ihre Ware feil zu bieten. Weiter treffen wir auf unserem Rundgang selbstverständlich die wunderschönen Textilien, aber ebenso auch alles, was heutzutage aus Kunstfasern hergestellt wird und im Hause nützlich ist. In der Mitte des Marktplatzes sind unendlich viele Buden mit offenen Kochstellen, auf denen riesige, dampfende Töpfe stehen, wo sich bereits die Gelegenheit bietet, das versäumte Frühstück nachzuholen. Bis zum frühen Nachmittag hält das lebhafte, bunte Treiben an. Dann wird die frisch erstandene oder nicht verkaufte Habe wieder verpackt und heimgetragen.
In Otavalo begegnen uns auch einige Neger. Von hier ist es nicht weit bis zum Tal des Chota-Flusses, wo die Nachkommen afrikanischer Sklaven leben und in dem tiefgelegenen Flußtal mit tropischem Klima herrliches Obst, vor allem aber Zuckerrohr anbauen. Sie wurden hier angesiedelt, nachdem sie von den Jesuiten im 17. Jahrhundert für die Bearbeitung ihrer Ländereien gekauft worden waren. Ein Teil lebt noch heute in afrikanischen Rundhütten.
Lange vor dem Eintreffen der Spanier und Neger lebten in Ekuador sehr viele verschiedene Indianergruppen. In das Flachland an der Küste hat wahrscheinlich ein Taifun eine kleine Gruppe von Fischern auf Flößen aus ihren Fanggebieten im japanischen Archipel gen Osten abgetrieben. Wohl sind sie mit der Strömung erst nordöstlich um Hawaii herum, danach gen Süden getrieben worden, wo sie schließlich im mittleren Ekuador an Land gegangen sind. Keramikfunde lassen als Zeit dieser Landung auf etwa 900 v. Chr. schließen. Später zogen sie gen Osten, überquerten die Anden und ließen sich im Urwald nieder. Heute bilden sie die größte Indianergruppe des Landes, und wir finden sie weit verstreut im großen Zustromgebiet des Amazonasflusses. Bis heute haben sich ihre japanischen Gesichtszüge bewahrt. Sie werden als Jumbos oder Alamas bezeichnet.
Im Norden des Landes gehörte die Urbevölkerung wohl zu der Großfamilie der Kariben und Chibcha. Ein großer Stamm der Kariben, die Cara, wurden etwa im 8. bis 9. Jahrhundert von einem kleinen, den Chibcha verwandten Stamm, den Quitu, unterworfen und bildeten danach das Königreich der Quitu. Der Überlieferung nach war es eine oligarchische Monarchie, die vom Rat der Edlen unterstützt wurde. Ihm oblag die gesetzgebende und ausübende Gewalt. Hier kannte man im Gegensatz zu den Inka das Privateigentum. Ihr oberster Herrscher hieß »Scyri«, zu deutsch »Herr Aller«. Die Krone wurde an die Söhne vererbt, und sofern diese fehlten, ging sie an die Söhne der Schwester des Scyri über. Die Krone selbst ist ein prächtiger Federschmuck gewesen, den in der Mitte ein leuchtender

Smaragd zierte. Die Cara und Quitu waren hervorragende Steinschleifer, dagegen keine bedeutenden Architekten. Wir finden aus der Zeit vor der Herrschaft der Inka keine Reste von Bauten, da ihre Tempel und Paläste wohl aus Holz gewesen sind. Töpfereien aus präkolumbianischer Zeit hingegen können wir aus ganz Ekuador noch heute in allen Museen bewundern. Die ältesten Funde Südamerikas wurden im Küstengebiet nordwestlich von der Hafenstadt Guayaquil gemacht. Sie stammen etwa aus der Zeit um 3200 v. Chr., aus der Valdivia-Kultur, die auch bearbeitete Steine zeigt und möglicherweise mit der Jomon-Kultur Japans verwandt ist. Später folgt die sehr verbreitete Tolita-Kultur von etwa 800 v. Chr. bis etwa 200 n. Chr. Sie hat uns reiches Anschauungsmaterial ihres Lebens in Gold, Ton und Stein überliefert. Die Menschen dieser Kultur hatten ihr Zentrum im Nordwesten des Landes, da, wo heute die Stadt Esmeralda liegt. Heute gewinnt diese Stadt immer mehr an Bedeutung als Ausfuhrhafen des »Schwarzen Goldes« – des Erdöls. Die Urbevölkerung dieser Gegend aber verarbeitete hier zum ersten Mal auf dem Kontinent Platin.

In der Mitte des 15. Jahrhunderts konnte der Inka Tupac Yupanqui sein gewaltiges Reich im Süden soweit ausdehnen, daß ihn seine siegreichen Feldzüge bis in das Königreich der Quitu führten. Zwar besiegte er den Scyri, aber erst sein Sohn Huayna Capac konnte im selben Jahr, als bereits Kolumbus das erste Mal westindischen Boden betrat, 1492, die verschiedenen Stämme des heutigen Ekuador und Südkolumbien endgültig zu seinen Untertanen machen. Zu der Zeit, als Huayna Capac in Quitu als Herrscher einzog, war die Regierung des letzten Scyri auf seine Tochter Paccha übergegangen. Als der Inka die junge Königin zur Frau nahm, war die Herrschaft des mächtigen Volkes aus Cuzco auch hier an dem »Weg der Sonne« besiegelt. Huayna Capac und Paccha hatten einen Sohn, Atahualpa. Nach fünfzehnjähriger Regierung über das Volk der Quitu fühlte der greise Inka sein Ende kommen. Da aber nicht Quitu sondern Cuzco die ursprüngliche Hauptstadt des gewaltigen Tawantisuyo – des Reiches der vier Himmelsrichtungen – war, und dort auch die erste Frau des gewaltigen Herrschers mit ihrem Sohn Huascar lebte, teilte er sein Riesenreich unter seine beiden Söhne auf. Huascar bekam die südliche Hälfte mit dem Zentrum Cuzco und Atahualpa die nördliche mit Quitu. Für sich selbst bat der alte Kaiser, man möge seinen Leichnam in Cuzco begraben, sein Herz aber in Quitu. So lieb war ihm seine zweite Heimat geworden. Mit der Teilung des Reiches hoffte der Kaiser, daß seine Söhne ihr großes Erbe besser gegen die Feinde verteidigen könnten. Vor seinem Tode hatte Huayna Capac noch von der Ankunft weißer, bärtiger Männer im Norden gehört, die bereits mit so viel Grausamkeit ins Land eingedrungen waren, daß er große Furcht vor ihnen hatte.

Obgleich nur die herrliche Bergwelt und das milde Klima seit den Zeiten des Inka uns erhalten geblieben sind, können auch wir Touristen des 20. Jahrhunderts die Liebe zu diesem schönen Fleckchen Erde teilen. Es gibt nicht wenige Reisende, die in Quito die schönste Stadt des Kontinents, das »Florenz Amerikas« sehen. Hier finden wir keine inkaischen Mauern wie in Cuzco, diese Stadt haben die Spanier geprägt. Ein Teil der Mannen des Konquistadors Francisco Pizarro war von Lima wieder gen Norden gezogen unter der Führung von Sebastián de Benalcázar, der mit »einer Handvoll« verwegener Soldaten ein riesiges Heer der Eingeborenen besiegen konnte. Diese waren unter ihrem Anführer Rumiñahui vom Schlachtfeld geflohen, als ein gewaltiger Ausbruch des Vulkans Tungurahua im Juli 1534 der abergläubischen indianischen Bevölkerung eine Katastrophe anzeigte. Rumiñahui eilte nach Quito und brannte die Stadt bis auf die Grundmauern nieder. Benalcázar folgte ihm und erkannte in dem schönen Hochtal den besten Platz, um fernab von der Küste, die von räubernden Seefahrern heimgesucht wurde, und geborgen im milden Klima des tropischen Hochlandes, die älteste Hauptstadt des Kontinents zu gründen, San Francisco de Quito, »die Pforte des Himmels«, wie sie auch nicht selten genannt wird.

Nachdem Benalcázar sich bald wieder auf den Weg nach Norden, auf die Suche nach dem »El Dorado« machte, kam Francisco Pizarros Bruder Gonzalo als Gouverneur in die neu erstandene Stadt. Auch er kam in der Hoffnung, Gold zu finden. Ihm folgte ein weiterer Eroberer, Francisco de Orellana, um Gonzalo auf eine Expedition in den Osten, »das Land des Zimtes«, des Urwalds und der großen Ströme zu begleiten. Die Karawane bestand aus 350 Spaniern, 4000 Indianern und Pferden, Schafen, Schweinen, Hühnern und reichlich anderer Verpflegung. Je mehr sie aber von der Bergwelt in die schwül-feuchte Hitze des Urwaldes kamen, desto mehr Verluste erlitten sie durch das unerträgliche Klima und die heftigen Angriffe vieler Eingeborenenstämme, die ihr Leben bedroht sahen. Pizarro kehrte enttäuscht um, Orellana aber baute sich aus dem leichten Balsaholz ein Floß, nahm einige Kanus der Indianer und setzte seine Reise auf

28 *Porträt einer Otavalo-Indianerin, Ekuador.*

Diese Indianer-Gruppe lebt etwa 120 km nördlich von Quito in der Nähe des Sees San Pablo, einem beliebten Ausflugsziel der Großstadtmenschen. Die Otavalos sind berühmt für ihre hervorragenden Webarbeiten. Die Frauen kleiden sich in blaue oder schwarze Tücher als gewickelte Röcke, die von schön gewebten Gürteln gehalten werden. Über weißen, bestickten Blusen tragen sie große blaue oder schwarze Tücher. Gegen Sonne und Wind haben sie immer eine hübsch gebundene Kopfbedeckung. Dazu tragen sie sehr viel Schmuck.

29 *Markt in Otavalo, Ekuador.*

Am Samstag ist Markt in Otavalo. Dort bringen die Indianer ihre Feldfrüchte und Tiere zum Verkauf, vor allem aber ihre Webarbeiten und die selbstgeflochtenen Taue, die sie für ihre Feldarbeit benötigen. Sind die Frauen sauber und reich geschmückt gekleidet, so stehen ihnen die Männer nicht nach. Weiße, halblange Hosen schauen unter blauen oder schwarzen Ponchos hervor. Ein langer Zopf fällt unter dem obligaten Filzhut auf den Rücken.

30 *Colorado-Indianer, Ekuador.*
Nach etwa 130 km Fahrt nach Westen erreichen wir von Quito aus das Städtchen Santo Domingo de los Colorados. Die kurvenreiche Straße durch die Westkordillere brachte uns in das tropische Tiefland. Hier wachsen Kakao, Bananen, Zuckerrohr, Kaffee, Tee und andere Tropenfrüchte. In dieser Gegend leben die Colorado-Indianer. Männer und Frauen sind mit einem bunten Lendenschurz bekleidet. Die Buben und Männer schmieren sich das Innere der Achiote-Frucht ins Haar. Es schützt sie vor Mücken und Sonne. Die Paste versteift die Haare derart, daß sie wie ein Schild über der Stirn stehen.

dem Napo-Fluß fort. Ihn trieb die Suche nach unbekannten Reichtümern unermüdlich vorwärts. Der Strom wurde groß und größer und ebenso die Gefahren. Unterwegs bedrohte sie ein kriegerischer Indianerstamm, bei dem sie nur von Frauen angegriffen wurden. Da sie auch nach Tagen noch keine Männer bei dem Stamm sahen, tauften sie dieses große Gewässer »den Fluß der Amazonen«, ein Name, der ihm bis heute eigen ist. Orellana aber schwamm mit seinem Floß bis hinaus auf das offene Meer, überquerte wieder den Atlantik und landete so mehr oder weniger unfreiwillig in Spanien. Seine Reise ging in die Geschichte ein als die Entdeckung des größten Flusses der Erde. Er war der erste weiße Mann, der den Kontinent von West nach Ost durchquerte. Von Januar bis August 1542 war er 6000 km flußabwärts getrieben.
Aus dem Urwald kehren wir zurück in die Hauptstadt. Zur Zeit, als Orellana mit den Indianern kämpfte, waren bereits fleißige Mönche, die den Eroberungszügen folgend aus der alten Heimat gekommen waren, am Werk. Ihrem Protest gegen Martin Luthers Reformation des katholischen Glaubens gaben sie mit Hilfe überschwenglicher, üppiger Stilelemente in zahlreichen Kirchen und Klöstern Ausdruck. Insbesondere zwei flämische Franziskanermönche erwerben sich hier in Quito unsere Bewunderung. Unter ihrer Leitung wurde in fast fünfzigjähriger Arbeit das größte Kloster der Neuen Welt erbaut, San Francisco. Fast gleichzeitig wurde in Spanien der Escorial errichtet, ein Werk, mit dem das ekuadorianische sehr häufig verglichen wird. Aus Spanien, Italien und Flandern kamen weitere kunstbeflissene Klosterbrüder als Baumeister, die dem heutigen Quito immer noch ihre Prägung geben. Die höchste Stufe barocker Kunst erreicht die Jesuitenkirche, La Compañía. Die sechs Säulen an der Hauptfassade lassen uns an jene denken, die den Baldachin im Petersdom von Rom tragen. Neben dem Franziskanerkloster wurde bereits im 16. Jahrhundert eine Schule für Waisenkinder eingerichtet, wo diese frühzeitig in allen Kunstarten unterrichtet wurden. Auf unserem Gang durch Quito beeindrucken uns die reichgeschmückten, kunstvoll gebauten Kirchen und Klöster von San Agustín, La Merced, Santo Domingo, der Kathedrale und vieler anderer mehr. Auch weltliche Bauten ziehen uns in ihrem kolonialen Stil an. Im Laufe der Zeit konnte die Schule von Quito ihren Ruf als Inbegriff der Verschmelzung spanisch-maurisch-indianischer Kunst weit über die Küsten der Neuen Welt hinaus ausdehnen. Inzwischen gibt es auch ein modernes Quito, das die Altstadt fast unberührt läßt und im Norden der Stadt ein Dokument der Neuzeit bildet.
Die Geschicke des Landes wurden in den ersten Jahren nach der Entdeckung und Eroberung auch hier nur von Lima aus bestimmt. Ordnung herzustellen und die Kolonisierung voranzutreiben, erwiesen sich auch hier aufgrund der Entfernungen als nicht durchführbar. So wurde die Real Audiencia de Quito gegründet, die eine eigene Gerichtsbarkeit und Verwaltung brachte. Trotzdem aber konnten die neuen Herren sich nicht genügend gegen Aufstände, Überfälle und bürgerkriegsähnliche Wirren durchsetzen, den Ländern nicht die notwendige Sicherheit für einen wirtschaftlichen Aufbau schaffen. Allerdings erst nach 200 Jahren teilten sie den Subkontinent in mehrere Vizekönigreiche auf. So wurde in der ersten Hälfte des 18. Jahrhunderts die Real Audiencia de Quito ein Teil des neuen Vizekönigreiches Nueva Granada, dessen Sitz in Santa Fé de Bogotá war.
In Ekuador verlief die Zeit der Kolonisierung unter den Vizekönigen im Vergleich mit den großen Nachbarländern recht friedlich. Die Indianer in den weiten Urwaldgebieten des Amazonas blieben, zum Teil sogar bis heute, meist unberührt von den neuen Ereignissen. Die Bergindianer in den Hochtälern wurden zu tributpflichtigen Leibeigenen auf den weitläufigen Besitzungen der neuen Herren. Ihnen wurde eigenes Land zugeteilt, das sie für ihren Nutzen bearbeiteten. Die Hälfte des Ertrages mußten sie den Herren abgeben. In diesem Land wurde den Jesuiten und Franziskanern die Genehmigung zur Christianisierung erteilt. Unermüdlich errichteten sie Schulen und Krankenhäuser und lehrten die rechte Bearbeitung des Landes.
Das 18. und 19. Jahrhundert haben darüber hinaus für dieses Land noch eine andere Bedeutung. Es kam nicht nur La Condamine, um die Äquatorlinie festzulegen; aus Deutschland reiste der große Naturwissenschaftler Alexander von Humboldt zu Forschungsreisen durch die südamerikanischen Tropen. Er sammelte und bestimmte Pflanzen, erforschte die Flüsse und Klimazonen und er bestieg als erster den gewaltigen Vulkan Chimborazo, den wir auf unserem Weg von Quito nach Guayaquil ehrfurchtsvoll in seiner Majestät betrachten. Er besuchte viele Indianerstämme, mit deren Lebensformen er sich auseinandersetzte. Humboldt war aber nicht nur ein großer Wissenschaftler, sein politisches Konzept, das ganz der Entwicklung Europas in der zweiten Hälfte des 18. Jahrhunderts entsprach, half mit, den Freiheitsgedanken in Lateinamerika zu erwecken. Er stand

in regem Kontakt mit dem großen Freiheitshelden Simón Bolívar. In Ekuador war es, daß zum ersten Mal auf dem Kontinent der Ruf nach Befreiung von der spanischen Kolonialmacht erklang. Eugenio Espejo, indianischer und spanischer Herkunft, Arzt und Revolutionär, gehört zu den großen Vorkämpfern der Unabhängigkeit. Noch hielten jedoch die militärischen Auseinandersetzungen einige Jahre an, ehe unter der Führung des Venezolaners Antonio José de Sucre im Mai 1824 in der Schlacht von Pichincha endgültig die Unabhängigkeit Ekuadors von der spanischen Herrschaft besiegelt wurde. Sozusagen die große Linie der Befreiungskriege führte Simón Bolívar mit einem kleinen Heer durch, indem er von Venezuela über Kolumbien nach Ekuador und weiter nach Süden zog und vor allem sein politisches Konzept durchzusetzen versuchte. In Guayaquil traf er seinen »großen Bruder im Kampf«, den argentinischen General San Martín, der die südliche Hälfte des Kontinents den Spaniern genommen hatte. Über das Gespräch der beiden Generäle gibt es keine Aufzeichnungen. Ergebnis der Unterredung war aber, daß San Martín nach Argentinien zurückkehrte und Bolívar den politischen Neuanfang überließ. So gehörte Ekuador in den ersten Jahren seiner Eigenständigkeit zur Republik Gran Colombia, bis es 1830 endgültig ein selbständiger Staat wurde. Wie in den meisten anderen Staaten Südamerikas begann auch hier die eigene Freiheit mit der Auseinandersetzung zweier politischer Strömungen, der Konservativen und der Liberalen. Bald gesellte sich dazu die Rivalität der beiden größten Städte, der Hauptstadt Quito und der Hafen- und Industriestadt Guayaquil. Immerhin aber konnten beide Städte sich soweit einigen, daß sie über Jahre hinweg fast regelmäßig abwechselnd die Präsidenten stellten, Quito die Konservativen und Guayaquil die Liberalen. Häufig allerdings wurde deren Amtszeit durch Mord beendet. Auch kam es zu Bürgerkriegen oder Kriegen mit den Nachbarn. Im Grenzgebiet zu Kolumbien gibt es den wohl einzigen Fall auf der Welt, wo eine Provinz von beiden Staaten verwaltet wird. Im Süden des Landes verlor 1941/42 Ekuador einen großen Teil seines Urwaldgebietes an Peru, das bereits seit den Unabhängigkeitskriegen seine Hand darüber hielt. Eine Entscheidung darüber führte immer wieder neue Schwierigkeiten herbei. Heute noch ist die Herrschaft über dieses Gebiet soweit umstritten, daß die Landkarten der beiden Länder für das Grenzgebiet keineswegs identisch aussehen. Da mittlerweile mehr und mehr Erdöl in dem größten Urwaldgebiet der Erde, dem Amazonasbecken, gefunden wird, ist sicherlich eine definitive Lösung zu erwarten.

Bisher war dieses Jahrhundert für das kleine Land, das zweitkleinste des Kontinents, ein recht unruhiges. Zu bemerken ist dabei auch, daß es ein Präsident, Velasco Ibarra, in den Jahren zwischen 1934 und 1972 geschafft hat, fünfmal den Präsidentenstuhl zu besteigen. Da er meist seine volle Amtszeit nicht absolviert hat, können wir uns vorstellen, wie sich das auf die Ruhe im Lande ausgewirkt hat. Heute merken wir davon aber kaum etwas. Uns begegnen fröhliche, zufriedene Menschen, die voller Zuversicht in die Zukunft blicken.

Von Quito aus besuchen wir auf einer Fahrt nach Nordwesten die Colorado-Indianer. Dabei führt uns die kurvenreiche Straße an den Westhängen der Anden von Quitos Höhen hinunter in die tropische Ebene zum Pazifischen Ozean. Nach etwa zweieinhalb Stunden kommen wir nach Santo Domingo de los Colorados, einer kleinen Stadt, umgeben von Bananen-, Reis- und Zuckerrohrfeldern. Hier herrscht nicht mehr das gemäßigte Klima der Hochebene, hier ist es heiß und feucht. In dieser Gegend leben heute einige hundert Colorado-Indianer. Sie bewohnen Bambushütten, pflanzen Mais, Bananen, Yuca, Kakao und andere tropische Früchte an. Die Bananen werden immer in grünem, unreifen Zustand gepflückt. Hier entdecken wir, daß sie zum Reifen unter die Pflanzen in die Erde gelegt und mit ihren eigenen Blättern bedeckt werden. Ihren Namen haben diese Indianer von einer besonderen Eigenart bekommen: die Männer streichen sich so lange das Mark einer kastanienähnlich aussehenden Frucht, der Achiote, in ihre Haare, die sie wie eine Pagenfrisur tragen, bis diese ähnlich dem Schild einer Mütze über der Stirn wegstehen und sie vor der Sonne schützen. Sie leben von dem, was sie selbst produzieren, können weder lesen noch schreiben und sprechen ihre eigene Sprache. Obwohl sie nahe einer Stadt leben, legen sie Wert darauf, nicht in die sogenannte Zivilisation integriert zu werden.

Nun setzen wir unsere Entdeckungsreise durch das bunte, abwechslungsreiche Land im zentralen Längstal fort. Sollten wir das wieder per Bus tun, so müssen wir uns an eine spezifisch ekuadorianische Eigenart gewöhnen: In ganz Südamerika fahren öffentliche Verkehrsmittel noch nicht so häufig, als daß es sich nicht empfehlen würde, die Fahrkarte und den reservierten Sitzplatz am Tag zuvor zu besorgen. Der gute Glaube, am Reisetag erst zehn Minuten vor Abfahrt des Busses an der Haltestelle erscheinen zu müssen, kann

31 *Cuenca, Ekuador.*
Im Süden des Landes liegt die malerische Stadt Cuenca. Wir sehen den weißen Giebel des alten Rathauses und die Backsteinbögen und Kuppeln der neuen Kathedrale. Von 1886 bis 1967 wurde an der gewaltigen Kirche gebaut, die die größte Südamerikas werden sollte. Sie ist 100 Meter lang, 50 Meter breit und 40 Meter hoch. Lange nach Baubeginn stellte sich heraus, daß die Berechnungen des deutschen Architekten, der die Pläne gefertigt hatte, für das Fundament nicht stimmten; die Türme dürfen deshalb nie aufgesetzt werden.

32 *Zuckerrohrstand, Ekuador.*
Vielerorts treffen wir Verkaufsstände mit Zuckerrohr, das in etwa 50 cm lange Stücke geschnitten wird. Die Käufer setzen sich an den Straßenrand, entfernen die äußere Schale und kauen das süße Mark.

33 *Guayaquil, Ekuador.*
Die größte Stadt des Landes und der wichtigste Hafen Ekuadors. Hier entwickelte sich die Industrie des Landes am stärksten. Der Stadtteil »Las Peñas« ist der älteste Teil Guayaquils. Heute erkennen wir nur noch mühsam die ehemals vornehme Gegend. Das bunte Treiben der unteren Bevölkerungsgruppen belebt die steilen Straßen.

uns hierzulande oft zu bitteren Erfahrungen führen, da nicht verspätet, sondern verfrüht abgefahren wird. In abgelegenen Gegenden, wo nur ein Bus pro Tag verkehrt, können auf diese Weise unsere Zeitpläne leicht ins Wanken geraten. Die Karten werden nämlich bei dem Andrang an den Bussen einfach ein zweites Mal verkauft. Ist der Bus dann voll, geht die Reise los, ohne daß man sich über die noch kommenden Passagiere Gedanken macht. Wer nicht eine halbe Stunde vor Abfahrt da ist, riskiert, zurückgelassen zu werden. Dieser geschäftstüchtigen Gewohnheit begegnen wir erstaunlicherweise im ganzen Land.

Von Quito geht die Fahrt in flottem Tempo auf der asphaltierten »Traumstraße der Welt«, der panamerikanischen Straße, die rund um den Kontinent führt, weiter. Können wir bei Strecken abseits der großen Straße nur mit einer Durchschnittsgeschwindigkeit von 25 Stundenkilometern rechnen, so kommen wir hier immerhin auf das Doppelte. Allerdings gehört es zum Fahrplan auf dem ganzen Subkontinent, daß morgens, mittags, abends und mitternachts an Restaurants gehalten, und die entsprechende Mahlzeit in Ruhe eingenommen wird. Hier haben wir Gelegenheit, die stark gewürzten fisch-, fleisch- oder gemüsereichen Nationalspeisen kennenzulernen.

Auf dieser Fahrt beeindruckt uns ganz besonders der Anblick der zahlreichen schneebedeckten Vulkane, die uns hier »zum Greifen nahe« erscheinen. Zwei Stunden nachdem wir Quito verlassen haben, erreichen wir Ambato, die Hauptstadt der Provinz Tungurahua. Dieser indianische Name steht in erster Linie für einen der zahlreichen tätigen Vulkane unweit der Hauptstadt. Hier finden wir nur wenig koloniale Baukunst, denn seit die Spanier die Stadt gründeten, hat die Erde so oft und stark gebebt, daß von den alten Gebäuden nur wenige überleben konnten. So sehen wir auch eine riesige, moderne Kathedrale anstelle des alten Barockbaues, der 1949 einem sehr schweren Erdbeben zum Opfer fiel. In der Nähe von Ambato hat ein Indianerstamm, genannt Salasaca, sein Wohngebiet. Er soll von den Inka im Zuge der mita aus dem Colla-Gebiet um den Titicaca-See hierher gebracht worden sein. Die mita wurde unter der Inkaherrschaft angewandt und ist Ausdruck dafür, daß ganze Dorfgemeinschaften umgesiedelt wurden, wenn zur Bearbeitung des Bodens oder der Minen Menschen gebraucht wurden. Die Salasaca-Männer tragen weite, weiße Hosen, weiße Hemden, rote oder schwarze Ponchos und breitkrempige, weiße Filzhüte. Die Frauen kleiden sich in gerade schwarze Röcke, weiße Blusen, hängen sich ein großes rotes oder schwarzes Wolltuch um, das sie unter dem Hals mit einer Nadel zusammenhalten. Sie tragen kleine, schmalkrempige weiße Filzhüte, an denen meist bis zu drei kleine bunte Wollpompons über den Rand baumeln. Selbstverständlich tragen sie, wie alle Indianer, ihre Kinder oder ihre Habe in Tücher geschlungen auf dem Rücken. Heute leben noch etwa 2000 Salasaca in der Nähe von Ambato. Sie vermeiden, sich mit der restlichen Bevölkerung zu mischen. Sie sind hervorragende Weber und verstehen es besonders meisterhaft, in ihren Geweben Tiere wiederzugeben. Sie bearbeiten ihr Land und beginnen, sich für das Lesen und Schreiben zu interessieren.

Nach unserem Besuch bei diesem Indianerstamm reisen wir weiter durch die Andenausläufer nach Osten in das nahegelegene Städtchen Baños. Hier erhebt sich der mächtige Vulkan Tungurahua, der meist durch ein dünnes Rauchfähnchen anzeigt, daß er seinen »Schornstein« gut geputzt hält. Durch guten Abzug ist die Gefahr eines Ausbruchs gering. In Baños finden wir ergiebige Thermalquellen, die in großen Schwimmbädern aufgefangen werden. Täglich pilgern von fern und nah Alt und Jung, Indianer und Weiße zu den heilsamen und vor allen Dingen reinigenden Bädern. Am Abend wird Tag für Tag das Wasser abgelassen, um morgens um 5 Uhr bereits die Tore wieder öffnen zu können und mit frischem, warmem Quellwasser erneut zum Bade zu laden. Hier bieten sich unserem Auge sehr erheiternde Szenen, nicht zuletzt können wir bei dieser Gelegenheit in Ruhe betrachten, wie kleine »Kopfbewohner« aus den Haaren gesammelt werden. Durch Baños fließt der Pastaza-Fluß. Auf kurzer Strecke kommt er aus großer Höhe die Anden herunter und sucht sich deshalb tosend seinen Weg, bis er später im breiten Bett behäbig durch den Urwald fließt. Ihn begleiten wir ab jetzt gen Osten. Tollkühn ist die schmale, kurvenreiche Straße, von der es oft bis zu 100 Meter steil zum Fluß hinuntergeht. Der Schotterbelag hat riesige Schlaglöcher, denen der Bus wegen ihrer Vielzahl gar nicht ausweichen kann. Gottlob ist wenig Verkehr, auch müssen alle hier langsam fahren. So vergehen acht bis neun Stunden, ehe wir die rund 120 km bis zur Provinzhauptstadt Tena hinter uns haben. Die Landschaft hier ist allerdings überwältigend. Die reiche, tropische Vegetation entschädigt uns hundertfach. Hier erkennen wir, wie recht Botaniker haben, die behaupten, daß es auf keinem anderen Kontinent der Erde eine so reiche Flora gibt wie in Südamerika. Auf dichtgedrängtem Raum haben wir alle nur möglichen Klimazonen und Höhen. Morgens schauten wir dem schneebedeckten, rauchenden Vulkan zu, nur wenige Stunden später ist kein Berg mehr zu sehen, Tee- und Kaffeepflanzungen begleiten uns. Seit wenigen Jahren sind Ekuadorianer auch zu Teepflanzern geworden. Heute exportieren sie bereits. Orchideen wachsen wild am Straßenrand, Palmen ragen über das Buschwerk, und schon kommen wir zu dem immer dichter werdenden Urwald.

Folgen wir kurz den Ausführungen Alexander von Humboldts für eine Definition des Begriffes Urwald: »Soll jeder wilde Forst voll dichten Baumwuchses, an den der Mensch nicht die zerstörende Hand gelegt, ein Urwald heißen, so ist die Erscheinung vielen Teilen der gemäßigten und kalten Zone eigen. Liegt aber der Charakter in der Undurchdringlichkeit, in der Unmöglichkeit, sich in langen Strecken zwischen Bäumen von acht bis zwölf Fuß Durchmesser durch die Axt einen Weg zu bahnen, so gehört der Urwald ausschließlich der Tropengegend an. Auch sind es keineswegs immer die strichförmigen, rankenden, kletternden Schlingpflanzen (Lianen), welche wie man in Europa fabelt, die Undurchdringlichkeit verursachen. Die Lianen bilden oft nur eine sehr kleine Masse des Unterholzes. Das Haupthindernis sind die, allen Zwischenraum füllenden, strauchartigen Gewächse: in einer Zone, wo alles, was den Boden bedeckt, holzartig wird.«

Hier in der Provinz Napo, der größten des Landes, ist der Urwald erstaunlich stark besiedelt. Aus Holz errichtete Pfahlhäuser zeigen uns, wo die Menschen dem Urwald »zu Leibe rücken«. Sie pflanzen Bananen, Yuca, Orangen und andere Tropenfrüchte. Hunde, Hühner und Schweine leisten der Familie Gesellschaft. Hier kommen wir zum Ausgangspunkt der Reise des Konquistadors Francisco de Orellana auf dem Amazonas vor mehr als 400 Jahren. Da es in den einsamen Gegenden selbstverständlich ist, von dem nächstdurchfahrenden Vehikel mitgenommen zu werden, warten wir nicht lange auf Transport. Die Straße führt am Napo entlang, der hier noch als Gewässer mittlerer Größe bezeichnet werden kann und nichts von seinem späteren Ausmaß ahnen läßt. In dem kleinen Ort Misahuallí, der zum Ausgangspunkt einer Fahrt flußabwärts werden soll, ist ein eifriges Hin und Her größerer Kanus, meist mit Außenbordmotor, denn ab hier findet der Transport von Mensch, Vieh und Ware auf dem Wasser statt, Straßen gibt es nicht mehr. Wir beobachten, wie ein Dutzend Ochsen aus einem Kanu entladen werden und das nächste mit 20 Passagieren beladen wird. Alles ist geübt und geht reibungslos. Unsere Pässe werden kontrolliert. Hier wird besonders Buch geführt über jeden, der da kommt oder geht. Wie soll sonst nach Verlorenen gesucht werden? Wir nehmen Platz in dem geräumigen, langen Einbaum. Kurz darauf tuckert der Motor ruhig und gleichmäßig. Die Fahrt geht schnell flußabwärts. Man muß Stromschnellen ausweichen, bei Pannen etwa mit langen Staken verhindern, daß das Boot in die Strömung gerät. Kommt ein Haus in Sicht, wird gehupt, was bedeutet: »Möchte da jemand mit?« Bei Bedarf wird der Kurs auf das Ufer genommen und be- oder entladen. Im Vorbeifahren können wir sogar gelegentlich einen flüchtigen Blick auf einzelne Goldwäscher werfen, die in geduldiger Arbeit ein paar blinkende Körner zu finden hoffen. Da zu den richtigen Tropen einmal am Tag auch ein kurzes, kräftiges Gewitter gehört, liegt bereits unter der Bank die Riesenplane. Es dauert auch nicht lange, zumal später am Nachmittag, daß sich wunderschöne Wolkentürme am Himmel aufbauen, die gigantischen Baumkronen der Urwaldriesen in gespenstischen Schatten vor dem gelbfahlen Himmel an uns vorbeiziehen, bis es ganz plötzlich grau und dunkel wird und in Windeseile ein heftiger Platzregen auf uns niederprasselt. Die Plane ist groß, noch heil und bietet uns allen Platz darunter. Nachdem die Wolkenschleusen geleert sind, schauen wir zufrieden wieder die zauberhafte Landschaft an. Wir kommen zu einem Hotel am Hang oberhalb des Flusses. Es empfängt uns nicht nur ein freundlicher Chef, der sich bemüht, den Fremden ein gastliches Haus zu bieten, da ist auch eine Vielzahl der schönsten, bunten Schmetterlinge, die sich mit an den Kaffeetisch setzt. Auch Blattschneiderameisen können wir beobachten, wie sie in langen Zügen Stücke grüner Blätter transportieren, die um ein Vielfaches größer sind als sie selbst. Auch Schlangen gibt es hier, besonders von den kleinen Arten, die wir erst entdecken, wenn sie meinen, sich durch einen Angriff auf uns, vor uns verteidigen zu müssen. Deshalb verlassen wir nie das Hotel ohne orts- und faunakundigen Führer. Am nächsten Morgen machen wir uns auf den Weg zu den Eingeborenen. Langsam steigt der Nebel aus den Baumkronen, als wir den kleinen Einbaum besteigen. Wir lassen uns über den behäbigen Fluß teils mit langer Stange staken, teils mit der Strömung treiben. Bald wird das Schiffchen am anderen Ufer festgemacht. Unser Führer bahnt den Weg durch den dichten Wald. Das Buschmesser gehört wie ein verlängerter Arm in seine Hand. Ohne ein solches verläßt er nie sein Haus. Wer ahnt auch, wo überall Gefahren lauern? Andererseits ist es ihm ein Leichtes, etwa wenn er Durst verspürt, kurzerhand eine bestimmte Schilfart ab-

34 *Bei den Alama-Indianern, Ekuador.* Die Alamas bilden den größten Stamm der Eingeborenen des Landes. Wissenschaftler vertreten die Meinung, daß ihre Vorfahren japanische Fischer waren, die mit ihren Booten im Pazifischen Ozean aus ihren Fischereigründen abgetrieben wurden, über die Nordküste von Hawaii nach Süden fuhren und in Mittelekuador Land betraten. Sie wohnen in strohgedeckten Hütten, leben von Yuca, die die Frauen geduldig einspeicheln, danach in einen Topf spucken, wo sie fermentiert.

35 *Urwald im Südosten Ekuadors.* Langsam zieht die nächtliche Feuchtigkeit aus dem dichten Urwald. Üppige Vegetation, Hitze und Unwegsamkeit charakterisieren das große Tiefland, das zu dem Zustromgebiet des Amazonas gehört.

36 *Giftpfeile.*
Im Köcher aus dicken Bambusstangen sitzen die vergifteten Pfeile, mit denen die Eingeborenen auch heute noch auf Jagd gehen. Das scharfe Gebiß erlegter Piranas tragen sie stolz als Trophäen mit sich.

zuschneiden, aus der Wasser so klar wie aus der schönsten Quelle fließt, und das zu trinken. Wir genießen den schweren Duft der dichten Vegetation und erfreuen uns vor allen Dingen an den verschiedenen Kolibris, die auf diesem Kontinent mit mehr als dreihundert Arten zu Hause sind. Südamerika ist ja überhaupt der »Vogelkontinent« der Welt. Vom großen Kondor bis zum zwei Gramm »schweren« Kolibri findet der Naturfreund hier ein wahres Paradies. Da die Besiedlung wohl noch nicht so bald auch diese einsamen Gegenden heimsuchen wird, dürfen wir hoffen, noch lange zahlreiche seltene Tierarten anzutreffen. In dieser Gegend dürfen wir allerdings nicht erwarten, den meist scheuen Lebewesen zu begegnen. Hier ist es vielen Tierarten bereits zu belebt. Auf unserer Wanderung zu den Indianern überqueren wir kleinere Bachläufe, was wir mit einem etwas ängstlichen unshinüber-tasten auf glatten Baumstämmen tun. Der Eingeborene ergreift eine immer bereithängende Liane, stößt sich ab und schwingt sich auf die andere Seite. Lachend versucht er, uns Touristen zu ermuntern, ebenfalls von »den Einrichtungen Tarzans« Gebrauch zu machen. Nach nur kurzer Wanderung kommen wir zu den ersten Hütten der Yumbos oder Alamas.

Über ihre Herkunft sind sich die Ethnologen nicht recht einig. Verschiedene Untersuchungen deuten darauf hin, daß sie einmal als Fischer vom japanischen Archipel mit den Stürmen über Hawaii an die südamerikanische Westküste »geweht« wurden. Das mag vor etwa zwei- bis dreitausend Jahren gewesen sein. Hier leben sie in Pfahlbauten, sprechen einen Quechuadialekt, tragen bereits europäische Kleidung, haben auch schon eigene kleine Schulen und ernähren sich von Bananen, Mais, Yuca, Reis, Kakao, Rohrzucker, Mandarinen und anderen Tropenfrüchten. Sie sind sehr gastfreundlich und laden die Fremden zu einem Trunk in ihre Hütte ein. Wir bekommen eine Chicha serviert, die aus Yuca und Bananen hergestellt wird. Noch heute haben sie ihre Medizinmänner, unter den Eingeborenen auf dem ganzen Kontinent überhaupt noch die verbreitetste Art der Heilbetreuung. Sie haben unglaubliche Kenntnisse über die Wirkung aller Pflanzen. An ungezählten Sorten erklären sie die Einwirkungen auf den menschlichen Körper. Ob Fieber, Schwellungen, Krämpfe, Verbrennungen, Nervenkrankheiten oder was auch immer, der Medizinmann weiß Hilfe. Er erfreut sich natürlich der größten Hochachtung bei seinen Stammesgenossen, und von weither kommen die Kranken.

Von hier aus am Napofluß können wir, wenn es nicht gerade zu stark regnet, und auch, wenn wir einen guten Urwaldführer haben, einen Tagesmarsch von etwa zehn Stunden unternehmen, um zu dem Stamm der Auca zu gelangen. Das sind heute noch die primitivsten und gefährlichsten Indianer Ekuadors. Es sind Nomaden, die von Jagd und Fischfang leben. Männer und Frauen leben nackt, nur in den Ohrläppchen tragen sie Holzplatten als Schmuck. Vor rund zehn Jahren saßen sie noch am Napofluß und töteten die Weißen, die in ihre Nähe kamen, mit ihren vergifteten Pfeilen oder den drei Meter langen Lanzen, die am Ende einen Widerhaken haben. Heute müssen wir viele Stunden laufen, um den ersten zu begegnen. So weit hat die Suche nach Erdöl sie bereits in den Urwald zurückgedrängt. In ihrem ganzen Gebiet findet sich das »schwarze Gold«, das bereits an vielen Stellen aus der Erde geholt wird. Vor rund 450 Jahren war es das Gold, dessetwegen die Indianer bedrängt wurden; ist es heute das Erdöl, das sie aufreibt?

Unsere Reise führt uns zurück ins Gebirge, in die Hochebene, zum höchsten Vulkan der Welt, dem Chimborazo. 6310 Meter ist der schöne Berg hoch, seine Tätigkeit hat er aufgegeben. Heute ist er vor allen Dingen ein großer Anziehungspunkt für Touristen und Bergsteiger. Alexander von Humboldt hat als erster Ende des 18. Jahrhunderts den Chimborazo bestiegen. In Riobamba, der Hauptstadt dieser Provinz mit dem gewaltigen Berg, stehen wir wieder auf historischem Boden. Als 1830 der Staat Gran Colombia aufgelöst wurde und der bisherige Vertreter des »Distriktes Quito«, wie dieser Teil des Reiches hieß, General Juan José Flores, Quito selbst übernahm, berief er eine konstituierende Versammlung nach Riobamba ein. Hier verkündete er die Verfassung für die neugeschaffene Republik. Die Stadt Riobamba war schon vor den Spaniern ein wichtiger Stützpunkt auf der königlichen Straße von Cuzco nach Quito gewesen. Auch war sie des öfteren Kriegsschauplatz. Gegen Ende des 18. Jahrhunderts rückte sie besonders in den Mittelpunkt der Ereignisse des Landes – ein grausames Erdbeben verwüstete besonders die Stadt Riobamba und ließ keinen Stein mehr auf dem anderen, sie versank in Schutt und Asche. Daher verwundert es uns auch nicht, wenn wir hier keine kolonialen Bauten mehr finden. Alles ist aus späterer Zeit. Die Stadt liegt in einem offenen Hochtal und läßt den Blick frei auf einige majestätische Vulkane. Nicht zu Unrecht heißt darum Riobamba auch »der Sultan der Anden«.

Setzen wir unsere Fahrt gen Süden fort, erreichen wir die drittgrößte Stadt des Landes, Cuenca. Hier stand bereits in der Inkazeit ein wichtiges Zentrum, über das

uns die spanischen Chronisten aus den Jahren der Eroberung berichten. Hier, in dem alten Tomebamba, soll der vorletzte Inka, Huayna Capac, kurze Zeit vor seinem Tod die Nachricht empfangen haben, daß fremde, bärtige Männer – die spanischen Eroberer – an den nördlichen Küsten gelandet seien.
In Cuenca gibt es eine alte und eine neue Kathedrale. Von dem alten, frühbarocken Bau wird berichtet, daß die beiden Kirchtürme einmal berühmter gewesen seien als die Pyramiden am Nil. Der Abstand zwischen den Türmen soll eine Maßeinheit sein, die den französischen Wissenschaftlern vor 200 Jahren als Grundlage zum Messen der Meridiane gedient habe – sagt man in Ekuador.
Der kolonialen Kirche gegenüber, auf der anderen Seite des Hauptplatzes, steht neben dem schönen alten Rathaus die neue Kathedrale, ein gewaltiges Ziegelbauwerk. Knapp 90 Jahre ist an dem riesigen Gebäude gearbeitet worden. Über dieses Gotteshaus, das einmal das größte Südamerikas werden sollte, wird berichtet, daß sein deutscher Baumeister, Johann Stylis, in den statischen Berechnungen der Grundmauern sich so verrechnete, daß er nicht tief genug habe ausschachten lassen. So wäre das Gewicht zu groß geworden, hätten je die Kirchtürme ihre geplante Höhe erreicht. Nun fehlt bis heute der Abschluß für die nur zur Hälfte errichteten Türme. Mangelt es in Cuenca an der Vollendung im Großen, so ist sie im Kleinen sehr wohl vorhanden. Hier treffen wir meisterlich gearbeitete Kleinkunst in Gold, Silber, Leder und Keramik. Auch begegnen wir auf den Plätzen und in den Straßen fleißigen Frauen mit flinken Händen, die wunderschöne Strohhüte arbeiten. Von hier kommt etwa die Hälfte der sogenannten »Panama-Hüte«. Geflochten werden diese seit eh und je in Ekuador, da sie aber zuerst in Panama auf den Weltmarkt kamen, wurden sie unter diesem Namen berühmt.
Verlassen wir Cuenca in südlicher Richtung, steigt die Straße auf eine Höhe von gut 4000 Meter über dem Meeresspiegel an. Da auf der kurvenreichen Strecke die Talfahrt recht abenteuerliche Formen annimmt, hat sich die Bevölkerung ein in den meisten Fällen »probates« Mittel erdacht, unversehrt in die tropische Ebene zu gelangen: an der am höchsten gelegenen Stelle geht der Gehilfe des Busfahrers mit seinem Hut durch die Reihen der Passagiere und bittet um »eine Spende für die Abfahrt, bitte, eine Spende für die Abfahrt«. Die so gesammelten Münzen nimmt er, steigt aus und wirft sie mit geübtem Schwung den Steilhang des Berges hinab, um so »dem wilden Abgrund« sein Opfer zu bringen und sich auf diese Weise die sichere Fahrt erkauft zu haben. Ob es wohl immer hilft?
Im Tal erreichen wir ein Dorf, das schon viele Forscher beschäftigt hat. Dort begegnen wir zahlreichen Bewohnern, die zwischen 130 und 140 Jahre alt sind. Ob es das milde Klima, das in 1200 Meter Höhe herrscht, so nahe dem Äquator, oder eine gesunde Lebensweise sind, noch ist nicht klar festgestellt, was der Grund für diese Lebensdauer sein mag. In unserer hektischen Zeit der Herzinfarkte bewundert der Tourist das Straßenbild mit den würdig schauenden Greisen, die mit aufrechter Haltung ihre langen, weißen Bärte und sonnengebräunten Gesichter für ein Foto leihen.
In Guayaquil erfaßt uns wieder die Hektik. Es ist die größte Stadt und der wichtigste Hafen des Landes, zugleich der größte Bananenumschlagplatz der Welt. Diese Stadt ist seit Beginn ihrer Geschichte die Rivalin der Hauptstadt Quito. Hier blüht der Handel und die Industrie, an der Mündung des Guayaflusses und dem Ende des 160 km langen Golfes von Guayaquil. Die Legende sagt, daß vor der Ankunft der Eroberer hier ein Indiohäuptling namens Guayas mit seiner Frau Quil regierte. Als die wilden Gesellen der Alten Welt erschienen, seien sie beide freiwillig in den Tod gegangen. Ihre Untertanen aber wußten ihre Namen so lebendig zu erhalten, daß sie in der großen Stadt bis heute weiterleben. Den Spaniern wurde es nicht leicht gemacht, sich hier niederzulassen. Die ganze Stadt oder auch später Teile davon fielen nicht nur einmal einer Feuersbrunst zum Opfer. Auch raffte das tropisch feucht-heiße Klima durch Krankheiten immer wieder ungezählte Menschen dahin. Es ist auch noch nicht lange her, seit die Umgebung so kanalisiert ist, daß ein gesundes Leben hier möglich ist.
Die Stadt selbst ist großzügig angelegt, mit breiten Straßen und riesigen Plätzen. Ein paar koloniale Kirchen und Klöster erinnern an vergangene Zeiten. Vieles aber wurde, wenn nicht durch Brand, so durch Erdbeben zerstört. Der alte Stadtteil, der sich über einem kleinen Hügel an den Ufern des Guayaflusses erstreckt, ist der Schauplatz besonders lustigen Treibens der weniger wohlhabenden Bevölkerung. Den Häusern sieht man an, daß ihre Vorbilder auf dem alten Kontinent standen. Die Straßen sind so steil und eng, daß sie oft als Rutschbahnen für Kinder dienen. Laut johlend rodeln sie auf selbstgebastelten Gefährten im Sausetempo da herunter.
Zu einem würdigen Säulenhalbrund kommen wir an der Uferpromenade. Im Inneren stehen die beiden großen Kämpfer des Kontinents des letzten Jahrhunderts, San

37 *Maske aus dem Goldmuseum in Bogotá, Kolumbien.*
Der spanische Chronist aus der Eroberungszeit, Pedro Cieza de León, beschreibt folgendermaßen die Verwendung des prachtvollen Goldschmuckes: »Wenn sie in den Krieg zogen, trugen sie Kronen und Brustschilde und sehr schöne Federn und Armreifen und viel anderen Schmuck. Ich erinnere mich daran, viele bewaffnete Männer von Kopf bis Fuß in Gold gesehen zu haben. Auf langen Lanzen wehten außergewöhnliche Fahnen«.

Martín und Simón Bolívar. Hier ist ihre Begegnung für die Nachwelt festgehalten. Sie reichen sich die Hand und bedeuten dem Betrachter, daß die Einheit Südamerikas nicht nur der Wunsch und das Ziel der Freiheitskämpfe unter ihrer Führung im vorigen Jahrhundert war, sondern ihre Gültigkeit auch heute noch hat. Wie stark mag dieser Gedanke wieder wachsen, um sich in dieser Welt zu behaupten?

38 *Goldmaske aus dem Museum in Quito, Ekuador.*
In dem großartigen Museum der Banco Central finden wir Zeugnisse aus allen Kulturen der Völker, die dieses Land bewohnten, ehe die Spanier es entdeckten und eroberten. Besondere Bedeutung hat diese goldene Maske, die aus der Tolita-Kultur stammt und ein Abbild der Sonnengottheit darstellt. Die Tolita-Kultur breitete sich über Nord- und Nordwestekuador in der Zeit etwa von 500 vor bis 500 nach Christi Geburt aus.

Das Gold der Inka

Nur schwer können wir uns heute vorstellen, wie die Tempel der Inka ausgesehen haben mögen. Deshalb hören wir einmal, was der Nordamerikaner William H. Prescott, der Ende des 18. Jahrhunderts in Neu-England geboren wurde und einer der berühmtesten Chronisten lateinamerikanischer Geschichte ist, schreibt. Er berichtet, was die Spanier bei der Eroberung des Inkareiches in Cuzco vorfanden. Dabei entnimmt er sehr vieles den Chroniken der Eroberungszeit.

»Der berühmteste der peruanischen Tempel, der Stolz der Hauptstadt und das Wunder des Reiches, war der von Cuzco; er war durch die Freigiebigkeit der verschiedenen Herrscher so reich ausgeschmückt, daß er den Namen Coricancha oder ›der Goldort‹ erhielt. Er bestand aus einem Hauptbau und mehreren Kapellen und Nebengebäuden, nahm einen großen Flächenraum in der Mitte der Stadt ein und war von einer Mauer, die gleich den Gebäuden ganz aus Stein bestand, umschlossen. Dieses Bauwerk war von der schon bei anderen öffentlichen Gebäuden des Landes beschriebenen Art und so schön ausgeführt, daß ein Spanier, der es in seinem Glanze gesehen, uns versichert, er könne sich nur zweier Gebäude in Spanien erinnern, die sich in bezug auf sorgfältige Ausführung damit vergleichen ließen. Und doch war dieses feste und in mancher Rücksicht prachtvolle Gebäude mit Stroh gedeckt.

Das Innere des Tempels war am bewundernswertesten. Es war buchstäblich eine Goldgrube. Auf der westlichen Wand war die Gottheit bildlich dargestellt, ein menschliches Gesicht, aus unzähligen Lichtstrahlen hervorblickend, die von ihm in jeder Richtung ausgingen, auf dieselbe Art, wie die Sonne oft bei uns bildlich dargestellt wird. Die Figur war auf einer gediegenen und dicht mit Smaragden und Edelsteinen besäten Goldplatte von ungeheurem Umfange eingegraben. Sie war auf solche Weise dem großen östlichen Tore gegenüber angebracht, daß die Strahlen der Morgensonne gerade beim Aufgehen darauf fielen und so den ganzen Raum mit einem übernatürlich scheinenden Glanze erfüllten, der von den goldenen Verzierungen widerstrahlte, mit welchen die Wände und die Decke überall ausgelegt waren. Gold war in der bildlichen Sprache des Volkes ›von der Sonne geweinte Tränen‹ und alle Teile des Innern des Tempels strahlten von glänzenden Platten und Säulen dieses kostbaren Metalls. Die Karniese, welche rings um die Wände des Heiligtums liefen, bestanden aus dem nämlichen kostbaren Stoffe und ein in das Steinwerk eingefügter breiter Streifen oder Fries von Gold umschloß die ganze Außenseite des Gebäudes.

Dem Hauptgebäude schlossen sich mehrere Kapellen von geringerer Größe an. Eine davon war dem Monde geweiht, der Gottheit, welche als Mutter der Inkas zunächst verehrt wurde. Sein Bild war auf gleiche Weise wie das der Sonne auf einer großen Platte gezeichnet, die fast eine ganze Seite des inneren Raumes bedeckte. Aber diese Platte war, so wie alle Verzierungen des Gebäudes, von Silber, also dem blassen, silberartigen Lichte des schönen Planeten angemessen. Es gab noch drei andere Kapellen, von denen eine dem Sternenheere geweiht war, das den glänzenden Hof der Schwester der Sonne bildete; eine andere war den gefürchteten Dienern ihrer Rache, dem Donner und Blitz geweiht und eine dritte dem Regenbogen, dessen vielfarbiger Bogen die Mauern des Gebäudes mit fast ebenso glänzenden Farben wie seine natürlichen umspannte. Außerdem gab es noch verschiedene andere Gebäude oder einzeln liegende Gemächer zum Gebrauch der zahlreichen Priester, die den Gottesdienst im Tempel versahen.

Alle zum religiösen Gebrauch bestimmten Geschirre, Schmucksachen und Geräte aller Art waren von Gold oder Silber. Zwölf ungeheure Gefäße aus letzterem Metall standen auf dem Flur des großen Saales mit Maiskörnern gefüllt; die Räucherpfannen, die Kannen, worin sich das Wasser zu den Opfern befand, die Röhren, die es durch unterirdische Gänge in die Gebäude leiteten, die Wasserbehälter, die es aufnahmen, selbst die Ackergeräte, deren man sich in den Gärten des Tempels bediente, waren sämtlich aus den nämlich kostbaren Stoffen angefertigt. Gleich den zu den königlichen Palästen gehörigen, funkelten die Gärten von Gold und Silber und verschiedenen Nachahmungen des Planzenreiches. Auf dieselbe Art gearbeitete Tiere waren dort zu finden, unter welchen das Lama mit seinem goldenen Fließe höchst ausgezeichnet war, doch mochte die Geschicklichkeit der Ausführung in diesem Falle die Köstlichkeit des Stoffes nicht übertreffen.

Wenn der Leser in diesem feenhaften Gemälde nur die romantische Färbung eines fabelhaften Eldorado sieht, so mag er sich das ins Gedächtnis zurückrufen, was vorher über die Paläste der Inkas gesagt wurde, und bedenken, daß diese ›Häuser der Sonne‹, wie sie genannt wurden, der gemeinschaftliche Behälter waren, in welchen alle Ströme öffentlicher und einzelner Wohltätigkeit im ganzen Reiche sich ergossen.«

Peru

Peru – Land der Inka und des Goldes. Aber was wissen wir bis heute über dieses Land, das uns durch keine Schrift seine Geschichte überliefert hat? Wohl hatten die Inka eine Art Glyphen, ähnlich der der Olmeken und Maya in Mexiko, die auf Steinen, Keramiken und Holzbechern – genannt: Kero – zu finden sind. Die Wissenschaft ist aber noch nicht so weit fortgeschritten, als daß sie diese Schrift entziffern könnte. Allerdings, all das, was wir aus Gräbern und Tempeln finden, spricht eine beredte Sprache und kann helfen, das Dunkel um die präkolumbische Zeit ein wenig zu lüften. Auch ist noch so mancherlei aus alter Zeit in Sitten und Gebräuchen bei der indianischen Bevölkerung erhalten. Aus Erzählungen erfahren wir auch einiges.

Die Geschichtsschreiber bemühen sich seit der ersten Reise von Christoph Kolumbus, uns mit Zeitangaben den Ablauf der altamerikanischen Geschichte darzustellen. Dabei weichen sie allerdings so weit voneinander ab, daß wir den meisten Zahlen kaum eine exakte Bedeutung beimessen können.

Wollen wir die Geschichte Perus nur mit der Geschichte der Inka verbinden, so würde uns zu Recht der Vorwurf treffen, die wesentlichsten Kulturepochen übersehen zu haben. Reisen wir heute als Tourist durch das Land, begegnen uns auf Schritt und Tritt Zeugen noch früherer Vergangenheit. Die älteste Kultur Perus hatte ihr Zentrum im heutigen Dorf Chavín de Huantar, einem kleinen Ort im Herzen des Landes. Nach mühsamer Fahrt auf abenteuerlichen Schotterstraßen mit ungezählten Haarnadelkurven an Steilhängen, die hunderte von Metern abfallen, erreichen wir Chavín. Von Lima führte uns die Panamericana an der Küste 200 km nach Norden, vorbei an der pyramidenartigen Festung Paramonga gen Osten hinauf in die Berge, über einen Paß in über 4000 Meter Höhe. Die Fahrt durch die einsame Puna bringt uns zu den schneebedeckten, majestätischen Bergen in ein Nebental des Marañonflusses. Dieser Fluß bildet den Anfang des später so gewaltigen Amazonas, des größten Flusses dieser Erde. Hier im Herzen von Peru nimmt er seinen Anfang. In Chavín betreten wir eine Tempelanlage, die etwa 1200 v.Chr. gebaut wurde. In den Reliefarbeiten der großen Steine – bis zu vier Meter hohe Stelen und Steinplatten – finden wir vier Symbole, die die wichtigsten Gottheiten des Volkes von Chavín darstellen: den Jaguar, die Schlange, den Fisch und den Kondor. Jaguar und Schlange waren wie die Erbauer der heiligen Stätte auch im Urwald zu Hause; der Fisch lebt nicht nur in den Flüssen, sondern auch im Meer, das heißt ihr Reich dehnte sich bis zur Küste aus, und der Kondor, der »Herr der Berge«, herrschte dort, wo sie die Anlage errichteten. Sie stellten einfarbige, grauschwarze Tongefäße mit einem Bügelhenkel her, die ihre Gottheiten oder Tiere darstellten. Das Raubtier, der Jaguar, ist die höchste Gottheit, die sie anbeteten. Aus der aufrechten Haltung läßt sich schließen, daß sie in ihrer Vorstellung mit einem menschlichen Wesen verbunden wird; die großen Reißzähne und die Klauen zeigen, daß diese Gottheit Tiergestalt hat. Erst in späteren Kulturen wandeln sich die Götter des alten Peru zu Menschengestalten. Geometrisch fein ausgearbeitet werden riesige Steinplatten, die den Tempel und seine labyrinthartigen unterir-

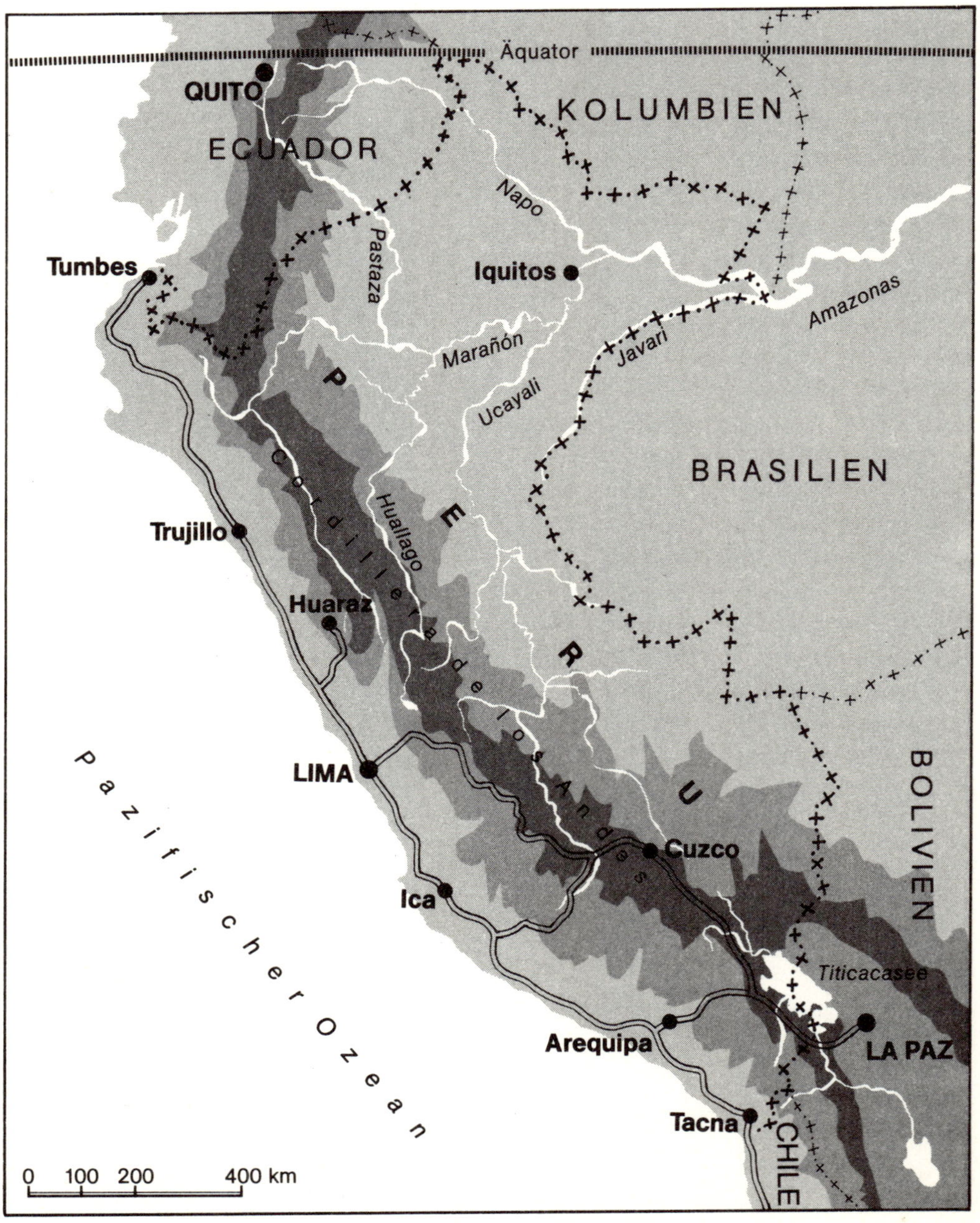

39 *Goldene Maske eines Inka im Goldmuseum von Lima, Peru.*
Angetan mit einem goldenen Helm und Gesichtsschmuck, einer Kette aus Gehäusen von Wasserschnecken und schön gewebten Ponchos ließ sich der Inka in einer Sänfte zu feierlichen Anlässen oder Kriegshandlungen tragen. Viele der kunstvollen Gegenstände aus der präkolumbischen Zeit rufen in den Museen in Lima und anderen Städten Perus unsere Bewunderung hervor.

331

dischen Gänge schmücken. Von den 41 überlebensgroßen Steinköpfen, die mit langen Zapfen in die Außenmauer des Tempels eingelassen waren, finden wir heute nur noch eines dieser faltigen Ungeheuer in der Wand, als »Muster« für den wißbegierigen Touristen. Die anderen sind teils in Museen teils im Inneren des Heiligtums aufbewahrt, um sie vor der Zerstörung zu retten.

Die Priester des Volkes von Chavín, die gleichzeitig auch die Medizinmänner waren, wußten durch das Verwandeln der Natur in Symbole den Aberglauben höher als den Glauben zu stellen. Sie schufen sich selbst damit eine Machtstellung, die erst durch die geistige Entwicklung des Volkes gebrochen wird. Der Aberglaube ist bis heute bei den Indianern sehr stark vertreten.

Setzen wir unsere Reise von Chavín de Huantar durch Peru weiter fort, so müssen wir zunächst die mühselige Gebirgsfahrt, die wir schon für den Hinweg nehmen mußten, über den Paß wieder zurücklegen, wenden uns aber nach Norden, ehe die Straße wieder zur Küste führt. Wir kommen so in den Callejón de Huaylas, oder in das Tal, das die Schwarze von der Weißen Kordillere trennt. Wir sind nun in der »peruanischen Schweiz«. Schwarz wird der westliche Teil genannt, weil hier die Berge kaum höher als 4800 Meter sind, und kein Schnee ihre Gipfel bedeckt. Als Weiß wird der östliche Höhenzug bezeichnet, da auf über 140 km Länge die Bergriesen mit 5000 bis 6807 Meter Höhe eine gewaltige schneebedeckte Kette bilden. Wir kommen nach Huaraz, dem Zentrum dieses Tales. Es liegt in 3100 Meter Höhe und hat oft unter schweren Erdbeben gelitten. Trotz allem sind die Bewohner ein ganz besonders lustiges Völkchen. Bettler verkleiden sich als Clowns und halten uns tänzelnd ihren Hut entgegen. Auch begegnen uns häufig kleine Gruppen, die musizierend durch die Straßen ziehen. Sie spielen auf alten, teils aus präkolumbischer Zeit stammenden Instrumenten, die uns in ganz Südamerika begegnen: nicht nur verschiedene Flöten und Trommeln, auch Geigen und Mandolinen benutzen sie, und immer ist eine kleine Harfe dabei, die lustig mit ihrem dicken Klangkörper aussieht.

Von Huaraz aus machen wir einen Ausflug am Santa-Fluß entlang zum weithin sichtbaren, höchsten Berg Perus, dem Huascarán. Da sein Gipfel geteilt ist, sei erwähnt, daß die nördliche Kuppe 6655 Meter hoch ist, die südliche sich 6807 Meter über dem Meeresspiegel erhebt. Unsere Begeisterung über das majestätische Massiv darf uns nicht über die Grausamkeit dieses Berges hinwegtäuschen. Die Hänge sind sehr steil, Geröll und Gletscher bilden keine gefestigten Unterlagen. So können Erdbeben in Windeseile gewaltige Bergmassen lösen und zu Tale treiben. Im Jahre 1962 geschah das: innerhalb von sechs Minuten wurden 3500 Menschen unter einer gigantischen Lawine begraben. Im Jahr 1970 wurde auf diese Weise die Stadt Yungay mit 20000 Einwohnern in ein riesiges Grab verwandelt. Heute sehen wir nur noch die vier Palmen, die einmal den Hauptplatz der Stadt zierten. Sie erinnern an die ehemals fröhliche Stadt.

Nun fahren wir an die Küste und kommen bei Casma zum Tempel von Sechín. Er besteht aus zwei übereinander gesetzten Terrassen, von denen die obere mit Tonmörtel beworfen und mit zoomorphen Figuren, die dem Raubtiergott von Chavín ähneln, geschmückt ist. Die untere Plattform und die Treppe sind mit Steinplatten bedeckt. Sie stellen in Reliefarbeiten menschliche Figuren, geometrische Muster und Gesichter dar. Vermutlich soll auf diesen Steinfriesen eine Prozession dargestellt werden, ein Aufzug der Krieger in langer Reihe, die eine einheitliche und kontinuierliche Bewegung suggerieren. Dieser Tempel soll älter als der von Chavín de Huantar sein, da seine Figuren einfacher, nicht so künstlerisch hochstehend, dafür aber realistischer in ihrer Darstellung sind. Die Archäologen sind sich aber einig, daß Sechín in den gleichen Kulturbereich wie Chavín gehört.

An der Küste führt uns die »Traumstraße der Welt«, die »Panamericana«, wie sie in Lateinamerika heißt, durch trockene Sandwüste über hunderte von Kilometern nach Norden. Gelegentlich wird sie von einer Ortschaft unterbrochen. Wir kommen nach Trujillo, einer sehr schönen, kolonialen Stadt, der zweitgrößten des Landes mit etwa 400000 Einwohnern. Sie wurde 1526 von Francisco Pizarro gegründet, im gleichen Jahr wie die Landeshauptstadt Lima. Heute ist Trujillo Zentrum des größten peruanischen Agrargebietes. Reich verzierte Kirchen und vornehme Wohnhäuser im spanisch-maurischen Stil sind bis heute erhalten. Kehren wir in einem der internationalen Hotels ein, können wir auch einmal etwas von den peruanischen Nationalspeisen probieren, die im allgemeinen, wie die meisten lateinamerikanischen Gerichte, recht scharf gewürzt sind, oder von Mehlspeisen, die sehr süß sind. Versuchen wir es also einmal mit rohem Fisch, auf spanisch »cebiche«, der in reinem Zitronensaft gebeizt wird und mit Salz und Pfeffer durchziehen muß, oder »causa en lapa«, gekochten Kartoffeln mit Zitrone und rotem Pfeffer zu gebratenem Fisch,

40 *Goldener Vogel aus dem Goldmuseum in Lima, Peru.*
In Nordperu regierten etwa vom 13. bis 15. Jahrhundert die Großfürsten der Chimú. Sie hatten von dem Volk, das sie besiegt hatten, den Mochica, die meisterhafte Goldschmiedekunst übernommen. An diesem kleinen Vogel erkennen wir, daß sie zuerst Teile der Figur anfertigten, die sie danach aneinanderlöteten. Das Leuchten der Augen wird durch Türkise hervorgehoben.

Krebsschwänzen, gebratener Zwiebel, Avocados, hartgekochten Eiern, Maiskörnern und Oliven. Bei Volksfesten sehen wir hier einer »marinera«, einem der peruanischen Tänze zu, einer Mischung aus spanischen, negroiden und indianischen Rhythmen. Er ist hier in Trujillo zu Hause. Hier werden auch die peruanischen Paßpferde gezüchtet, die ihre eigentliche Heimat im spanischen Andalusien haben. Es sind elegante Pferde, die durch ihre Gangart dem Reiter sehr angenehme Stunden im Sattel bieten, wenig Ermüdung und ein schnelles Vorankommen. Die Reiter, die sie zureiten und betreuen haben einen eigenen Namen, es sind die »chalanes«, die einen Strohhut, einen weißen Poncho und ein flottes Tüchlein um den Hals tragen. Ihre Füße stecken in geschnitzten, quadratischen Steigbügeln, deren Ecken mit Silber beschlagen sind. Auch das Zaumzeug wurde in der »guten, alten Zeit« mit Silber verziert.

Von hier aus werden wir einige Wanderungen in die Vergangenheit unternehmen. Wenige Kilometer südlich von Trujillo liegt Moche am Fluß gleichen Namens. Hier war das Zentrum einer Kultur, die, von Chavín beeinflußt, den Mochica zu großer Bedeutung verhalf. Ihre Blütezeit fällt bereits in unsere Zeitrechnung nach Christi Geburt, ins 4. bis 8. Jahrhundert. Wir sehen noch die Reste des gewaltigen Sonnentempels aus Lehmziegeln. Da es an der Küste Perus kaum öfter als alle 20 bis 30 Jahre regnet, helfen nur Wind und Erdbeben beim Verfall. Einige hundert Meter vom Sonnentempel entfernt liegt der des Mondes. Dort wurden so großartige Keramik- und Goldfunde gemacht, daß man daraus auf die größere Bedeutung dieses Tempels schloß. Die oberste Gottheit trug, wie in Chavín, Raubtierzüge. Die Mannigfaltigkeit der Grabbeigaben beweist, daß die Mochica hervorragende Töpfer und Goldschmiede waren. Die schönen plastischen Gefäße zeigen sowohl Porträts als auch Tiere, Früchte und Musikinstrumente. Wir sehen, daß die Hauptnahrungsmittel Mais, Bohnen, Pfeffer, Kürbis und Kartoffeln waren. Häufig stellen die Keramiken den Fuchs und die Eule dar, beides Tiere der Nacht, während in den Bergen Jaguar und Kondor als Symbole des Tages oder der Sonne wiedergegeben werden.

Für den Fischfang auf dem Meer benutzten die Mochica aus Papyrusschilf gebündelte »Boote«. Sie werden auch heute noch von den Fischern benutzt und »caballitos«, genannt, da man auf ihnen ähnlich wie auf Pferden sitzt. Das Material wird immer noch in der selben Technik mit Graszöpfen festgeschnürt, wie in alter Zeit üblich. Als Paddel benutzen sie eine in der Länge geteilte Bambusstange, mit der sie auch die Balance halten, wenn sie durch die Wellen reiten. Mit dem Sog lassen sie sich hinaus aufs Meer ziehen, hinter ihrem »Sitz« das Netz befestigt. Sind sie weit genug draußen, drehen sie ihr Boot landeinwärts, lösen das Netz und nutzen eine große Welle, auf der sie zum Strand reiten. Hinter sich ziehen sie so ihren Fang her. Die Mochica haben uns diesen auch schon ihnen vertrauten Brauch in schönen Keramiken überliefert. Man sagt, daß die Surfer heute ihre Technik diesen Fischern abgeschaut haben. Wenn wir am Strand stehen und ihnen in der Morgen- oder Abendsonne zuschauen, wetteifern vor allem viele Kinder auf Surfbrettern mit den Fischern.

Die Meister der Tonskulpturen des alten Peru verstanden es aber ebenso, nur mit weißer und roter Farbe auf glatten Bügelvasen ihren gesamten Lebensbereich und ihre Glaubenswelt darzustellen. Der Raubtiergott bekommt menschliche Züge, er ist die Gottheit, die die Dämonen besiegt, die Früchte wachsen läßt und Kranke heilt. Aber nicht nur mit Ton verstanden die Mochica meisterhaft umzugehen, sie waren auch großartige Goldschmiede. Sie beherrschten alle Techniken zur Verarbeitung dieses edlen Metalles sowie des Silbers und Kupfers. Dabei verwendeten sie auch Türkise und Amethyste, Lapislazuli und Perlmutter. Da auf den Keramiken und in den Geweben immer wieder Zeichen und Symbole auftreten, die vor allem den Hieroglyphen der Olmeken aus dem alten Mexiko sehr ähneln, sind viele Archäologen der Ansicht, daß die Mochica diese als Schriftzeichen benutzten. Wir finden sie ausschließlich als Grabbeigaben, woraus auch hier zu schließen wäre, daß die Toten mit Bitten und Gebeten als Gesandte der Lebenden bei den Göttern als Mittler auftreten sollten. Für diese Mission wurden sie reich ausgestattet. Aber nicht nur die Kleinkunst beherrschte dieses Volk auf so hervorragende Weise. Die Mochica waren auch großartige Architekten und Ingenieure. Neben bemerkenswerten Tempeln legten sie kilometerweit Aquädukte und Kanäle an, die zum Teil noch heute benutzt werden.

Aufgrund uns unbekannter Ereignisse folgten den Mochica im Norden Perus die Chimú, das heißt das Volk blieb das selbe, nur ihre Herrscher wechselten: »el gran chimú«, zu deutsch »der große Herrscher«. Von Trujillo aus fahren wir nur 4 km zur Küste und stehen mitten im Zentrum dieses ehemaligen Großreiches, in ihrer Hauptstadt Chan-Chan. Unter der Herrschaft der Chimú wurden nicht mehr Pyramidentempel gebaut wie

41 *Die Fassade der Kathedrale in Cajamarca, Peru.*
In dieser Stadt in den Bergen Nordwestperus traf der spanische Entdecker und Eroberer Francisco Pizarro mit seinen Mannen auf den letzten Inka, Atahualpa. Danach hatte der Inka während seiner zweijährigen Gefangenschaft soviel Gold hierher bringen lassen, daß ihn die Spanier, geblendet von so viel Reichtum und aus Angst vor der Macht Atahualpas, umbrachten. Heute finden wir in diesem fruchtbaren Hochtal eine gepflegte Stadt mit vielen schönen Bauwerken aus der spanischen Kolonialzeit. Sehr häufig sind sie – wie hier – aus Sandstein gearbeitet, an dem die Steinmetze ihr künstlerisches Können entfalten konnten.

42 *Indianerin in der Gegend von Cajamarca.*
Wir finden noch heute in ganz Peru indianische Frauen, die überall »im Gehen und Stehen« spinnen. Fast immer ist es Schafwolle, die sie später einfärben und zu Ponchos weben. Bezeichnend für den Norden Perus sind die großen Strohhüte, die aus demselben feinen Schilf wie die sogenannten »Panamahüte« aus Ekuador gemacht werden. Als die Spanier ins Land kamen, hießen die Indianer hier noch »die caxamalca«.

43 *Trujillo, die zweitgrößte Stadt von Peru.*
Seit sie 1536 von Francisco Pizarro gegründet wurde, hat sie den Stil der spanischen Kolonialzeit bewahrt. Große Plätze und elegante Häuser in schönen Pastellfarben zeichnen den Charakter dieser Stadt.

44 *Fischer mit Papyrusboot.*
An der Küste des Pazifischen Ozeans, unweit der Stadt Trujillo, liegt das kleine Dorf Huanchaco. Die Fischer dort bauen sich noch heute kleine Schiffchen aus Papyrusschilf, das sie bündeln wie für die Boote auf dem Titicaca-See. Sie nennen sie »caballitos«. Im hinteren Teil schneiden sie eine Vertiefung aus, in der sie das Netz befestigen. Halb knieend, halb sitzend, eine lange Bambusstange zur Balance in den Händen, reiten sie mit dem Sog über die Wellen aufs offenen Meer. Nach wenigen Kilometern wenden sie, lassen das Netz ins Wasser hängen, warten auf eine große Welle, auf der sie an Land reiten. Hinter sich ziehen sie ihren Fang. Heute wird diese über zweitausendjährige Technik überall auf der Welt beim Surfsport angewendet.

bei den Mochica, sie errichteten Festungen und Städte. Chan-Chan war die größte Stadt des Kontinents ehe die Spanier das Land betraten. Sie erstreckte sich über ein Gebiet von rund 20 km^2. Die Mauern waren aus Lehmziegeln und -quadern erbaut und umfaßten neun Stadtteile, die alle in sich mit Tempeln, Häusern, Straßen, Gärten und einem gut funktionierenden Bewässerungssystem eine Einheit bildeten. Heute wandern wir durch die Straßen, die zum großen Teil vom ständigen Wind mit dem Sand der Wüste verweht sind, aber noch immer erstaunen uns die klar zu erkennende großzügige Anlage, die reich mit Reliefs verzierten Tempelwände und die kunstvollen Darstellungen der Vögel, Fische und Schlangen. In den Gräbern wurden Schmuck, Vasen, Kultmesser, Menschen- und Tierfiguren gefunden, mit noch stärker verfeinerter Goldverarbeitung, als wir sie von den Mochica her kennen. Die Töpfereien weisen nur noch selten Farben und Formen wie die ihrer Vorgänger auf. Sie sind meist schwarz und nicht mehr so realistisch und ausdrucksstark wie die früheren. Es ist daraus zu schließen, daß ihr Interesse und Können auf etwas anderes gerichtet war. Die Chimú waren Krieger und unterwarfen sich ein gewaltiges Gebiet. Es erstreckte sich von der heutigen Grenze zu Ekuador bis zur etwa 1000 km entfernten Festung Paramonga, die sie selbst dort errichteten, etwa 200 km nördlich von Lima. Allerdings reichte ihr Gebiet nicht weit nach Osten ins Gebirge hinein, sie blieben in der Wüste an der Küste. Die Chimú kannten bereits das Dezimalsystem, von ihnen übernahmen es die Inka. Im Straßenbau zeigten die Chimú ebenso großes Können wie ihre Nachfolger, und ihr Staatsgefüge kannte bereits feste Formen ähnlich dem Volk aus Cuzco. Die Inka versuchten lange vergeblich, den »großen Herrscher« im Norden zu besiegen und sich das Reich untertan zu machen. In Chan-Chan regierte Mitte des 15. Jahrhunderts der Chimú Capac, gleichzeitig bei den Inka im Süden Tupac Yupanki. Spanische Chronisten, die hundert Jahre später in das Land am Pazifischen Ozean kamen, berichten, daß es Tupac Yupanki gelang, den Capac zu besiegen, weil er den Chimú im Gebirge das Wasser für ihre große Stadt Chan-Chan abgegraben habe. Der Inka erkannte die Größe seines fürstlichen Gegners und ließ ihm, obwohl er sein Untertan war, seine Würde, seinen Hofstaat und seine Gewohnheiten, ja im Gegenteil, er lernte von ihm und übernahm alles, worin das Volk des Chimú den Inka überlegen war.
Kehren wir zurück in das Heute und schauen uns an, wie eines der wichtigsten Produkte für die Wirtschaft des modernen Peru hergestellt und verarbeitet wird: der durch die Spanier ins Land gekommene Rohrzucker. Die großen Zuckerplantagen liegen in der Gegend von Trujillo und werden heute als Genossenschaften geführt. Es wird viel Wasser für den Anbau des Zuckerrohres benötigt, deshalb wird die Wasserversorgung des Landes durch ein eigenes Ministerium in Lima geregelt. Jede Plantage hat Anspruch auf eine bestimmte Kubikmeterzahl Wasser pro Hektar. Zur ausreichenden Versorgung der Anbaufläche gehören deshalb weite Gürtel trockenen Landes dazu, damit die Wasserrechte steigen. Das gibt den Anschein enormer Besitzungen, die tatsächlich genutzte Fläche ist aber wesentlich kleiner. Zur rentablen Verarbeitung hat jede größere Plantage eine eigene Zuckerfabrik, möglichst auch den eigenen Hafen, in dem die Schiffe, die die südamerikanische Westküste entlang fahren, Zucker aufnehmen. Darüber hinaus haben viele ihre eigene Papierfabrik, um die Zuckerabfälle zu verwerten. Die Ernte wird mit riesigen Schneide- und Lademaschinen und einem Lastwagenpark durchgeführt, der dafür sorgt, das Zuckerrohr in die Fabrik zu bringen, wo es gewaschen, geschnitten, erhitzt, gepreßt, gekocht und kristallisiert wird. Fertig in Zentnersäcken nimmt der Zucker dann seinen Weg in alle Welt. Auf den großen Plantagen, die bis zu 15000 Hektar kultivierte Fläche haben, sind so viele Menschen beschäftigt, daß sie wie eine kleine Stadt organisiert sind mit Schule, Krankenhaus, Kino, Läden, natürlich Sportplätzen und dergleichen mehr moderner Bequemlichkeiten.
Unser Weg führt uns wieder an der Küste weiter nach Norden durch die Wüste. Hier liegen große Ölvorkommen. Kilometerweit begleiten uns kleine Bohr- und Fördermaschinen, die das moderne Gold zutage bringen. Durch diesen neugewonnenen Reichtum stimmt nicht ganz, was die Bewohner dort von ihrer trostlos wirkenden Landschaft dem Besucher erzählen: »Wissen Sie, hier ist Christus dem Teufel begegnet. Damit der Böse unseren Herrn nicht mehr verfolgen könne, hat er ihm befohlen: ›Hier bleibst Du!‹ Sie sehen, er ist noch immer hier. Aus diesem Stück Land ist nie etwas geworden!«
Schließlich erreichen wir Tumbes, Hauptstadt einer Provinz und Ziel unserer Fahrt gen Norden. Hier betrat Francisco Pizarro 1527 zum erstenmal peruanischen Boden. Dabei begegneten die Eingeborenen den Spaniern ehrerbietig und freundlich, brachten ihnen Geschenke und luden sie in ihre Hütten ein. Die fremdartigen Rüstungen, die nie zuvor gesehenen Pferde, die helle Haut und die struppigen Bärte, dies alles kannten sie

in ihrem Land nicht. Pizarro soll auch einen afrikanischen Neger in seinem Gefolge gehabt haben, so erzählen die Chronisten. Beim Anblick der dunklen Hautfarbe waren die Indianer so überrascht, daß sie ihn mit Wasser übergossen, um ihn auf diese Weise »rein zu waschen«. Aber wie bald wurde den Indios ihre Unvoreingenommenheit und Freundlichkeit genommen. Es waren nicht die »Weißen Götter«, die schon bereits zu ihren Vorfahren gekommen waren und ihnen versprochen hatten, einmal wieder zu kommen. Nein, Götter waren das nicht. Bei der Grausamkeit und Verschlagenheit, mit der sie behandelt wurden, wäre es nur verständlich, wenn sie zu dem Glauben gekommen wären, diese fremden Männer hätten den Teufel im Leib.

Die Strecke, die Pizarro vor knapp 450 Jahren von Tumbes durch die Wüste gen Südosten zog, legen auch wir zurück, allerdings nicht zu Pferde mit schwerer Rüstung, wohl bei sengender Sonne, aber im schnellen, bequemen Auto auf gutausgebauter Straße. Wir fahren über einen 3000 Meter hohen Paß nach Cajamarca, Provinz und Hauptstadt gleichen Namens. Sie liegt in 2750 Meter Höhe, hat mildes, frühlingshaftes Klima und wird eingerahmt von einer herrlichen grünen Landschaft. Hier sind wir nicht sehr fern von dem großen Netz der Zuflüsse zum Amazonasstrom. Cajamarca ist eine malerische Stadt mit viel spanisch-kolonialer Architektur. Sie stammt zumeist aus dem 17. und 18. Jahrhundert. Besonders zieht uns die Kathedrale an. In überschwenglichem Barockstil zeigt sich uns die Fassade. Die Kirchtürme wurden nie vollendet. Auf diese Weise konnte die Kirchengemeinde der spanischen Krone die Steuer vorenthalten. Hier in Cajamarca aber fand eine der entscheidenden Begegnungen in der Geschichte Südamerikas statt, hier traf Francisco Pizarro 1532 auf den Inka Atahualpa.

Atahualpa war ein Sohn des Inka Huayna Capac, der von 1488 bis 1525 regiert haben soll. Während seiner Regierungszeit wächst das Imperium zu seiner größten Ausdehnung: Huayna Capac unterwirft im Norden die Stämme im heutigen Ekuador bis hinein in das südliche Kolumbien, im Süden bis zum Bio-Biofluß in Mittelchile und im Südwesten über das Hochland von Bolivien bis zur Stadt Tucumán in Argentinien. Noch ehe dieser Inka starb, prophezeite er seinen Nachfolgern, daß ihr Reich, das Reich der vier Himmelsrichtungen, das Tawantisuyo, untergehen werde. Einer seiner Vorfahren, der Inka Viracocha, der ungefähr 150 Jahre vor ihm gestorben war und als ein sehr weiser Fürst galt, soll bereits gesagt haben, bald kämen Männer einer fremden Rasse, die das Imperium beherrschen und es zum Untergang zwingen würden. Inzwischen ereigneten sich Naturkatastrophen, und eigenartige Zeichen bewegten den Inka zu der Wiederholung dieser Prophezeiung. Bei seinem Tod teilte er sein Reich unter seine beiden Söhne, Atahualpa und Huáscar. Dem ersten gab er den nördlichen Teil mit der Hauptstadt Quito und dem anderen, älteren, den südlichen Teil mit der Hauptstadt Cuzco. Ob er ahnte, daß er damit selbst den Untergang seines Reiches einleitete? Nach seinem Tod entbrannte zwischen den beiden Erben ein jahrelanger Krieg, denn Huáscar beanspruchte als Erstgeborener beide Teile des Reiches. So war das einstmals starke, große Reich bereits geschwächt, und die ehemals vorbildlich geordnete Staatsform aus den Fugen geraten, als Pizarro peruanischen Boden betrat. Wenige Monate bevor Atahualpa in die Hände der Spanier fiel, besiegte er seinen Bruder. Er ließ nicht nur ihn, sondern auch über zweihundert Mitglieder der königlichen Familie und des Kronrates umbringen. Nur wenige konnten entfliehen. Er selbst wurde nun Gefangener und Opfer der Goldgier der Iberer. Zwar ließen sie voller List und betrügerischer Absicht aus allen Teilen des Tawantisuyo Gold und Edelsteine zu seiner angeblichen Rettung herbeibringen. Dennoch schlugen sie ihm den Kopf ab. Von nun an nahmen die Grausamkeiten der spanischen Eroberer auf der Suche nach Gold und Reichtum immer mehr zu. Allerdings wuchs auch die Mißgunst den Kriegskameraden gegenüber; um dem anderen seinen Teil abzujagen, metzelten sich nicht wenige der Europäer deshalb gegenseitig nieder.

Die Fortsetzung unserer Reise durch Peru führt uns gen Süden. Wieder benutzen wir die Panamericana, die sich häufig schnurgerade ihren Weg durch die trockene Sandwüste bahnt. Gelegentlich führt sie durch ein fruchtbares Tal, in dem im Norden Zuckerrohr, später im Süden Baumwolle angebaut wird. Am Rand der Straßen und Behausungen wachsen Bananen und, wie in alten Zeiten, der Mais. Da wir in der Nähe des Meeres fahren, weht meist ein Wind, der an ungeschützten Stellen den Sand über die Straße treibt. Darum treffen wir sehr häufig auf kleine Kolonnen, die die Straße fegen, da wir sonst in den Verwehungen steckenbleiben würden. Das Morgen- und Abendlicht gibt der Wüste eine eigenartige, tiefgelbe oder rosa bis violette Farbe, in der Mittagshitze legt sich ein Dunstschleier über die Landschaft, der diese grau und blaß erscheinen läßt. Durch die Sonnenstrahlen, die hier in der Nähe des Äquators erbarmungslos senkrecht hernieder-

45 *Andalusisches Paßpferd in Peru.*
Diese Pferde werden nicht nur wegen ihrer bequemen Gangart, die sich bei stundenlangen Ritten wohltuend bemerkbar macht, geschätzt. Zur Eröffnung von Stierkämpfen, Reitturnieren und anderen Veranstaltungen bieten sie großartige Vorführungen ihres oft geradezu verspielt wirkenden Könnens.

46 *Chan-Chan, Peru.*
Chan-Chan war das Zentrum des Großreiches der Chimú, die hier, unweit der Stadt Trujillo, von etwa 1250 bis 1470 n. Chr. regierten. Jeder der neun Chimú-Herrscher baute seine eigene Stadt, angrenzend an die seiner Vorgänger. Da es hier eine trockene Sandwüste gibt, sind die Mauern aus Lehmziegeln gefertigt. Als um 1470 der Inka Pachacutec den Chimú Capac besiegen konnte, erweiterte er sein Reich um einen breiten Küstenstreifen von annähernd 1000 km Länge.

47 *Ruine des Sonnentempels von Moche, Peru.*
Zentrum des großen Reiches der Mochica waren der Sonnen- und der Mondtempel von Moche, südlich von Trujillo. Dieses Volk lebte etwa um 200 vor bis 800 nach Christi Geburt. Nicht nur seine Tempel sind berühmt, auch ein hervorragendes System von Aquädukten und Kanälen legten die Mochica an. Ihre Herrscher waren Krieger und Priester, das Volk beschäftigte sich vor allem mit Ackerbau und Viehwirtschaft. In ihren Keramiken zeigen die Töpfer uns meisterhafte Porträts und Abbildungen aus allen Lebensbereichen.

brennen, verwandelt sich der Asphalt der Straße in ein flimmerndes Band. Wir bekommen das Gefühl, auf einen tanzenden, gläsernen Schleier zuzufahren. Das Autofahren wird auf besondere Weise gefährlich. Diese Straße, die über tausende von Kilometern in der Nähe der Küste von Norden nach Süden durch das ausgebrannte Land führt, ist die einzige Möglichkeit, um auf dem Landweg durch Peru zu reisen. Sie ist deshalb auch stark befahren, denn nicht nur Menschen werden hier transportiert, Vieh und Waren gelangen auf diese Weise auch über dieses Land hinaus bis zur Karibischen See, der nördlichen Begrenzung des großen Subkontinents, oder nach Süden zu den gewaltigen Gletschern Patagoniens in Chile und Argentinien. Auf unserer Reise in den Süden lassen wir zunächst die Landeshauptstadt Lima unbesucht; später, in aller Ruhe, wollen wir sie kennenlernen.

Etwa 35 km südlich von Lima gelangen wir nach Pachacamac, in das größte Heiligtum des gesamten Küstengebietes von Peru. Heute haben Wind, Erdbeben und die Suche nach Schätzen das meiste von den gewaltigen alten Mauern in Ruinen verwandelt. Der Mondtempel grenzt die große Anlage gegen Norden ab, im Westen krönt der Sonnentempel einen Hügel. Hier wurde der Gott Pachacamac verehrt, der Schöpfer der Welt und ihrer Lebewesen. An diesem Ort wurde bereits vor 1000 Jahren von den Eingeborenen dieses Landes eine monotheistische Vaterfigur verehrt, die dem christlichen Glauben sehr nahe kommt. Die Spanier fanden in einer kleinen Kammer eine Holzfigur, die Pachacamac darstellte. Aus den hier gefundenen Grabbeigaben ersehen wir den Einfluß der Kultur von Chavín; deren Raubtiergottheit wird nun allerdings in menschlicher Gestalt dargestellt. Sie erscheint immer wieder auf Keramiken und Stoffen. Als die Inka sich das Küstenvolk unterwarfen, blieb diese Tempelstadt weiter als Heiligtum bestehen. Ähnlich wie beim Orakel in Delphi wurde die Götterstatue befragt, weiteres Handeln den Weissagungen untergeordnet. Auch hier übernahmen die Inka die Weisheit des besiegten Volkes.

Nun bringt uns die Panamericana auf die Halbinsel Paracas. Heute steht da ein wunderschönes, komfortables Hotel, wo vor 2500 Jahren ein Volk lebte, das es verstand, Tücher zu weben und zu sticken wie kein anderes auf diesem Kontinent, nicht einmal in der Alten Welt. Sie verwendeten dazu die Wolle der Lama, Alpaca, Guanaco und Vicuña, Tiere aus der Familie der Kamelziegen, die auch heute noch hier leben. Auch bauten sie bereits Baumwolle an, die sie verarbeiteten. Das größte Baumwollanbaugebiet Perus ist bis heute dieser Küstenstrich. Die herrlichen Tücher, die hier entstanden, wurden ausschließlich zum Totenkult gebraucht. Die Toten wurden mumifiziert und in Hockstellung in einen Korb gesetzt. Ihnen wurden nicht nur diese kostbaren Tücher umgelegt, sondern auch Keramiken, Geschmeide, Waffen und Zepter, die für religiöse Zeremonien benötigt wurden, beigelegt. Die unglaublich farbenprächtigen, gut erhaltenen Tücher zeigen in geometrischen Mustern angeordnet das immer wiederkehrende Motiv der Raubtiergottheit aus Chavín. Auch hier also ist dieser Einfluß erkennbar. Aber die Leute von Paracas waren auch auf einem anderen Gebiet Meister. Sie waren die ersten großen Chirurgen Altamerikas. Sie führten vor allem erfolgreich Kopftrepanationen durch. Daß die so behandelten Menschen weiterlebten, erkennen wir daraus, daß die Knochen um die Wunden wieder verheilt und verwachsen waren. Sie betäubten ihre Patienten mit Pflanzensaft, womit sie auch die Wunden zu sterilisieren verstanden. Ihre Werkzeuge oder Instrumente stellten sie aus Stein oder Bronze her. Da sie Baumwolle anbauten, hatten sie ebenfalls Watte und Verbandmaterial.

Nach guten 150 km Fahrt in den Süden, durch einen Gebirgszug, der gespenstisch wie er ist, eher der Landschaft auf dem Mond als der Erde ähnelt, kommen wir in das kleine Städtchen Nazca. Zur gleichen Zeit, als im Norden die Mochica Darstellungen aus ihrem gesamten Lebensbereich in plastischer Form in Ton wiedergaben, entwickelte sich hier eine Kultur, die möglicherweise aus der von Paracas hervorgegangen ist, die aber ihr Können nicht mehr in der Weberei auszudrücken vermochte, sondern sich ganz der Töpferei hingab. Kein Volk hat so farbenprächtige und künstlerisch hochstehende Malereien auf Keramiken geschaffen wie die Nazca. Ihre Gefäße sind glatt und sehr ebenmäßig. Ihre Malereien dagegen erzählen uns alles, was sie taten und dachten. Eine große Rolle spielt der Fischfang und der Ackerbau. Ihre oberste Gottheit war ebenfalls der Raubtiergott von Chavín. Jedoch verliert er jetzt die Tiergestalt, er wird zum Menschen. Nur gelegentlich finden wir die Schnurrhaare, die Ohren und Zähne des Jaguars. Sehr oft halten die dargestellten Götter und Krieger in den Händen Trophäen, ja, ganze Töpfe stellen Trophäen besiegter Krieger dar. Wir sehen diese mit geschlossenen Augen und mit Hilfe von Kaktusstacheln zugenähten Lippen. Die Glaubenswelt verfeinert sich mehr und mehr. Aus den anfänglichen Abbildern ihrer Götter werden Sinnbilder, die die Nazca durch reiche Ornamente und stilisierte Formen darstellen. Die Leuchtkraft der Farben nimmt zu, und unser Staunen beim Betrachten dieser ein- bis zweitausend Jahre alten Kunstwerke ist zu Recht groß. Es ist aber nicht nur der Umgang mit Ton, der dieses Volk so nachhaltig weiterleben läßt. Wie bei fast allen Völkern Altamerikas kannte man auch hier Menschenopfer. Die Zeremonien wurden begleitet von der rhythmischen Musik der Trommeln, Flöten, Trompeten und Rasseln. Die Priester kauten Cocablätter, denen zuvor Kalk beigemischt wurde, um den Alkaloidgehalt des Coca hervorzuheben. Das Coca versetzte sie in einen Trancezustand, durch den sie sich in eine höhere Welt gehoben fühlten, aus der sie weissagten und die Nähe der Götter spürten.

Unter den Nazca finden wir überragende Astronomen und Ingenieure. Sie leiteten in unterirdischen Kanälen das Wasser aus den Bergen an die Küste, um die trockene Wüste fruchtbar zu machen. Bis heute ist ein Teil dieser Bewässerungskanäle in Gebrauch. Ganz besonderes Interesse und Erstaunen rufen die riesigen Erdzeichnungen in der Nähe des Ortes hervor, die sich über ein Gebiet von rund 50 km im Durchmesser erstrecken. Tiere und geometrische Linien, die zum Teil kilometerlang und unbeschadet der Bodenbeschaffenheit nicht nur in der Ebene zu finden sind, sondern auch über die Berge führen, sind hier in die Erde geschabt. Wissenschaftler sind sich heute einig, daß es sich um Berechnungen der Gestirne und ihrer Bahnen handelt, und religiöse Vorstellungen damit verbunden sind. Vor uns breitet sich ein gigantischer Kalender aus, durch den der gesamte Jahreskreis bestimmt werden kann. Da in Nazca kleine Flugzeuge bereitstehen, bekommen wir den besten Überblick über dieses ungeheure Werk, an dem rund 2500 Jahre gearbeitet wurde, wenn wir es uns aus einigen hundert Metern Höhe betrachten.

Wir verlassen jetzt die Küstenregion und reisen nach Südosten, in die Berge nach Arequipa, der »weißen Stadt Perus«, die in knapp 2500 Meter Höhe liegt. Sie trägt diesen Namen zurecht. Hier sind Kirchen, Paläste und Häuser zumeist aus einem weißen Vulkanstein erbaut. Da dieser Stein leicht zu behauen ist, finden wir in und um Arequipa prachtvolle Portale und Fassaden kunstvoll ausgearbeitet. Besonders hervorzuheben sei das Jesuitenkloster, dessen wunderschöne Kirchenfassade uns anzieht, aber auch sein Innenhof strahlt nicht nur Frieden und Ruhe aus, sondern zeugt von geduldiger Künstlerhand. In Arequipa dürfen wir nicht versäumen, uns eines der ältesten Klöster des Kontinents mit Muße zu betrachten, Santa Catalina. Es liegt wie eine eigene kleine Stadt in der Weißen Stadt. Noch heute leben einige Nonnen dort, wo einstmals seit dem Ende des 16. Jahrhunderts bis zu 450 Nonnen ihr Leben hinter dicken Mauern verbrachten. Zu den einzelnen Zellen gehören meist eine kleine Küche mit dem auch heute noch typischen runden Backofen aus Lehm, ein kleiner Garten und oft auch noch ein weiterer kleiner Raum für einen »dienstbaren Geist«. Da der Grundriß des Klosters mehr als 2000 Quadratmeter umfaßt, laufen wir durch enge, lange Gassen, kommen an kleine Plätze, in friedvolle Innenhöfe, die einmal in blau oder weiß, rot oder orange gehalten sind, schöne Fresken in ihren Gängen bewahren und uns etwas von der Abgeschiedenheit des Klosterlebens vermitteln. Sogar einen Hauptplatz hat dieser geweihte Ort. Dort plätschert das Wasser in einen alten Steinbrunnen, während unser Blick über die Dächer auf das Wahrzeichen Arequipas fällt, den fast 6000 Meter hohen, erloschenen Vulkan Misti, der als gewaltiger, ebenmäßiger Kegel die Landschaft beherrscht.

Verlassen wir die rege Handelsstadt und wenden wir uns nun gen Osten, hinauf zum »Altiplano«, dem Hochland, das weit bis nach Bolivien und Chile reicht, und das viel von seiner abwechslungsreichen Geschichte zu erzählen hat. In Puno merken wir, daß wir in knapp 4000 Meter Höhe sind. Atmen und Bewegen fällt hier schwer. Darum trinken wir zunächst eine Tasse Tee von Cocablättern, den wir in den meisten dieser hochgelegenen Orte in den Hotels angeboten bekommen, und gut daran tun, ihn nicht zu verschmähen. Auch ruhen wir uns erst einmal aus, ehe wir bei einem Bummel durch die Stadt die Kathedrale anschauen und vor allem das bunte Treiben auf dem Markt nicht versäumen wollen. Wir machen einen Ausflug in das 32 km entfernte Silustani, das auf einer Halbinsel des Titicacasees liegt. In seiner Umgebung finden wir Türme, genannt »chulpas«, die als Begräbnisstätten für die Toten in präinkaischer Zeit gedient haben. In der steppenartigen Landschaft, höher als der große See gelegen, versetzen sie uns im fahlen Licht des Abends in die gespenstische Atmosphäre eines Totenfeldes. Von Puno aus bietet sich uns die Gelegenheit zu einem weiteren Ausflug: eine Bootsfahrt zu den auf kleinen selbstgefertigten Inseln lebenden Uros. Sie sind die letzten Nachfahren eines einstmals großen Stammes, dessen Zentrum im Inneren Boliviens lag. Aus dem Papyrusschilf, aus dem sie ihre Häuser und ihre

48 *Indianerin in Huaráz, im Callejón de Huaylas.*
Hier im Hochgebirge tragen die Leute dicke Wollröcke gegen die Kälte und gestickte Tücher oder Hüte, um sich vor der senkrecht herabbrennenden Sonne zu schützen. Die Anzahl der Röcke zeigt den Wohlstand der Frauen an.

49 *Der Huascarán.*
Er ist Perus höchster Berg. Er hat zwei Gipfel, der südliche mißt 6768 Meter Höhe, der nördliche ist etwa 100 Meter niedriger. Hier ist das Zentrum der Weißen Kordillere, die auf 140 km Länge ein großartiges Gebirgspanorama bietet. Da die Hänge dieser Berge sehr steil sind, bieten sie keine gute Unterlage für Schnee und Eis. Auch gehen immer wieder bei Erdbeben gewaltige Bergmassen ab und verschütten Menschen und Ortschaften.

50 *Säule am Eingang zum Tempel von Chavín de Huantar.*
Im Herzen von Peru, im Hochgebirge östlich der Weißen Kordillere, steht dieser Tempel, der aus verschiedenen Pyramiden, Terrassen und Plätzen besteht. Sie alle sind durch unterirdische Gänge, Galerien und Kanäle verbunden. Er gilt als das Zentrum des ältesten Kulturbereiches Südamerikas. Etwa von 1500 vor bis 200 nach Christi Geburt dehnte sich der Einfluß bis in das heutige Kolumbien und Bolivien aus. Besonderes Können zeigten die Baumeister von Chavín in der Bearbeitung der Granitblöcke, in die sie die Figuren ihrer Glaubenswelt einmeißelten.

Boote herstellen, sind auch die »Inseln« gemacht, die sie dann mit einer dicken Erdschicht bedecken. Hier bauen sie sogar Kartoffeln an. Ansonsten leben sie hauptsächlich vom Fischfang. Versteckt im Schilf schwimmen diese Wohnstätten, und es heißt, daß noch manch einer der Bewohner das Festland nie betreten habe. Haben wir das Glück, gerade Anfang November in Puno zu sein, so erleben wir das Fest, das zu Ehren des ersten Inka, Manco Capac, und seiner Frau und Schwester, Mama Occlos, gefeiert wird. Der Legende nach sind sie als Kinder der Sonne auf dem Titicaca-See geboren worden und haben im Jahre 1150 n. Chr. in Puno das Land betreten, das sie sich dann untertan machten. Der Inka, der als Sohn der Sonne göttlicher Herkunft war, war gleichzeitig Mensch und Herrscher eines im Laufe von knapp 300 Jahren gewaltig vergrößerten Reiches, das sich vom heutigen Südkolumbien bis Mittelchile erstreckte. Manco Capac und Mama Occlo werden jedes Jahr am 4. November von musizierenden Indianern und tanzenden Gruppen bei Sonnenaufgang am Ufer des Sees »empfangen«. Zwei Tage lang lebt der ganze Ort nur diesem Fest.
Haben wir in Puno die »Wiege« der Inka-Dynastie kennengelernt, so durchwandern wir in Cuzco das Zentrum ihres Machtbereiches. Der spanische Chronist übersetzt den Namen der Stadt mit »Nabel der Welt«. Hier bauten sich die Inka Tempel und Paläste, legten den großen Platz im Herzen der Stadt an, von dem aus die Straßen in das Tawantisuyo begannen. Haben wir in Chavín die künstlerische Bearbeitung großer Granitblöcke kennengelernt, an der Küste das phantasievolle, durch die Bewegung des Meeres gestaltete und von der tropischen Sonne durchleuchtete, farbenfrohe Bild der Keramiken und Gewebe kennengelernt, so begegnen wir hier im Reich der Inka einer anderen Art von Kunst. Das Gebirge, mächtig und karg, trieb sie dazu, Steine sprechen zu lassen. Sie bearbeiteten sowohl gewaltige als auch bescheidene Granitblöcke meisterlich, sie legten nur Wert auf einfache, klare Formen, die aber wiederum bis zum Absoluten in Gestalt und Proportion zusammenpassen. Kein Volk vor und nach ihnen war in der Lage, diese Arbeit zu vollbringen, und kein Erdbeben, sie zu zerstören. Streichen wir mit der Hand über die Oberfläche dieser Steine, so gewinnen wir den Eindruck, es sei eine Haut, eine noch jugendliche Haut, der das Alter noch nicht ihre Spannung genommen hat. Die Spanier haben später auf diese Mauern ihre Kirchen und Häuser gebaut und so die Kunst der Inka für uns heute mit Leben erhalten. In den Töpfereien, Geweben oder Goldarbeiten erkennen wir, wie sehr die geistige Haltung sich auf die Kunst überträgt. Haben wir durch eine gelockerte Staatsform den Überschwang der Mochica und Nazca in ihren Erzeugnissen kennengelernt, so spiegelt sich hier die strenge, vorgegebene, für alle organisierte Staatsform in symmetrischen, klaren, meist eckigen Mustern wieder, schlichte Formen mit sich immer wiederholenden einfachen Zeichen. Manco Capac und seine Nachfolger schmiedeten ein Großreich zusammen, das bis dahin aus vielen kleinen Gruppen bestand – mit Ausnahme des Großreiches der Chimú, um deren Unterwerfung sie lange vergeblich kämpften. Um eine organisatorische Einheit zu schaffen, bauten sie ein hervorragendes Straßennetz, das von Quito bis Tucumán im heutigen Argentinien und weit bis nach Chile hinein reichte. Alle vier Kilometer stand ein Rasthäuschen. Die Boten, genannt »chasquis«, die die Nachrichten durch das Land trugen, wechselten sich dort ab und erreichten durch ihr Tempo, daß innerhalb eines Tages 225 km zurückgelegt werden konnten. Der Inka war der absolute oberste Herrscher und Vertreter der göttlichen Macht. Die Stellung des Inka war erblich und ging auf den ältesten oder fähigsten seiner ehelichen Söhne über. Ihm unterstanden die »curacas«, eine Art Kronrat, der sich einmal im Monat in Cuzco versammelte. Diesem unterstanden Inspektoren, die ständig im Land »nach dem Rechten sahen«, die aber auch aus den Reihen der königlichen Familie stammten. Das Volk lebte in Großfamilien, den »ayllu«, wie es heute häufig noch üblich ist. Die Inka kannten das Dezimalsystem und teilten ihre Verantwortlichkeitsbereiche danach ein. Es gab kein Privateigentum, sondern alles wurde gemeinsam erarbeitet und wieder verteilt. Dabei wurden im ganzen Reich die Erträge aus Ackerbau, Fischfang und Jagd immer in drei Teile geteilt: Ein Drittel war für den Inka und die an der Regierung Beteiligten, das Heer, die Verwundeten, Kranken, Witwen und Alten bestimmt, ein Drittel für den Priesterstand und ein Drittel für das Volk. Der Inka unterhielt große Speicher, in denen Vorräte gelagert wurden, damit Reserven für schlechte Zeiten vorhanden waren. Zur Arbeit wurden vor allem alle herangezogen, die zwischen 25 und 50 Jahre alt waren. Gearbeitet wurde damals wie auch heute noch auf dem Land vom Aufgang bis zum Untergang der Sonne. Die Gesetze der Inka waren knapp und einfach und dienten gleichzeitig als gegenseitiger Gruß: »Ama sua« – sei kein Dieb, »ama llulla« – sei kein Lügner, »ama hella« – sei nicht faul. Die Bestrafungen konnten sehr grausam sein, sehr häufig waren es

Todesstrafen. Wer aber zum Beispiel aus Not etwas stahl, der wurde nicht bestraft, sondern der Familienvorsteher, weil er es zu der Not hatte kommen lassen. Die Verantwortlichkeit für ein Amt wurde sehr ernst genommen. Die Inka hatten einen Kalender, der die zwölf Monate umfaßte und sich fast ausschließlich auf den Ackerbau bezog. Allerdings gab es einige Parallelen zu unserem gregorianischen Kalender, die uns in Staunen versetzen: der Monat April gehörte dem Passahfest des Königs, der November war den Toten geweiht. Einer anderen Errungenschaft der Inka kommen die Wissenschaftler erst nach und nach auf die Spur: der Schrift. Hatten die Mochica Glyphen, die sie in Bohnen einritzten und ihren Schnellläufern zur Übermittlung von Nachrichten anvertrauten, so benutzten die Inka Holzstäbe, in die sie ihre Zeichen einschnitten, oder sie malten sie auf ihre Holzvasen – kero genannt. Auch finden wir sie auf Stoffen. Immer wieder begegnen uns geometrische Ornamente, die erst allmählich als Schriftzeichen gedeutet werden. Darüber hinaus kannten sie den »kipu«, ein System von mehrfarbigen Schnüren, in dem Knoten angebracht wurden, wodurch je nach Farbe des Stranges, Sitz und Zahl der Knoten eine Bestandsaufnahme aller Verwaltungsbereiche des Imperiums entstand. Viele Historiker sind der Ansicht, daß es eine Art Schrift war; und jeder Monarch vererbte auf diese Weise seinen Nachkommen eine »Bibliothek«.
In der Glaubenswelt der Inka regierte als Schöpfer alles Seins der Gott Tixi Viracocha. Ihm nachgeordnet war die Sonne, als eine Gottheit, die das Menschliche und Himmlische in sich vereint. Sie war eine Art Bindeglied zwischen Himmel und Erde. Ihr folgten Götter mit weniger umfassender Bedeutung. Die Inka teilten auch die Welt in drei Teile ein: eine himmlische mit Sonne, Mond, Sternen und Regenbogen; eine irdische mit Mensch, Tier und Pflanze und eine unterirdische mit den Toten und dem, was keimt und wächst. Ihr Denken und Glauben kreiste um diese drei Stufen.
Wollen wir unsere Welt von heute ganz abschütteln und vorübergehend in die Welt der Inka tauchen, müssen wir Cuzco verlassen und etwa 120 km weit im Tal des Urubamba-Flusses nach Machu Picchu reisen. Wir können es mit Rucksack und Zelt auf dem alten Inkapfad über die Höhen vom »Heiligen Tal« der alten Kaiser tun, oder wir lassen uns von einem der Züge an den Ufern des Flusses entlang schaukeln, der einmal Teil des großen Amazonasstromes sein wird. Wir kommen in die einsame Gebirgswelt der Anden. Das Schweigen der Bergriesen und die grünen Hänge einer beginnenden tropischen Welt umgeben uns hier. Die meisterhaft gefertigten Steinmauern einer gewaltigen Wohn- und Tempelanlage aus der Zeit des Tawantisuyo nehmen uns auf. Lange Treppen an den Steilhängen, die hunderte von Metern zum Fluß abfallen, führen uns zu den erst zu Anfang unseres Jahrhunderts entdeckten Ruinen. Selbst die Konquistadoren, gierig alles zu finden, was den alten Völkern lieb und heilig war, haben diesen Ort nicht ausfindig gemacht. Schmale Terrassen, die die Inka überall für den Anbau der Feldfrüchte an den Steilhängen anlegen ließen, umgeben die Ruinen. Die Anlage liegt auf einem Sattel zwischen zwei Bergen, hoch über einer Schleife, die hier der Urubamba zieht. Die Ruinen bestehen aus drei Teilen, dem Viertel, in dem die Priester wohnten, dem Militärviertel und einem kleinen, steilen Hügel, der von dem Sonnenheiligtum bekrönt wird. Von ganz besonderer Bedeutung war dieser erhabene kleine Platz. In der Mitte steht ein Granitblock, der verschiedene Stufen hat und den, einem Finger ähnlich, ein Mittelstück krönt. Es mag nicht nur zur Messung des Sonnenstandes gedient haben, sondern auch als Zentrum der kultischen Handlungen. Seine Ruhe und Majestät läßt uns auch heute noch in Bewunderung vor allem, was sich hier in diesem Stein vom Schaffen und Denken dieses großen Volkes ausdrückt, zurück.
Die Inka hatten ein riesiges Reich aufgebaut. Insbesondere seit der Zeit des neunten Inka, Pachacutec, der von 1430 bis 1478 regiert haben soll, hatte es eine hervorragende Staatsform und Verwaltung. Aber dennoch waren wenige Spanier in der Lage, in einer kurzen Zeitspanne (es waren nur rund 30 Jahre), sich das ganze Gebiet bis tief in den Süden und weit in den Osten und Norden untertan zu machen. Sie waren nicht mutiger und auch nicht besser organisiert als die Inka, nur zweierlei hatten sie ihnen bei der Kriegsführung voraus: die Pferde und das Schießpulver. Die Pferde jagten den »Altperuanern« Schrecken ein, das Pulver vernichtete sie. Als der jüdische Kaufmannssohn aus Genua, Christoph Kolumbus, der im Spanien der Inquisition aufgewachsen war, in einem Europa, das sich immer mehr nach fernöstlichem Luxus sehnte, nach Seide, Musselin und vor allem feinen Gewürzen, der sich mit seinem Bruder Bartholomäus in die Welt der Seefahrer vertiefte und Korrespondenzen mit erfahrenen Seglern der fernen Meere führte, als dieser Christoph Kolumbus die spanische Südküste 1492 hinter sich ließ, um einen neuen Weg in die Ursprungsländer dieser Waren zu finden, war er nicht vom Rausch des Goldes

51 *Bettlerin in Lima, Peru.*
An ihrem Strohhut erkennen wir, daß das Mädchen aus dem Norden in die Großstadt gelockt wurde. Der traurige, resignierte Gesichtsausdruck und die fordernde Hand sprechen eine deutliche Sprache der Enttäuschung und Armut.

52 *Die Klosterkirche San Francisco in Lima, Peru.*
1674 wurde der Bau dieser Kirche und des weitläufigen Klosters beendet. Sein barocker Stil zeigt viele spanisch-maurische Merkmale. Der Kirchen- und Klosterschatz umfaßt viele wertvolle Stücke. Auch gehört eine umfangreiche, bedeutende Bibliothek zu dem Kloster. Besondere Beachtung finden labyrinthartige Katakomben unter Kirche und Kloster.

53 *Armenviertel von Lima, Peru.*
Da Lima in der trockenen Sandwüste des peruanischen Küstengebietes liegt, in dem es nie regnet, sind die Armenviertel besonders schwer mit Wasser zu versorgen. In einem breiten Gürtel, teils in Stein- teils in Bambusmattenhütten wohnen hier einige Millionen Menschen, die in der Hoffnung auf Arbeit und Wohlstand ihre kleinen Anwesen auf dem Land verlassen haben.

54 *Auf dem Hauptplatz in Lima, Peru.*
Hier wurde 1650 dieser formschöne Bronzebrunnen aufgestellt. Immer ist er Anziehungspunkt für Kinder. Im Hintergrund erkennen wir einen geschnitzten Balkon des erzbischöflichen Palastes.

55 *Paßstraße von Lima nach La Oroya, Peru.* Von Lima aus direkt nach Osten führt diese atemberaubende Straße. In abenteuerlichen Haarnadelkurven windet sie sich auf 150 km bis auf knapp 5000 Meter Höhe, um sich dann langsam über der Wasserscheide dem Urwald zu nähern. Die Straße führt am Rimac-Fluß entlang, der durch Lima fließt. Parallel zur Straße ist auch die Eisenbahnlinie in die Felsen geschlagen. Durch 66 Tunnels und in 22 Zick-Zack-Steigungen gewinnt sie schnell Höhe.

56 *Mumie aus Lima, Peru.*
Inmitten der Großstadt steht der alte Tempel Huallamarca. Bei Rekonstruktionsarbeiten wurden viele wertvolle Funde gemacht, die alle in einem kleinen Museum am Ort ihren Platz gefunden haben. Der Tempel, eine Pyramide aus Lehmziegeln, datiert vom 9. bis 12. Jahrhundert n. Chr. Die eindrucksvollen Gewebe wie das Totentuch dieser Mumie weisen Ähnlichkeit mit den großartigen Webarbeiten von Paracas, das 300 km südöstlich liegt, auf. Die Figuren gehören in die Glaubenswelt jener alter Kultur.

und der großen Reichtümer beseelt. Seine Begeisterung galt dem Neuen, der Entdeckung neuer Seewege.
Die Suche nach dem Neuen ließ ihn das erste Mal amerikanischen Boden auf einer Insel betreten, die die Eingeborenen Guanahaní nannten und die heute zu den Bahamas gehört. Er meinte, im japanischen Archipel gelandet zu sein, der Indien vorgelagert ist, und taufte das Land daher Westindien. Er beschrieb die Menschen, die ihm dort begegneten in einem Brief an die Katholischen Könige von Spanien folgendermaßen: »Es sind Menschen von Liebe und ohne Habgier. Ich glaube, daß es in der Welt kein besseres Volk noch besseres Land gibt; sie lieben ihren Nächsten wie sich selbst, sie haben die lieblichste Sprache der Welt, und sie sind sanftmütig und immer lachend.« Doch er änderte nach den ersten Goldfunden seine Meinung gründlich. In sein Tagebuch schreibt er: »Es ist wahr, daß ich dort, wo ich Gold und Gewürze in Menge finde, so lange verweilen werde, bis ich davon so viel wie möglich habe. Und darum mache ich nichts weiter als fahren und sehen, daß ich darauf stoße.«
Nicht nur Kolumbus und seine Begleiter hatte dieser Rausch ergriffen, weitere Expeditionen verließen Spanien auf der Suche nach den neuen Ländern und Schätzen. Francisco Pizarro galt als einer der Verwegensten. Sein Ehrgeiz und seine Verbissenheit trieben ihn voran. Als die Spanier nun nach mehreren mühevollen Anläufen in Peru eindrangen und auf so verschlagene Weise den Inka Atahualpa umbrachten, war damit diesem Volk nicht nur ihr Kaiser, auch ihr Heerführer und der irdische Vertreter ihres Gottes, der Sonne, genommen. Ihr Staat fiel damit in sich zusammen. Auch wenn sich immer wieder kleinere Gruppen zum verbissenem Widerstand zusammenfanden, fiel es den Spaniern nicht allzu schwer, sie zu besiegen. Natürlich gerieten auch in zunehmendem Maße Indianer als Krieger unter die spanische Fahne und verstärkten das Heer. Pizarro, der das quechua, die Eingeborenensprache nicht beherrschte, hatte indianische Dolmetscher, die rasch Spanisch gelernt hatten. Aber der wendige Geist, der sie in kurzer Zeit diese Sprache lernen ließ, gab ihnen auch List und Verschlagenheit ein, ihr Können zu mißbrauchen.
So berichten zum Beispiel die Chronisten folgendes: Nach neunmonatiger Haft des letzten Inka kam es zu Verhandlungen mit ihm über eine fiktive oder ehrlich gemeinte Freilassung – wir wissen das nicht genau –, da er sein Lösegeld, das Gold, schon in großen Mengen herbeibringen hatte lassen. Hernán de Soto, ein Mitstreiter Pizarros, der als der ehrlichste und auch einzige Kavalier dieser spanischen Bande galt, hatte täglich bei Atahualpa gegessen, ihm das Schachspiel beigebracht und so beinahe einen Freund in dem Inka gefunden; er rang um die Freilassung des Kaisers. Die Verhandlungen übersetzte Felipillo, der berühmteste und verschlagenste Dolmetscher der Conquista. Hier hatte seine List ihren Grund: Felipillo hatte sich einer der zum Sonnenkult auserwählten Jungfrau aus dem Gefolge des Inka bemächtigt. Wäre dieses ruchbar geworden, hätte die Todesstrafe dieser Beziehung ein Ende gesetzt. So also dolmetschte Felipillo alles dergestalt, daß der Inka getötet wurde, er aber mit heiler Haut davonkam. Hernán de Soto war vor der Hinrichtung Atahualpas zu Erkundungszügen ins Land geschickt worden. Nach seiner Rückkehr bewog ihn der Schmerz und die Enttäuschung über das Vorgefallene zu seiner Heimreise nach Spanien. Von dort segelte er Jahre später wieder über den Atlantik, nun an die Südküste Nordamerikas, wo er das Gebiet um den Mississippi entdeckte und eroberte.
In Peru gingen die Kriegszüge weiter. Mit ungeheurer Grausamkeit wurden die Indianer zu Untertanen der spanischen Krone gemacht. Die Volksmenge war es nicht anders gewöhnt, als nach den Befehlen der Höhergestellten zu handeln, ihnen war seit Jahrhunderten und Jahrtausenden vorgeschrieben worden, wie sie zu leben und was sie zu tun hatten. Ganze Dorfgemeinschaften wurden umgesiedelt, wenn ihr König das zur Erschließung und Kultivierung neuen Landes für richtig hielt. In die Bergwerke wurden sie abtransportiert, um monatelang dort turnusmäßig Zwangsarbeit zu leisten. Ja, es wurde ihnen auch befohlen im Alter von 18 bis 25 Jahren zu heiraten. Die Diktatur der Iberer löste also nur die ihrer früheren Herrscher ab. Darüber hinaus kam mit der Kriegsgewalt und der äußeren Macht auch eine andere, eine geistige Macht, der sie sich unterordnen sollten. Gleich nach den ersten Landentdeckungen wurden auf die Kunde hin, dort lebten Wilde und Heiden, jedem Schiff, das über den Atlantik fuhr, Priester und Mönche mitgegeben. Sie zogen aus, das Christentum nach Amerika zu bringen, ein Christentum, das mehr durch Schwert, Galgen und Fron als durch Nächstenliebe gepredigt wurde. Bei den altamerikanischen Völkern waren Menschen den Göttern geopfert worden. Müssen wir nicht sagen, daß im Namen unseres christlichen Gottes im Zuge der Conquista vielleicht nicht weniger Menschen geopfert wurden? Wohl war der Inka Atahualpa der Vornehmste unter den Opfern. Spanische Chronisten der da-

maligen Zeit berichten, Pater de Valverde, der Francisco Pizarro auf seinen Zügen begleitete, habe den Inka durch lange Ausführungen und Lehren zum Christentum bekehren wollen. Der Inka verstand nicht, warum er einen Gott anerkennen sollte, der einmal am Kreuz hat sterben müssen. Er deutete auf die Sonne und rief: »Mein Gott hingegen lebt!« Als er das ihm gereichte Gebetbuch danach zu Boden warf, war der Priester, der darin eine Beleidigung sah, so aufgebracht, daß er Pizarro die Absolution für den Tod an diesem Herrscher erteilte. Es gab aber auch Priester, die den geknechteten, leidenden Indianern zu Hilfe kamen. Der berühmteste unter ihnen war der Dominikanerpater Bartolomé de las Casas. Mit fanatischer Hingabe kämpfte er unermüdlich für die Rechte der Eingeborenen. Wiederholte Male segelte er während seiner 92 Lebensjahre zwischen Spanien und den karibischen Inseln hin und her, um für den Kampf gegen seine eigenen, goldbesessenen Landsleute von ihrem höchsten Herrscher, den Königen von Spanien, mit den notwendigen Rechten ausgestattet zu werden. Herrschte bei den Konquistadoren die Meinung vor, daß »Strafe und Entsetzen sie veranlassen müsse, zur Erkenntnis der Wahrheit zu gelangen«, so war es das Anliegen Las Casas, durch Schaffen der »Gesetze zum Schutz der Indianer«, ihnen Recht, Freiheit und Brüderlichkeit zu bringen. Der spanische Monarch verbot, mit den Indianern Sklavenhandel zu treiben. Das war den Eroberern sehr zuwider, da sie zunächst diesen Handel als eine willkommene Geldquelle zu nutzen versuchten. Überhaupt muß gesagt werden, daß die Herrscher im Mutterland, unterstützt von dem besonders für die Neue Welt geschaffenen Kronrat, den Indianern unendlich viele gute Gesetze gaben, zu ihrem Schutz und für eine gerechte und sinnvolle Kolonialisierung. Was aber fernab im neuen Erdteil daraus gemacht wurde, sah meist völlig anders aus, und Kunde davon drang nur spärlich in das Mutterland Spanien zurück. Der Eigennutz und die Machtgier der neuen Herren war wenig darauf aus, nach »am grünen Tisch« verfaßten Gesetzen, wie sie meinten, die Aufteilung und Verwaltung des neuen Kontinents vorzunehmen. Wohl schickten sie dem König von Spanien seinen fünften Teil aller Schätze, die sie im Land erwarben, aber die Verantwortung, die sie gegenüber ihren Untertanen mit ihrer eigenen Machtstellung übernommen hatten, zumal sie ihre Hauptaufgabe ja in der Verbreitung der christlichen Lehre zu sehen bekundeten, diese Verantwortung zeigte sich nur sehr selten. Der Indio war für den Spanier ein Individuum, das bis zur Selbstaufgabe zu dienen und zu arbeiten hatte.

Die breite Masse der Indios hat nie ein bequemes, geruhsames Dasein geführt, aber die ehemalige herrschende Schicht geriet jetzt in »den Strudel großer Umwälzungen«. Die Spanier kamen als Entdecker, als Abenteurer auf den Kontinent, allein, ohne Familien. So war es naturgegeben, daß eine Verschmelzung mit den Eingeborenen sehr rasch voranging. Dabei lernten die Indianer viel von ihren neuen Herren und Fürsten, und nicht nur Gutes. Sie lernten die Intrigen, Haß und Betrug. Diese waren sicher auch früher nicht ganz unbekannt, nun aber waren sie an der Tagesordnung. Da brachten sich die Herren in munterer Folge gegenseitig um, ein Geschehen, das sich über Jahrhunderte weiter beobachten läßt. Erst töteten die Spanier gemeinsam die Inkafamilien, dann brachte ein Bruder von Francisco Pizarro dessen größten Heerführer und Genossen, Diego de Almagro, um, dessen Anhänger wiederum den großen Spanier der ersten Stunde des heutigen Peru, Francisco Pizarro selbst. So ließe sich die Kette der Ausrottung beliebig fortsetzen. Wenden wir uns jedoch anderen Taten zu.

Auf unserer Reise durch das heutige Peru ist natürlich ein sehr wichtiges Ziel die Hauptstadt Lima, oder wie ihr eigentlicher Name lautete, als Francisco Pizarro sie 1535 gründete: La Ciudad de los Reyes, die Stadt der Könige. 1542 ernannte Spaniens König und Kaiser, Karl V., Lima zur Hauptstadt des neugegründeten Vizekönigreiches Peru. Dieses Vizekönigreich umfaßte zunächst die heutigen Länder Venezuela, Kolumbien, Ekuador, Peru, Bolivien, Chile, Argentinien, Uruguay und Paraguay. Heute ist Lima zur fünftgrößten Stadt Südamerikas herangewachsen, zählt mehr als 3,5 Millionen Einwohner und beherbergt ungefähr ein Viertel der Gesamtbevölkerung Perus. Durch dieses Wachstum hat die Stadt viel von ihrem kolonialen Charakter verloren. Da sie nahe der Küste liegt, war sie in früheren Zeiten häufig den Streifzügen der Piraten, die die Küste des Pazifischen Ozeans unsicher machten, ausgesetzt. So wurde in der frühen Kolonialzeit eine Mauer um die Stadt gezogen, von der wir aber heute kaum noch Reste finden. Heute hat Lima eine Reihe großer, einheitlich angelegter Plätze, um die das typische Großstadtgetümmel tobt. Der wichtigste ist die »Plaza de Armas«, der ehemalige Waffenplatz. An ihr liegt das reich verzierte Regierungsgebäude, das erst in diesem Jahrhundert gebaut wurde, allerdings an der gleichen Stelle und mit einigen Details des Palastes von Francisco Pizarro, der hier früher stand.

57 *Erdzeichen in der Wüste von Nazca, Peru.*
Etwa 400 km südlich von Lima haben die alten Kulturvölker Perus im Laufe von etwa 3000 Jahren Figuren und Linien in die Erde geschabt. Wissenschaftler heute erklären alles gemeinsam als großen Kalender, der dem Tierkreis der Gestirne entnommen sei. Die Linien mögen auch die Bedeutung von Pilgerpfaden gehabt haben.

58 *Im Kloster Santa Catalina in Arequipa, Peru.*
Die weiße Stadt am Fuß des Vulkans Misti hat noch heute sehr viele Kirchen, Klöster und Paläste aus kolonialer Zeit, viele von ihnen aus weißem Sandstein gebaut, der sich besonders gut für reiche Steinmetzarbeiten eignet. Santa Catalina wurde Ende des 16. Jahrhunderts als eines der ersten Klöster auf dem Kontinent gebaut. Es umfaßt 20000 Quadratmeter und bildet eine kleine Stadt in sich. 450 Nonnen und 200 Bedienstete haben hier einmal gelebt. Noch heute empfinden wir den Frieden und die Strenge der klösterlichen Abgeschiedenheit.

59 *Die Kathedrale von Cuzco, Peru.*
Mitte des 17. Jahrhunderts wurde die Kathedrale auf den Grundmauern des Palastes des Inka Viracocha gebaut. Im Inneren finden wir ein aus einer Mischung von spanisch-platereskem Stil und cuzqueño-Schule geschnitztes Chorgestühl und einen mit Silberplatten bedeckten Altar. Viele wertvolle, schöne Bilder aus kolonialer Zeit schmücken den Kirchenraum.

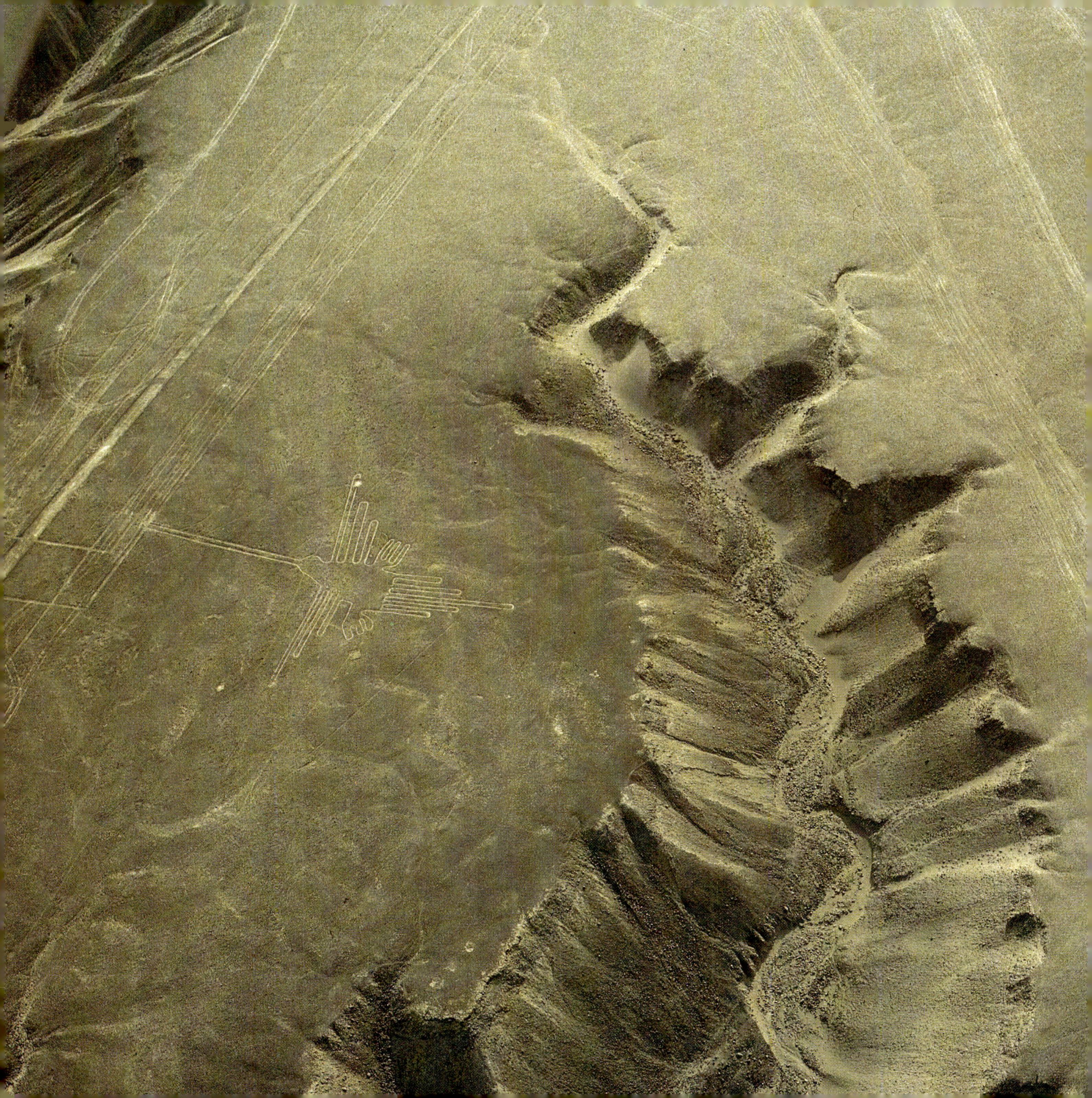

60 *Straße in Cuzco, Peru.*
Auf den Mauern der Paläste aus inkaischer Zeit bauten die Spanier Kirchen und Häuser. Das alte Mauerwerk ist so meist erhalten und zeigt uns, wie diese fugenlose Arbeit meisterhaft gemacht ist und selbst wiederholten Erdbeben standhielt. Die Oberfläche ist so glatt wie ein liebevoll poliertes Schmuckstück. Die »Nasen« dienten als Stützen für die Balken bei Transport und Bau.

Der Eroberer selbst schaut uns aus einer Ecke des Platzes hoch zu Roß mit einer Lanze bewaffnet an. Auf der gegenüberliegenden Seite steht die Kathedrale und das erzbischöfliche Palais, beide Gebäude in unserem Jahrhundert gebaut und barockem Stil nachempfunden, ebenso das Rathaus, das eine andere Seite dieses weitläufigen Platzes einnimmt. In der Mitte finden wir einen wunderschönen bronzenen Brunnen, an dem sich in der warmen Jahreszeit Kinderscharen vergnügen. Auf unserem Streifzug durch das alte und neue Lima sollten wir nicht versäumen, noch einige der kolonialbarocken Kirchen und Klöster zu besuchen, wie San Francisco, den ältesten Bau mit Katakomben, die uns an die Christenverfolgungen Roms erinnern, dann San Pedro, La Merced, Santo Domingo, die kleine Kirche Santa Rosa, die zu Ehren der heiligen Rosa von Lima gebaut wurde. Gehen wir auch in die Kirche der Nazarenerinnen, in der sich eine Skulptur des gekreuzigten Christus befindet, die jedes Jahr im Oktober und zu Allerheiligen am 1. November in sehr feierlichen Prozessionen durch Lima getragen wird. Es gibt kaum einen Bewohner Limas, der hier nicht ein Stück des Weges mitgeht und -singt. Wer in der Prozession geht, trägt auch ein lila Gewand zum Zeichen der Buße. Dieses alles geschieht zur Erinnerung an die Erlösung von einer verheerenden Pest, die im 17. Jahrhundert in der Stadt gewütet hat. So ist der Monat Oktober in Lima jedes Jahr ein Monat der großen Feierlichkeiten, vor allen Dingen auch Hochsaison für Stierkämpfe, die in der ältesten Arena des Kontinents von international bekannten Stierkämpfern ausgetragen werden. Bußstimmung und Feierlichkeit, alles mischt sich hier.
Finden wir auf Schritt und Tritt zwischen glatten, modernen Gebäuden noch alte, im Kolonialstil erbaute Häuser mit schönen, geschlossenen Holzbalkons, so sollten wir uns einen prächtigen Palast aus der Mitte des 18. Jahrhunderts etwas genauer anschauen: den Palacio Torre Tagle. Er ist sehr gut erhalten und gepflegt, da er schon lange als Sitz des Außenministeriums dient. Das alte Lima lag auf der nördlichen Seite des Rimac-Flusses; wir gehen über die geschichtsträchtige steinerne Brücke aus den Anfängen des 17. Jahrhunderts in diesen Stadtteil. Hier wohnt heute der größte Teil der armen Bevölkerung. Die meisten sind voller Hoffnung auf ein besseres Auskommen, als sie es in den kargen Bergen hatten, in die Großstadt gekommen. Wie bitter aber werden sie enttäuscht und finden nun schwer wieder den Weg zurück. Arbeit gibt es wenig, die Armut aber wird hier noch eher zum Elend als auf dem Lande, wo die Indios wenigstens ihr eigenes Stückchen Land haben, das sie vor dem Schlimmsten bewahrt.
Wir wandern wie zur Zeit der Vizekönige im Park der »Alameda de los Descalzos« und später auf dem »Paseo de Aguas«, zwischen den Marmorstatuen, die Vizekönig Amat seiner Geliebten, der Schauspielerin Micaela Villegas, genannt »La Pericholi«, im 18. Jahrhundert bauen ließ. Wir besuchen auch die Quinta Presa, das Haus, von dem gesagt wird, Amat habe es für die Pericholi bauen lassen. Heute ist es ein Museum für die Epoche der Vizekönige, die 1544 mit dem vom spanischen König Karl V. ernannten Vizekönig Blasco Nuñez de Vela begann und mit dem 40. Vizekönig zur Zeit des spanischen Königs Ferdinand VII. endete. In knapp 300 Jahren, die der spanischen Eroberung folgten, wurde in Lateinamerika der Grundstein für eine Geschichtsentwicklung gelegt, mit der dieser Subkontinent bis heute noch nicht fertig geworden ist. Während in Nordamerika englische Siedler sich langsam und entbehrungsvoll hocharbeiteten, sich ihr Land auf genau entgegengesetzte Weise wie in Lateinamerika zu eigen machten – denn um ihrer Freiheit willen hatten sie Europa verlassen – auf dem neuen Kontinent mit ihren Familien siedelten, ihn über Jahrhunderte eroberten, bis sie ihn schließlich vollends entdeckt hatten, nahm im Süden die Geschichte den entgegengesetzten Weg: Zuerst entdeckten die Neuankömmlinge das Land, danach eroberten und kolonisierten sie es, und erst vor rund 150 Jahren erlangten die einzelnen Staaten ihre Freiheit. Die Zeit der Kolonisierung fiel in die Zeit der Vizekönige. Deshalb waren die südamerikanischen Gebiete eigentlich keine spanischen Kolonien, denn sie waren auf gleicher Ebene dem spanischen König untergeordnet wie das Mutterland. Nur nahm in der neuen Welt die menschliche Entwicklung einen anderen Weg. Die neuen Herren brauchten sich nicht entbehrungsvoll hochzuarbeiten. Sie kamen zu den Zentren alter Kulturvölker, unglaubliche Reichtümer fielen ihnen zu, so daß es ihnen vor allem darum ging, ihre Machtposition zu festigen, sowohl untereinander wie gegenüber den Indianern, die immer wieder aufbegehrten und ihre alten Rechte wiederherstellen wollten. Frieden gab es während der ganzen spanischen Herrschaft nicht, obwohl Peru als Zentrum des spanischsprachigen Südamerika weitgehend in Verschwendung lebte, blind für die Umwelt. Der Sitz des Vizekönigs in Lima bedeutet, daß alle Länder Südamerikas – mit Ausnahme von Brasilien, das zu Portugal gehörte – nur mit Peru Handel treiben durften. Die Ge-

richtsbarkeit ging nur von Lima aus. Die ganze wirtschaftliche, politische und geistige Entwicklung wurde von Lima aus bestimmt. Da ein so strenger Zentralismus bei derart gewaltigen Entfernungen nicht funktionieren konnte, wurden königliche »Audiencias« eingerichtet, Institutionen, deren Bedeutung heute dem obersten Gerichtshof nahekommen. Der Vizekönig blieb als oberster Vertreter seiner Majestät des spanischen Königs Herr des spanischsprachigen Subkontinents. Ende des 18. Jahrhunderts wurde das eine Vizekönigreich in drei gleichgestellte geteilt: Neugranada mit Venezuela, Kolumbien und einem Teil von Ekuador, im Süden das Vizekönigreich La Plata mit Argentinien, Bolivien, Paraguay und Uruguay, Peru mit einem anderen Teil Ekuadors. Chile blieb ein eigenes Generalkapitanat. Alle Ämter der Regierung konnten nur von Spaniern, die im Mutterland geboren waren, eingenommen werden. Im Laufe der Jahrhunderte war aber eine breite Schicht von in Lateinamerika geborenen Spaniern und Mischlingen herangewachsen, die sich durch diese Regelung sehr benachteiligt sahen, lag doch auf ihnen die Hauptlast der Steuern und Abgaben. So herrschte bald mehr und mehr Auflehnung gegen die regierende Schicht, die ihre Vormachtstellung gegenüber den Kreolen, Mischlingen und Eingeborenen über Gebühr ausnutzte. In allen Ländern waren inzwischen Völker herangewachsen, die nach Verantwortung und Eigenständigkeit drängten; auch der strenge missionarische Geist in den Klöstern war durch übermäßigen Reichtum aufgeweicht. Hinzu kam, daß die französische Revolution am Ende des 18. Jahrhunderts neue Ideen über Freiheit, Gleichheit und Brüderlichkeit verbreitete. Die Logen der Freimaurer faßten überall in Lateinamerika Fuß und halfen, sich von Spanien zu trennen. Selbst die Jesuiten, die von Vizekönig Amat auf Geheiß Karl III. aus Südamerika ausgewiesen worden waren, haben heimlich in Madrid die Unabhängigkeit der Neuen Welt mit vorbereitet und unterstützt. Als der spanische König Ferdinand VII. von Napoleon besiegt worden war, bestand für die lateinamerikanischen Länder keine Bindung mehr zum Mutterland. So konnte das, was schon jahrelang im Untergrund geschwelt hatte, in wenigen Jahren durch zwei Generäle, die in Europa geistig geschult waren, offen ausgetragen werden. Im Norden zog der venezolanische General Simón Bolívar mit einem kleinen Heer von Land zu Land und erkämpfte die Freiheit von den Spaniern, im Süden war es der argentinische General José de San Martín, der mit einer Handvoll Soldaten die Befreiung herbeiführte. Beide taten dies nicht, um für sich Macht zu erlangen und den Kontinent zu regieren, sondern um die für die Neue Welt fremdgewordene Herrschaft Spaniens abzuschütteln. Lateinamerika war zu einem eigenständigen Kontinent herangewachsen, der weder ein Kontinent der Europäer noch der Indianer mehr war. Hier war ein christianisierter Kontinent europäischer Prägung auf indianischem Fundament entstanden, eine Verschmelzung, die sich im politischen, geistigen und künstlerischen Denken und Schaffen Lateinamerikas klar ausdrückt.

Die beiden Generäle Bolívar und San Martín trafen sich in Guayaquil, dem heutigen Ekuador. Über den Inhalt ihrer Verhandlungen gibt es kein Protokoll. Bolívar bleibt in Ekuador, um kurz darauf die Regierung zu übernehmen, kam aber bald nach Peru, wo inzwischen San Martín die Regierung übernommen hatte. Nach wenigen Wochen versammelte sich der erste Kongreß, um einen eigenen Präsidenten zu wählen. San Martín kehrte nach Argentinien zurück.

1822 begann Peru als selbständige Republik, sein Schicksal zu bestimmen. Noch waren die Spanier allerdings nicht endgültig entmachtet, erst 1824 in der Schlacht bei Ayacucho in den Bergen südöstlich von Lima fand die spanische Herrschaft in Südamerika ihr Ende. Das Erbe, das das Mutterland hinterließ, war kein leichtes. Peru ist geprägt davon, Zentrum des gewaltigen Vizekönigreiches gewesen zu sein. Hier spielte sich ein feudales Leben ab, das sich nicht ständigen Auseinandersetzungen mit kriegerischen Indios und liberalen Gedanken gegenüber sah. Hier entfaltete sich Wohlstand und Glanz wie in keinem anderen Land Südamerikas. Dieser Lebensstil fand auch unter den Präsidenten der neuen Republik kein Ende. Für die breite Masse der Indios blieb jedoch ihr Leben ebenso unverändert. Nur selten fand einer von ihnen den Weg aus der untergeordneten Stellung. Die neuen Präsidenten waren meist Militärs, die mit strenger Hand ihr Regiment führten, keineswegs immer selbstlos und zum Wohl der Allgemeinheit. Auch bei ihnen spielte die persönliche Macht und Stellung eine entscheidende Rolle. Die Entwicklung des Landes wurde immer wieder begleitet von kriegerischen Auseinandersetzungen mit den Nachbarstaaten. Zunächst strebte Bolivien eine Union mit Peru an; sie dauerte nur wenige Jahre und zerbrach an dem Machtanspruch der einzelnen Generäle und dem Interesse der südlichen Nachbarländer Chile und Argentinien, im Norden keinen so mächtigen Nachbarn haben zu wollen. Das widersprach vor allem ihren Handels-

61 *Dorfgemeinschaft in der Gegend von Cuzco, Peru.*
Noch heute leben die Indios in engen Dorfgemeinschaften wie zu Zeiten, ehe die Spanier das Land betraten. Mensch und Vieh gehörten auf engem Raum zusammen. Die Häuser sind aus Ziegeln gebaut und mit dicken Strohdächern gedeckt.

62 *Machu Picchu, Peru.*
Die Tempelstadt des Inka nördlich von Cuzco liegt auf einem Bergsattel steil über dem Urubambafluß. Der linke Teil der Stadt umfaßt die Tempel und heiligen Stätten, rechts liegt der zivile Bereich. Hier wie an den meisten Stätten mit inkaischen Bauwerken erleben wir die große Kunst damaliger Architekten, ihre Werke in die Gegebenheiten der Natur einzufügen. Hier spüren wir, umgeben von den Bergriesen dieser großartigen Landschaft, die Zwiesprache der Menschen mit ihren Gottheiten. Diese »Eremitage« entdeckten die Spanier nie. Erst 1911 kam ein Amerikaner hierher.

63 *Das Sonnenheiligtum von Machu Picchu oder »Intihuatana«, Peru.*
Dieser heilige Stein steht auf einem künstlichen Hügel an höchster Stelle der Tempelstadt. Aus einem einzigen Granitblock wurde er gearbeitet. »Intihuatana« heißt zu deutsch: »wo die Sonne verweilt«. Astronomische und religiöse Bedeutung steht für diesen Namen.

64 *Auf dem Markt in Chinchero, Peru.*
Etwa 100 km entfernt von Cuzco finden wir ein Dorf, das sich wie zu Zeiten der Inka aus elf »ayllu« (Gemeinschaften) zusammensetzt. Die Mauerreste von damals weisen darauf hin, daß hier eine »Sommerresidenz« der Inka gewesen sein mag. Noch heute erleben wir auf dem Markt den Tauschhandel. Aus der Umgebung kommen die Indios in ihren alten Gewändern und Hüten, und neben dem Tausch von Lebensmitteln und Vieh sind sie mit Weben und Nähen der traditionellen Ponchos und Gürtel beschäftigt.

interessen. Auch sammelten sich die verbliebenen Spanier in Peru und führten noch einmal Krieg gegen die junge Republik, den sie aber endgültig verloren. Von 1879 bis 1883 führten Peru, Bolivien und Chile Krieg um die reichen Salpeter- und Minenvorkommen im heutigen Nordchile. Peru verlor dabei seine Südprovinz, Bolivien seinen Zugang zum Pazifischen Ozean. Chile gewann seine heute an Erzen und Salpeter reichste Provinz. Bei Grenzstreitigkeiten mit Kolumbien mußte Peru zwar einige hundert Quadratkilometer im Amazonasgebiet abtreten, gewann dafür aber im Konflikt mit Ekuador ein gutes Stück Land ebendort wieder hinzu. Da es, wie man heute weiß, sowohl im Urwald als auch in der Wüste Erdöl gibt, sind sie volkswirtschaftlich von sehr großer Bedeutung, so unwirtlich sie auch der Zivilisation erscheinen mögen. Peru versorgt sich heute mit Erdöl selbst und beginnt zu exportieren, ohne noch den Umfang seiner Reserven unter dem dichten Urwald im Amazonasgebiet zu kennen. Aber nicht nur damit bestreitet dieses große, reiche Land seinen Export: Fischmehl, Guano, Kupfer, Silber, Zucker, Baumwolle und Reis sind die wichtigsten Ausfuhrgüter.
In den mehr als 150 Jahren der Geschichte der Republik Peru sind viele gute Gesetze geschaffen worden, die dem Land und seiner Bevölkerung zu Wohlstand und sozialem Fortschritt hätten verhelfen können. Das Rad der Geschichte drehte sich jedoch außerhalb des Landes schneller, so daß die interne Entwicklung in andere Bahnen gelenkt wurde. 1968 begann sich durch einen Militärputsch die Politik und die Wirtschaft zu ändern. Jetzt sollen alle Bewohner des Landes in den Wirtschaftsprozeß mit einbezogen werden, für alle der Lebensstandard gehoben werden. Die Peruaner stehen am Anfang eines mühevollen Umschwungs, bei dem sie häufig an die Gesetze und Organisation ihrer Vorfahren, der Inka, denken mögen, auf deren Erbe sie nicht nur in künstlerischer Hinsicht stolz sind – auch von ihrer Lebensform würden sie manches gern wieder ins Leben rufen.

Bolivien

In den heutigen Grenzen dieses Landes im Herzen des Kontinents, dem der große südamerikanische Held Simón Bolívar seinen Namen gab, hat bereits vor zwei- bis dreitausend Jahren ein Kultur-Volk gelebt, auf dessen Spuren wir immer noch stoßen: wir befinden uns im Reich der Tiwanaku. Nur wenig ist von ihnen überliefert, aber eine deutliche Sprache sprechen dafür noch heute die großen Ruinen, die in der Nähe des Titicaca-Sees stehen. Hier, in 4000 Meter Höhe, erleben wir eine sehr eigene Welt, für deren Beschreibung uns schwer Worte in den Sinn kommen. Die klare Luft der Hochebene läßt die Farbe der Berge leuchten und das Blau des Sees tief dunkel erscheinen. Es ist der höchste, schiffbare See der Welt. Wir können ihn heute mit modernen Tragflächenbooten in wenigen Stunden überqueren und damit von Land zu Land reisen, von Bolivien ins Nachbarland Peru. Aber bleiben wir in Bolivien. In dem Städtchen Copacabana nehmen wir ein Schiff und setzen über zur Sonneninsel. Hier finden wir neben Erd-Terrassen für den Ackerbau noch Reste einer inkaischen Festung. Eine Sage erzählt, daß sich die Herrscher des Colla-Volkes, der Nachfolger der Tiwanaku, nach einem Bürgerkrieg hierher zurückgezogen hätten und im Laufe von 200 Jahren von Insel zu Insel nach Nordwesten gezogen seien, um schließlich in Puno, im heutigen Peru, an Land zu gehen. Sie seien dort nicht als »gewöhnliche Sterbliche«, sondern als Kinder der Sonne, die auf dem See geboren wurden, als Manco Capac und seine Frau und Schwester Mama Occlo, empfangen worden. Sie begründeten die Inka-Dynastie. In Puno wird noch heute alljährlich die Geburt der Gott-Sonne-Kinder Manco Capac und Mama Occlo Anfang November gefeiert. Auf dem Binnenmeer des Titicaca können wir noch einen anderen interessanten Ausflug machen, bei dem uns die Landschaft, die Berge im Hintergrund, die mit gelbem Steppengras überzogenen Inseln und das tiefblaue Wasser erfreuen. In Huatajata, am äußersten Ostzipfel des Sees, mieten wir uns ein Motorboot und kommen nach etwa einer Stunde Fahrt zur Insel Suriqui. Unterwegs begegnen uns Segelboote aus Holz mit eigenartigen, fast quadratischen großen Segeln. Hier werden die köstlichsten Fische gefangen. Auf Suriqui schauen wir in verschiedene Hütten und Höfe und können zusehen, wie das Papyrusschilf in dicken Bündeln mit einem gesondert gezüchteten, zu Zöpfen geflochtenen Gras zusammengehalten wird, mit denen die allbekannten, kleinen dickbauchigen Boote gefertigt werden. Später entdecken wir im dichten Schilf der Buchten fertige Boote liegen, manche sind sogar mit Segeln aus Papyrus aufgetakelt. Häufiger als auf diese, auch sicher vor 2000 Jahren bereits gebauten Gefährte treffen wir aber auf die geräumigen Holzboote. Sie sind haltbarer und nützlicher. Das Papyrusschilf saugt sich in ein bis zwei Jahren so voll Wasser, daß es fault und unbrauchbar wird.

Das Hochland ist karg. Gelbes, steppenartiges Gras sprießt auch hier aus der trockenen, rötlichen Erde und bietet Nahrung für Schafherden, Lamas und Esel. Hier und da liegt ein bescheidenes Gehöft in der einsamen Landschaft. Seine Häuser und die Umfriedungsmauern sind aus Lehmziegeln gebaut, dicke Stroh- und Schilfdächer decken sie. Leichte Hügel

65 *La Paz, Bolivien.*
Hier ist der Regierungssitz des Landes, in der in etwa 4000 Meter Höhe gelegenen Großstadt, die innerhalb ihrer Mauern ein Gefälle von 700 Metern aufweist. 1549 gründeten die Spanier den wichtigen Handelsplatz zwischen Cuzco und der reichen Silberstadt Potosí. Seit 1899 die Landesregierung hierher verlegt wurde, gewinnt die Stadt an Bedeutung und Aufschwung. Der mächtige Berg Illimani mit 6462 Meter Höhe erhebt sich wie ein gewaltiger Wächter über der Stadt.

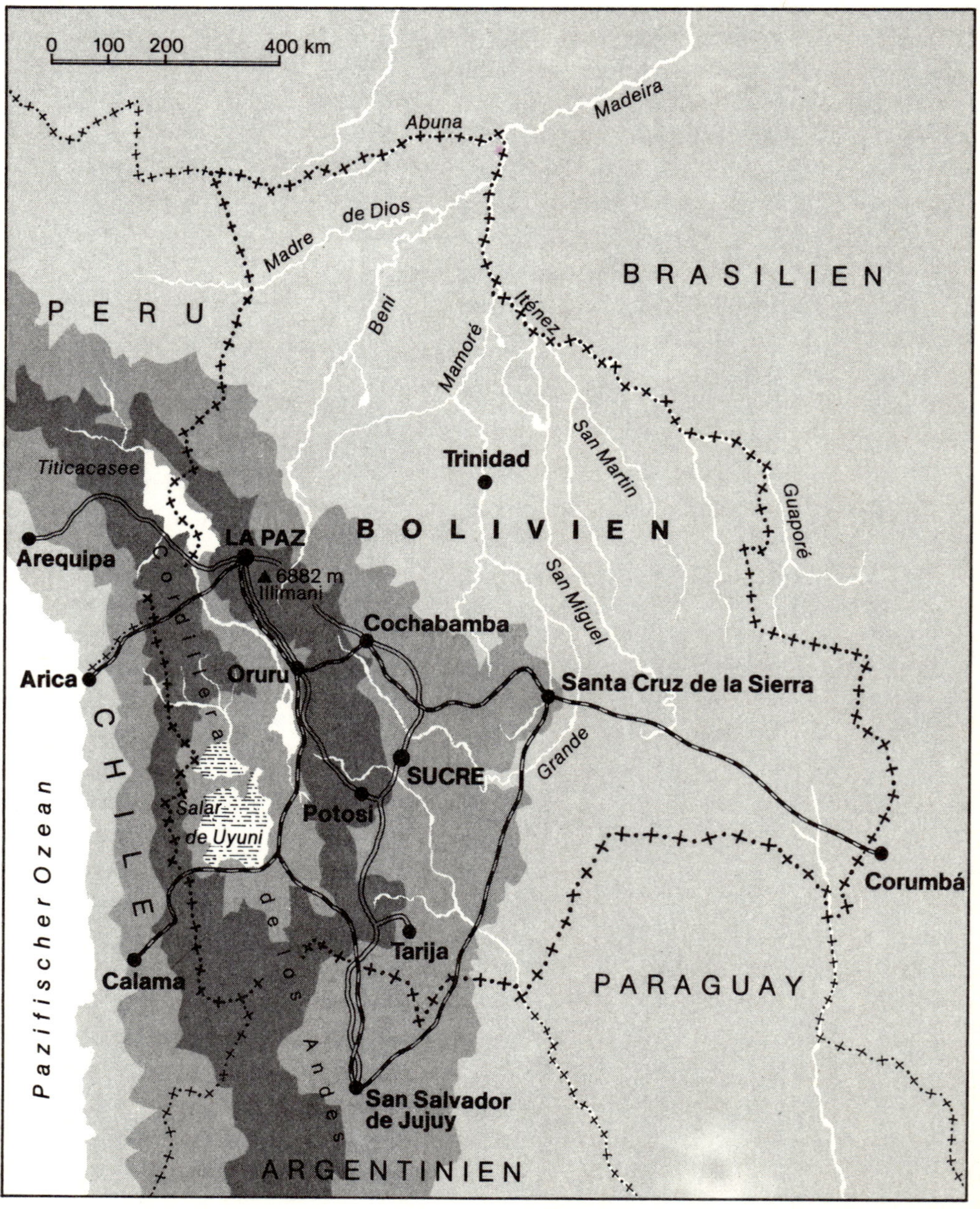

66 *Im Hochland von Bolivien.*
Auf der Strecke von La Paz zum Titicaca-See fahren wie durch das karge Hochland, den Altiplano. Hartes Steppengras bietet Nahrung für Schafe, die um vereinzelte Gehöfte weiden. Im Norden zieht sich die Cordillera Real – die Königskordillere – als Begrenzung des Altiplano entlang. Die schneebedeckten Gipfel erheben sich bis über 6500 Meter über dem Meeresspiegel. Hier liegt auch in über 5000 Meter Höhe an den Hängen des Chacaltaya das höchste Skigebiet der Welt.

67 *Tiwanaku, Bolivien.*
In 4000 Meter Höhe, etwa 60 km von La Paz nach Westen, unweit des Titicaca-Sees, erheben sich die Ruinen der Tempel von Tiwanaku. Hier war das Zentrum einer Kultur, deren Blütezeit von etwa 400 bis 1200 n. Chr. gerechnet wird. Ihr Einfluß reichte bis weit nach Westen und Norden. Das hier abgebildete Eingangstor führt zum Tempel Kalasasaya, in dem wir mehrere Statuen und auch das berühmte Sonnentor finden. Im Vordergrund sehen wir in der Mauer eines in die Erde eingelassenen Tempels einige der zahlreichen Köpfe, die zu seiner Bedeutung und Schönheit beitragen.

halten die scharfen Winde auf. Vom Titicaca-See bis ins etwa 35 km entfernte La Paz begrenzt dieses weite Gebiet im Norden eine dichte Kette schneebedeckter Berge, deren Gipfel zum Teil weit über 6000 Meter hoch sind. Nur eine Autostunde von La Paz entfernt erreichen wir den Chacaltaya, auf dem in über 5000 Meter Höhe ein herrliches Skigebiet jeden Winter die strapazierten Großstadtbewohner ins Freie lockt. Wir aber versuchen, nicht in der Regen- und Schneezeit – von Dezember bis März – dort zu sein, auch wenn es auf der Hochebene nur selten zu Unwettern kommt, sondern genießen die trockene, klare Luft der kalten Jahreszeit.

Der Meinung einiger Wissenschaftler zufolge habe sich der Titicaca-See in alten Zeiten so weit nach Süden ausgedehnt, daß die Ruinen von Tiwanaku an seinen Ufern gestanden hätten. Heute liegen etwa 25 km Hügelland dazwischen. An der Stelle, wo die Straße von La Paz zu den alten Pyramiden den höchsten Punkt erreicht, haben wir einen herrlichen Blick auf das Gebirge und eine Bucht des Sees. Hier steht eine kleine Wallfahrtsstation mit einem Marienbild, an dem die Indios zu einem Gebet Halt machen und kleine Opfer darbringen, auch wenn es nur die aus Cocablättern gekaute Kugel aus der Backentasche ist. Wir kommen in das Dorf Laja, wo uns der Anblick einer barocken Kirche aus rotem Stein am großen Hauptplatz erfreut. Hier war in der ersten Zeit der Kolonisation 1548 das Zentrum des Landes geplant, das heutige La Paz. Nun ist es nicht mehr weit, bis wir die Pyramiden von Tiwanaku erkennen. Mehrere niedrige Hügel, die zum Teil vollkommen zugewachsen sind, verraten durch ihren gleichmäßigen Aufbau, daß sich darunter geschichtsträchtige Bauten befinden. In jüngster Zeit aber ist die bolivianische Regierung verstärkt mit deren Freilegung beschäftigt. Als erstes steigen wir auf den höchsten Berg, die Pyramide Akapana, an deren einer Seite bereits einige Mauern aus rotem Stein ans Tageslicht gekommen sind. Wir steigen hinab zu einem großen Platz, in dem ein Tempel als großes Quadrat in die Erde eingegraben wurde. Eine Mauer schützt den Innenhof; in sie sind ringsherum halbreliefartige Köpfe eingelassen. In der Mitte stehen drei kleine Säulen mit kultischen Verzierungen. Diesen heiligen Platz durften damals nur die Priester betreten, das Volk stand oben rings herum. Die gute Akustik trägt die Stimmen so weit, daß die Menge auch so an den Feierlichkeiten teilnehmen konnte. Oberhalb dieses Tempels kommen wir zu der wohl heiligsten Stätte, dem Kalasasaya. Wir schreiten einige Stufen hinauf durch ein großes Tor aus glatten, roten Steinblöcken. Nun stehen wir vor einigen überlebensgroßen Figuren, deren reiche Reliefarbeiten ihre religiöse Bedeutung bezeugen. Am Ende des Tempels steht das Sonnentor. Es ist ein großer Monolith, der, als Tor gearbeitet und reich verziert, so aufgestellt ist, daß am Sonnwendtag die Strahlen genau auf die Mittelfiguren scheinen. Chronisten berichten, dieses Tor sei ganz mit Gold überzogen gewesen und habe so als eine zweite Sonne die Himmelsstrahlen zurückgeworfen.

Die Tiwanaku, die Schöpfer dieses Heiligtums, so sagen die Geschichtsschreiber, seien von den Colla besiegt worden, deren Reich die größte Ausdehnung etwa 200 Jahre vor Ankunft der Spanier hatte. Die Kultur der Tiwanaku wurde zunächst auch von der aus Chavín im Herzen Perus beeinflußt. Als Tiwanaku sich ausdehnte, reichte ihre Herrschaft und ihr Einfluß von Puno am Nordwestende des Titicaca-Sees bis hinunter nach Arequipa und zur Atacama-Wüste, nach La Paz, Cochabamba, Oruro und Potosí. Ihre Sprache war das Aimara, das die Indianer dieser Gegend noch heute sprechen. Sie mumifizierten ihre Toten, gaben ihnen wunderschöne Tongefäße mit, die teilweise bemalt sind; vornehmlich wurden symmetrische Muster verwendet. Antropomorphe oder zoomorphe Gestalten repräsentieren ihre Göttergestalten. Auch finden wir bei ihnen bemalte Porträtgefäße. Sie schufen ebenmäßige, schöne Schmuckstücke aus Bronze, Gold und Silber. Die Colla waren es, die den »kipu« (Schnursystem für Zahlen und Schrift) erfanden, der später durch die Inka besonders bekannt wurde. Da sie ihre Toten so reich ausstatteten, leiten wir davon ab, daß sie an ein Leben nach dem Tode glaubten, in dem die Dahingeschiedenen keinen Mangel leiden durften. Sie beteten mehrere Götter an. Der Hauptgott war für sie aber Con-Ticci-Viracocha oder Höchster Schöpfer, den wir auch bei den Inka wiedertreffen. Auch glaubten sie an die Mutter Erde, der sie ihre Toten wiedergaben. Sie bauten ihnen Türme, die bis tief in die Erde eingelassen waren. Diese Türme oder »chullpas«, treffen wir rund um den Titicaca-See. Die Colla lebten in »ayllus« (Dorfgemeinschaften), die wiederum verschiedene Familiengruppen umfaßten. Jedes ayllu lebte auf einem Stück Land, das als »marca« bezeichnet wurde. Zu einem ayllu gehörte eine »huaca« oder Gottheit, die das Land beschützte. Geführt wurden die ayllu von den »curacas«, die wiederum einem »mallcu« unterstanden. Der mallcu kam bereits einem Fürsten gleich, besonders zur Regierungszeit der Colla. Das »collasuyo« (Reich der Colla), das einmal das

größte Reich Südamerikas vor den Inka war, wurde von Pachacuti Inka Yupanki nach jahrelangen, heftigen Kriegen besiegt und mit dem Tawantisuyo, dem Inka-Reich der vier Himmelsrichtungen, verschmolzen. Pachacuti lebte von 1438 bis 1463. Er schuf die Steinbauten von Cuzco, den Terrassenbau und führte religiöse und administrative Reformen durch. Er führte die »mitimaes« ein, das heißt er siedelte geschlossene ayllu um, wenn er es nach Eroberungszügen oder Kriegen für notwendig hielt. So erreichte er die Veränderung und Anpassung von Gebräuchen, Sprache und Religion und schuf die größtmögliche Vereinheitlichung seines Riesenreiches. Unter dem vorletzten Inka, Huayna Capac, wird Tiwanaku noch einmal Sitz eines Teils seiner Regierung. Er war es auch, der das größte Straßennetz aller Zeiten von Quito bis nach Mittelchile bauen ließ. Dabei wurde Tiwanaku zu einem wichtigen Knotenpunkt.
Zwischen der Regierungszeit des Huayna Capac bis zur Ankunft der Spanier lag nicht mehr viel Zeit. Der spanische Geschichtsschreiber aus der ersten Zeit der Eroberung, Pedro Sarmiento de Gamboa, weiß zu berichten, daß nicht Francisco Pizarro der erste Weiße war, der in das Reich der Inka kam. Bereits 1520 drangen vier Portugiesen aus dem Osten, dem heutigen Brasilien, zum Titicaca-See vor. Unter ihnen war ein Spanier, Alejo García, der bereits die Indianersprache Paraguays, das Guaraní, sprach. Er überredete eine Gruppe von Eingeborenen, ihn bis nach Peru zu begleiten. 13 Jahre später ermordete Pizarro den Inka Atahualpa. Im selben Jahr brachte Diego de Almagro Verstärkung aus Spanien und beide zogen in Cuzco, dem Herzen des großen Reiches, ein. Sie pfropften der Stadt die spanische Regierungsform auf, setzten Bürgermeister (alcaldes) und Abgeordnete (regidores) ein, die die Interessen der spanischen Krone vertraten, während sie selbst weiter auf Eroberungszüge gingen. So war es Diego de Almagro, der nach Alejo García als zweiter Spanier durch das ehemalige collasuyo zog. Zwar war er Gouverneur von Cuzco geworden, richtete aber bald sein Augenmerk weiter nach Süden. Nach seiner mißglückten Expedition über das Altiplano nach Chile kehrte er wenig später mit einem kleinen Rest seiner geschlagenen Mannschaft zurück. Pizarro, der nach dem Reichtum dieser Stadt strebte, nahm Almagro gefangen und richtete ihn hin. Don Diegos Sohn rächte wiederum seinen Vater und brachte Francisco Pizarro um. Die Auseinandersetzungen der Spanier untereinander waren ebenso grausam wie die Unterwerfung der Eingeborenen. Die Streitigkeiten zwischen Eroberern und Vizekönigen gingen noch bis 1549, bis ein Trupp Offiziere in das heutige Bolivien, das damals »Alto Perú« (Hochperu) hieß, geschickt wurde und zum Zeichen der Einigung die Stadt »Nuestra Señora de la Paz« (Unsere liebe Frau des Friedens) gründete. Hiermit entsteht ein wichtiges Handelszentrum auf dem Weg zwischen Cuzco und der reichen Silberstadt Potosí. Zu jener Zeit bewarb sich Miguel de Cervantes, der »Vater« des »Don Quijote de la Mancha«, dem sein spanisches Heimatland zu eng geworden war, um den Richterstuhl von La Paz. Sein Begehren wurde nach langer Prüfung zurückgewiesen.
Seit 1899 ist La Paz Regierungssitz mit allen Ministerien, die im mittleren Süden gelegene Stadt Sucre aber noch immer de jure Hauptstadt. Dort hat die höchste Gerichtsbarkeit noch heute ihren Sitz. Wenn wir uns der Stadt »des Friedens« nähern, fasziniert uns zunächst ihre Lage. Der Flugplatz und einige neue Industrievororte liegen in über 4000 Meter Höhe auf der Hochebene. Ein Becken gräbt sich in die Tiefe, an dessen Hängen und Grund sich die Stadt hinzieht. Sie erstreckt sich soweit bergab, daß innerhalb dieses zumeist modernen Häusermeeres ein Höhenunterschied von etwa 700 Meter gemessen wird. Der Fluß Choqueyapu murmelt sich seinen Weg hindurch und zieht gen Osten, bis er in den Beni und dieser später in den Amazonas mündet. Hoch über La Paz erhebt sich majestätisch und zutiefst beeindruckend der Berg Ilimani mit über 6000 Meter Höhe. Wie ein Wächter schaut er auf die stetig wachsende Stadt, so, als wolle er den Streit und die blutigen Auseinandersetzungen, die seit ihrer Gründung so häufig in ihren Mauern toben, in Schach halten.
Jedoch ist auch dieser »Wachtposten« machtlos gegen das wechselvolle Schicksal der Stadt. Waren es zuerst die Entdecker und Eroberer, die um die Vormachtstellungen rangen, später Vizekönige oder Präsidenten der Real Audiencia de Charcas, so in den letzten einhundert Jahren große Kriege mit den Nachbarn, die dem Land zusetzten. Aber besonders seit seiner Selbständigkeit als Republik, seit 1825, toben Revolten, Revolutionen und politische Machtkämpfe, inzwischen schon mehr als 180 an der Zahl. Die Regierung in La Paz hat es schwer, 65 Prozent reine Indianer, zumeist Analphabeten, 25 bis 30 Prozent Mischlinge, Weiße und Ausländer zu friedlichem Zusammenleben zu bringen. Seit einigen Jahren gibt es zwar eine Regierungsverordnung, die die Schwierigkeiten abbauen helfen soll, sicher aber auch nur ein kleiner Mosaikstein auf dem langen Weg sein

68 *Titicaca-See, Bolivien.*
Auf der Insel Suriqui – wie auf verschiedenen anderen Inseln und in Dörfern am Ufer – werden die berühmten Schilfboote gebaut. Das Papyrusschilf wächst an den Rändern des Sees, auf trockenem Land wird das langfasrige Gras angebaut, das zu Zöpfen geflochten die Schilfbündel hält und mit dem das Boot »zusammengenäht« wird.

69 *Im bolivianischen Hochland.*
Wo immer es möglich ist, verrichten Indianer Arbeiten auf dem Boden sitzend. So finden sich wie hier die Nachbarinnen zusammen, um auf dem Platz vor der Hütte die Pflöcke des Webrahmens in die Erde zu schlagen. Mit flinken Händen geht das Schiffchen hin und her, bis der Umhang fertig ist. Beim Stricken lassen die Frauen den Faden um den Hals laufen, damit er keine Knoten bildet.

70 *Auf dem Markt in Tarabuco, Bolivien.*
Dieser gehört zu den besonders bunten Märkten des Subkontinents. Die Tarabuco-Indianer verkaufen hauptsächlich Ponchos, von denen die meisten rot und orange gestreift sind. Die Frauen tragen schwarze Tücher als gewickelte Röcke, die wunderschöne breite Borten haben. Die Männer kleiden sich in weite, halblange weiße Hosen und einen gestreiften Poncho, auf dem Kopf tragen sie eine steife schwarze Filzkappe, deren Mittelteil gestickt und deren Rand mit Perlen verziert ist. Auf dem Rücken schaut ihr schwarzer Zopf unter der Kappe hervor. Meistens singen und lachen sie, begleitet von einem »charango«, einer kleinen Gitarre, deren Klangkörper aus dem Panzer eines Gürteltieres gearbeitet wird.

71 *Indianerin in Potosí, Bolivien.*
Die Tradition der mittelalterlichen spanischen Hüte hat sich hier auf die Frauen vererbt und erhalten. Der hohe steife Filzhut gibt dem runden Kopf und der kleinen Statur oft einen lustigen Akzent.

kann. Sie besagt, daß nur der seinen Studienplatz an einer Universität behalten kann, der nachweist, zwei Analphabeten das Lesen und Schreiben beigebracht zu haben.

Doch ehe wir die bunte Stadt verlassen, schauen wir uns auf einem Rundgang die schöne Franziskaner-Kirche an. Sie wurde im 18. Jahrhundert als eine Erweiterung eines bereits im 17. Jahrhundert entstandenen Klosters erbaut. Hingegen wurde die Kathedrale erst im 19. Jahrhundert im neoklassischen Stil errichtet. 1605 war in La Paz die erste Diözese des Landes gegründet worden. Die besondere Bedeutung der Kirche für die Entwicklung des Landes, die Stellung der Indios und der beginnenden Kultur läßt sich hieraus ableiten. Von den Klöstern aus, von denen allein 18 rund um den Titicaca-See gegründet wurden, verbreitete sich die Kunst. Vorbilder waren Flandern, Spanien und Italien. Besondere Bedeutung erlangte hier der Jesuit Bernardo Bitti, ein Schüler Michelangelos und Raffaels. Seine Werke können wir in La Paz, Sucre und dem Kloster Juli am Titicaca-See bewundern. In der Bildhauerkunst hinterließ uns ein Nachfahre der Inka, Tito Yupanqui aus Copacabana am Titicaca-See wertvolle Skulpturen. Auch Gold- und Silberschmiede legten bereits im 16. Jahrhundert einen wertvollen Grundstock für die großartigen Werke der folgenden Jahrhunderte. An Literatur ist uns von Anbeginn der Entdeckung und Eroberung viel erhalten geblieben, da eifrige Geschichtsschreiber die Berichte und Erzählungen der Indianer festgehalten haben; auch über die eigenen Erlebnisse haben sie viel berichtet, mögen diese oft auch wenig ruhmreich gewesen sein. Der älteste Chronist war Pedro Sanchez de la Hoz, der über die Eroberung Perus berichtet; Pero Cieza de León und Garcilaso Inka de la Vega – selbst ein Nachfahre der Inka – halten die umfassende Geschichte der Inka fest, und Pedro Sarmiento de Gamboa schreibt auf Wunsch des Vizekönigs Toledo die Geschichte des collasuyo auf. Der Jesuitenpater Acosta verfaßt zusammen mit anderen Glaubensbrüdern bereits 1573 den ersten Katechismus sowohl in der quechua als auch in der aimara-Sprache. Gleichzeitig schreibt ein Franziskanermönch eine Grammatik und ein Wörterbuch des quechua. Selbst Poesie und Schauspiel finden Eingang in die Neue Welt. Bereits 1616 gab es in Potosí ein Theater, das mit vier Vorstellungen am Tag sein Publikum erfreute. Aber nicht nur den Spaniern wurde diese Kunst geboten, es wurden Stücke in quechua und aimara verfaßt und für die Indios aufgeführt. Diese Stücke hatten meist historischen oder religiösen Charakter und wurden von Musik und Tanz begleitet.

Auch die wirtschaftliche Entwicklung geht von den handwerklich und landwirtschaftlich geschulten Klosterbrüdern aus. Die in Spanien üblichen Handwerksgilden werden in gleicher Form eingeführt. Sie schützen den Stand, den Beruf und den Arbeitenden, nehmen sich der Familien, Kranken und Hinterbliebenen der zu den Gilden gehörenden Handwerker an.

Auf unserer Reise durch Bolivien wenden wir uns als nächstes von La Paz nach Süden, der wichtigen Minenstadt Oruro zu, die wir nach nur vier Stunden Fahrt erreichen. 1605, als hier große Silberadern gefunden wurden, gründeten die Spanier diese Stadt. Zur Ausbeutung des edlen Metalles nutzten sie zunächst das von den Inka übernommene System der »mita« aus, das heißt die Arbeiter wurden in viermonatlichem Turnus gezwungen, 12 Stunden am Tag zu arbeiten. Sehr bald wurde der Reiche Berg von Potosí im Süden entdeckt; mit dem mita-System brachte man die Indios auch in diese neue Stadt. In Oruro wurde die Silbergewinnung hinfort im Tagelohn betrieben. Diese Stadt ist bis heute eine der wichtigen Minenstädte des Landes, in der vor allem Zinn gewonnen wird. Hier und in der Gegend um Cochabamba liegen die größten Zinnminen Boliviens. Bolivien zählt heute zu den an Erzen reichsten Ländern der Welt. Mit 55 Prozent nimmt Zinn den größten Anteil am Export ein, darüber hinaus gewinnt es noch Blei, Zink, Gold, Silber, Quecksilber, Kupfer, Nickel, Wolfram, Antimon und andere Erze. Auch Erdöl und Erdgas kommen in größeren Mengen, als man für den eigenen Bedarf braucht, vor.

In Oruro interessiert uns noch etwas anderes, vor allem wenn wir zufällig in der Karnevalswoche bis Aschermittwoch dort sind. Den Höhepunkt dieser Feierlichkeiten bildet der »Teufelstanz«, la Diablada. Reich verkleidet, mit kunstvoll geschnitzten und bemalten Masken bewegt sich ein großer Zug tanzender Gestalten durch die Stadt. Wegbereiter sind ein »Bär« und ein »Kondor«. Ihm folgen der »Satan« und »Luzifer«, mit denen der Erzengel Michael und des Teufels Weib »China Supray«, die des Fleisches Gelüste verkörpert, tanzen. Ihnen folgen hunderte von maskierten Tänzern in rhythmischen Schritten, hinter denen Pizarro und seine Mannen, der Inka und sein Hofstaat einen Heereszug bilden. Satanas, der heilige Michael und China Supray, sie alle mischen sich verführerisch tanzend in den großen Karnevalsreigen und zeigen den Kampf zwischen Gut und Böse. Am Ende verkündet die Madonna von Socavín, die

Schutzheilige der Minenarbeiter, den Sieg über das Böse.
Auf unserem Weg nach Westen gelangen wir als nächstes in die zweitgrößte Stadt des Landes, nach Cochabamba. Auch hier blickt man auf eine lange Geschichte zurück, denn bereits 1542 wurde die Stadt gegründet. Berge bilden einen schützenden Ring um den Ort und geben ihm ein besonders mildes, angenehmes Klima. Einige koloniale Bauten, die 1910 von dem Gründer der reichen Patiño-Familie, dem »Zinnkönig« des Landes, gebaute Villa, schöne Aussichtsplätze auf den umliegenden Bergen, das bietet die Stadt dem Touristen. Für Bolivien ist sie das Zentrum der Land- und Viehwirtschaft, die hier besonders gut gedeiht.
Liegt Cochabamba von Bergen umgeben in knapp 2600 Meter Höhe, so bringt uns die nächste Fahrt im geräumigen Überlandbus in das Randgebiet der östlichen Tiefebene, wo Baumwolle, Rohrzucker, Reis, Kaffee und andere Tropenfrüchte gedeihen, die großen Erdöl- und Erdgasvorkommen gefördert und ins benachbarte Brasilien oder Paraguay exportiert werden. Ihr Zentrum ist Santa Cruz de la Sierra. Ehe ihr vor wenigen Jahren das »schwarze Gold« Bedeutung gab, war sie eine mittelgroße Stadt »am Rande des Geschehens«. Schnell hat sich das geändert, moderne Häuser und Straßenzüge, gute Verbindungen zu Lande und Luft helfen der Stadt zu raschem Fortschritt. Seit 1968 hat sich die Einwohnerzahl verdoppelt. Wir aber lassen unsere Gedanken mit der Strömung des Rio Grande flußabwärts in das flache, grüne Land wandern, dorthin, wo die Spanier einzudringen versuchten, nachdem sie 1561 diesen Flecken gegründet hatten, in das Gebiet der großen Flüsse, die durch weites Land dem Amazonas zufließen. Schon in La Paz waren wir auf den Spuren des Ordens der Gesellschaft Jesu gewandert, hier, im weiten Land, erfahren wir noch mehr von ihnen.
Bereits Ende des 17. Jahrhunderts hatten die Jesuiten in Bolivien und dem benachbarten Paraguay feste Missionsstationen, die sich selbst erhielten. Deshalb zogen sie immer weiter in unerforschte, fernabgelegene Gegenden; in Bolivien war das besonders der Norden, der Urwald im Gebiet des Beni-Flusses. Sie nahmen unter anderem Rinder mit, die sich bald zu großen Herden vermehrten, und heute den größten Viehreichtum ausmachen. Die heutige Provinzhauptstadt »Santísima Trinidad« wurde von Pater Cipriano Baraca gegründet, der 27 Jahre lang versuchte, die wilden Indianer im dichten Urwald zu missionieren. Sicher hat er mehr Gutes getan, als die Indios erkannten, aber er bezahlte seine harte Arbeit mit dem Märtyrertod. Beschäftigen wir uns mit der Organisation der Missionsstationen der Jesuiten etwas eingehender, fällt uns der Schluß nicht schwer, daß die Arbeit des Ordens in wenigen Jahren mehr Erfolg hatte als die der Eroberer in vielen Jahrzehnten. Die Verbindung zwischen der Unterrichtung in praktischen Lebensfragen und der Christianisierung der wildlebenden Indianerstämme hatte in kurzer Zeit einen sehr wesentlichen Anteil an der Europäisierung dieses christlichen Kontinents. Die Jesuiten stellten sich ganz auf die Seite der Indianer und vertraten – wie auch andere Orden – die Interessen dieser armen Volksschicht. Das ging sogar so weit, daß in einem über 14 Jahre dauernden Bürgerkrieg in der ersten Hälfte des 18. Jahrhunderts der Gouverneur von Paraguay und später von Buenos Aires aufstand gegen die Audiencia de Charcas, heute die Hauptstadt Sucre. Zum ersten Mal in der Geschichte des Vizekönigreiches Peru erhob sich die inzwischen entstandene gemischte Bevölkerung mit Hilfe der Regierung gegen die Indios, die von den Jesuiten unterstützt wurden. Anlaß zu diesen langen, grausamen Auseinandersetzungen waren Mißhandlungen der Indios in Paraguay. Bei den blutigen Auseinandersetzungen wurden viele Missionsstationen zerstört und Jesuiten vertrieben. Als 1735 der Friede wieder hergestellt war, begannen sie abermals ihr Werk. Wieder gründeten sie Dorfgemeinschaften, in denen sie den Indios handwerkliche Berufe, Lesen und Schreiben beibrachten und sie in der katholischen Religion unterrichteten. Auch erreichten die Jesuiten, daß die Indios weder zur Zwangsarbeit in den Minen noch zu der »encomienda«, der unentgeltlichen Arbeit auf den Besitzungen der spanischen Herren, herangezogen wurden. Damit sie sich den neuen Lebensgewohnheiten anpassen konnten, durfte kein Weißer – außer dem Gouverneur – die Jesuitenmissionen betreten. Als ein Gouverneur mit falscher Absicht eine Missionsstation im heutigen Benigebiet betrat, guten Glaubens freundlich empfangen wurde, sich dann aber 3000 Indianer mitnahm, erreichten die Jesuiten über die Audiencia, daß der Gouverneur seines Amtes und seiner Habe verlustig wurde und außer Landes gehen mußte.
Eine solche Missionsstation war eine ganz eigene Gemeinschaft, sozusagen ein Staat im Staate. Es »regierten« dort zwei Ordensmitglieder, einer war für das Wohl des Geistes, einer für das Materielle zuständig. Sie unterstanden selbstverständlich dem Vizekönig, der Audiencia und dem Bischof ihrer Diözese. Zur Überwachung der Gesetze in der Dorfgemeinschaft war ein Häuptling der Indianer da.

72 *Über den Dächern von Sucre, Bolivien.* Auf dem Dach des Klosters San Felipe de Nery tut sich ein wahres Labyrinth an Türmen, Mauern und Bänken auf. Sie laden ein zum Verweilen und zum Genuß des Blicks auf die weitläufige Landschaft und die schönen Ziegeldächer der kolonialen Stadt.

73 *Sucre, die offizielle Hauptstadt Boliviens.* Da seit 1899 die Regierung ihren Sitz nach La Paz verlegt hat, ist diese Stadt nicht in den Sog moderner Wolkenkratzer geraten. Sie wurde 1538 als eine der ersten Städte des Kontinents gegründet. Hier, in der Casa de la Libertad, fand der erste Kongreß der Republik Bolivien statt, hier wurde die Unabhängigkeitserklärung von Spanien unterzeichnet. Der Kirchturm im Hintergrund gehört zur Kirche San Miguel, der ältesten Südamerikas.

101

Er hatte einen Fähnrich und einen Leutnant zur Seite. Jeder Familie in dieser Gemeinschaft standen zwei »alcaldes« (Bürgermeister) vor, ebenso wie dem Dorf. Alle zusammen bildeten das »cabildo« (Gemeindeverwaltung). Innerhalb einer solchen Gemeinschaft hatten die Indianer dem Staat gegenüber keine Abgaben zu leisten, wohl aber den Missionen, die sich aus eigenen Mitteln unterhalten mußten. Die Indios waren nach Berufen unterschiedlich zu Abgaben verpflichtet. Die Priester verteilten diese, indem sie Witwen, Alte, Kranke und Kinder berücksichtigten. Es gab keine Todesstrafe, wer aber als »unheilbar« für die Gemeinschaft galt, wurde ausgewiesen. Das handwerkliche Können der Indios wurde vorbildlich. Es war nicht mehr zu unterscheiden, ob ein Musikinstrument, eine Uhr oder andere Dinge in Europa oder von den Indianern hergestellt waren. So positiv diese Entwicklung für die Länder insgesamt auch war, trotzdem wurden die Jesuiten unter dem spanischen König Karl III. zum Schrecken der Indianer ausgewiesen.

Auf unserer Fahrt durch Bolivien machen wir als nächstes in der historischen Hauptstadt Sucre Halt. Sicher gibt es wenig Städte auf der Welt, die wie diese viermal einen neuen Namen bekamen und diesen auch noch weiterführen. Bei seiner Gründung 1538 hieß der Flecken Charcas, nach der indianischen Siedlung aus präkolumbischer Zeit. Es ist die älteste Stadt des Kontinents. Später, als sie zum Vizekönigreich La Plata kam, wurde sie in La Plata umgetauft. Zu Ehren der Revolutionäre von 1825, die Bolivien endgültig von Spanien trennten, nannte man sie Chuquisaca wie auch die gesamte Provinz. Aber schon wenig später bekam die Stadt den heute gebräuchlichen Namen Sucre zur Erinnerung an den großen Helden und Befreier Marschall Antonio José de Sucre. Bereits 1539 ließ sich hier die Real Audiencia de Charcas nieder, die höchste juristische und administrative Instanz des Alto Perú während der fast 300jährigen Kolonialherrschaft. Der Präsident dieser Real Audiencia, der unter anderem auch den Titel eines »Capitán General de la Plata« führte, hatte nach dem Vizekönig von Lima das höchste Amt auf dem spanischen Subkontinent inne.

In Madrid war 1524 der Indienrat gegründet worden, der in erster Linie die politischen, aber auch die zivilen, militärischen und kirchlichen Belange regelte. In Sevilla hatte die »Casa de la Contratación«, eine Art Handelshaus, ihren Sitz und steuerte die wirtschaftlichen und teilweise auch rechtlichen Angelegenheiten, bis beide Häuser zusammengeschlossen wurden. Nachdem sich herausgestellt hatte, daß der riesige Subkontinent nicht nur von einer Stadt aus, nämlich Lima, regiert werden konnte, wurden in den wirtschaftlich weniger bedeutenden Gegenden Generalkapitanate mit einer – heute würden wir sagen – Militärregierung eingerichtet, beispielsweise in Venezuela und Chile. In Gebieten mit mehr Gewicht wie dem Alto Perú wurde also eine »Real Audiencia« eingeführt; der Präsident dieser Audiencias hatte beinahe die gleichen Rechte wie der Vizekönig.

Zwar waren spanische Ordnung, Sitten und Gebräuche in die Neue Welt gebracht worden, aber mancherlei änderte sich durch die große Entfernung. Unermüdlich kämpfte der Dominikanerpater Bartolomé de las Casas für die Rechte der Indianer und erreichte, daß 1542 Karl V. in Barcelona die »Leyes Nuevas u Ordenanzas« verabschiedete und damit die Stellung der Indianer neu ordnete. Die Arbeit in den Minen wird für Indianer untersagt und die »mita« neu geregelt. Die Indianer werden in Reduktionen zusammengefaßt, wo ihnen vorwiegend mit dem Evangelium in der Hand europäische Sitten und Gebräuche beigebracht werden. Lang, lang wird es aber dauern, bis auf dem fernen Kontinent wirkliche Veränderungen eintreten. Zunächst bürgert sich das Sprichwort ein: »Obedéscase pero no se cumpla« (gehorche, aber erfülle nicht) und so fügt sich bald ein zweites Sprichwort an, das da heißt: »Viva el rey y muera el mal gobierno« (es lebe der König, und es sterbe die schlechte Regierung).

Ein Rundgang durch Sucre zeigt uns viel von seiner Geschichte. Mit dem Bau der Kathedrale wurde schon Mitte des 16. Jahrhunderts begonnen, aber erst zu Beginn des unsrigen war das großartige Gotteshaus beendet. Eine kleine Kapelle neben dem großen Bau beherbergt das kostbarste Kunstwerk des Kontinents. Dorthin wird jeder Besucher voller Ehrfurcht und Stolz geführt. Die »Virgen de Guadalupe«, ein Bild, das 1601 von Pater Diego de Ocaña gemalt wurde, diente als Grundlage unvorstellbar reicher Verzierung: Der Körper besteht aus einer Gold- und Silberplatte, die einen Zoll dick ist, der weit auseinanderfallende Umhang darüber ist mit 27000 Perlen, 19000 Diamanten, 8000 Rubinen und ungezählten Smaragden, Topasen und Amethysten bedeckt. Wie geblendet stehen wir vor diesem großen Kunstwerk, das wirklich seinesgleichen sucht. Hier spiegelt sich der Reichtum und die Pracht, die die königliche Audiencia von Charcas in ihrer Blütezeit, im 17. und 18. Jahrhundert, erlebte. Im großen Museum kolonialer Kunst erfreuen wir uns an vielen Bildern der Maler dieser Gegend, unter ihnen vor

74 *Haus in Sucre, Bolivien.*
Die Fassade dieses Hauses ist ein beredtes Zeugnis kolonialer Bau- und Schreinerkunst. Auf Regierungsverordnung tragen alle Bauten dieser Stadt die weiße Farbe aus kolonialer Zeit nach Vorschrift. Hier begegnen uns viele ältere Menschen als Reinigungshüter der Straßen.

allem Melchor Pérez Holguín, Vitti und andere. Auch die Klöster von San Francisco, San Felipe de Nery – hier beeindruckt uns besonders das labyrinthartige Dach mit Türmchen, Bänken und gewölbtem Ziegelboden und dem herrlichen Blick über Stadt und Land – und das Kloster La Recoleta auf einem Hügel am Rande der Stadt sind sehenswert. Im Jahr 1600 wurde letzteres in reinem kolonial-barockem Stil erbaut und beherbergt viele Kunstschätze, darunter vor allen Dingen ein aus Zedernholz geschnitztes Chorgestühl. Das Regierungsgebäude im französischen Renaissancestil wurde erst nach der Unabhängigkeitserklärung gebaut und war bis 1899 das Zentrum der Landespolitik. Ebenfalls am Hauptplatz – wie die Kathedrale und das Regierungsgebäude – gelegen ist das »Haus der Befreiung«, la »casa de la libertad«. Von hier ging 1809 zum ersten Mal in Südamerika der Ruf nach Unabhängigkeit vom Mutterland Spanien aus. Im Innenhof dieses kolonialen Gebäudes sieht man den Turm der ältesten Kirche Südamerikas, die dem heiligen Michael gewidmet ist.

An diese Kirche wurde Ende des 16. Jahrhunderts die Universität angebaut. Hier hatten die Jesuiten bereits einen Lehrstuhl für die quechua-Sprache. Auch vertraten sie hier bereits ihre Doktrin – in der Nachfolge des heiligen Thomas –, die besagt, daß Gott die höchste Autorität sei und diese direkt auf das Volk übertrage, das Volk wiederum die Autorität ihrem Staatsoberhaupt weitergäbe. Als Folgerung ergäbe sich eigentlich, daß der Monarch als Staatsoberhaupt nur der Repräsentant einer Autorität ist, die ihm freiwillig vom Volk gegeben wird. Bereits zu Anfang des 17. Jahrhunderts wurden in Sucre diese Lehren der Jesuiten an der Universität verbreitet, während das politische Denken in Europa noch vom Absolutismus Frankreichs beeinflußt wurde. Verwundert es uns sehr, wenn hier, aus dem Herzen des Kontinents, zuerst der Ruf politischer Neuordnung in die Neue Welt ging?

Zunächst aber wurde 1776 das Vizekönigreich La Plata mit Sitz in Buenos Aires, im heutigen Argentinien, gegründet. Die Real Audiencia de Charcas unterstand nun dem Vizekönig von La Plata, zusammen mit Paraguay, das lange Zeit auch zu Charcas gehört hatte, und Uruguay. Sucre wurde im 18. Jahrhundert ein wahres Kleinod kolonialer Kunst, das bis heute nichts an Schönheit und Harmonie verloren hat. Auch hier kann man beobachten, was sich in Europa wiederholt gezeigt hat: eine Zeit geistiger Dekadenz bringt in der Kunst sehr oft eine besondere Blüte hervor. Wir sehen auch, daß die Stadt sich nicht in den Sog der aufstrebenden Weltstadt am La Plata reißen ließ. Hier, fernab in den Bergen, wurde kaum spürbar, daß kein Habsburger mehr auf spanischem Thron saß, sondern ein Bourbone, Philipp V., ein Enkel des Sonnenkönigs, französischen Lebens- und Regierungsstil in das Mutterland und die Neue Welt brachte. Für viele Lateinamerikaner kam deshalb auch Paris als »Winterquartier« lang anhaltend in Mode, ebenso wie französischer Baustil so manches Stadtbild veränderte.

Unter den Bourbonen wurden auch wieder mehr schwarze Sklaven nach Lateinamerika gebracht. Ein grausamer Name umfaßt deutlich das Elend, das auf den neuen Kontinent getragen wird: das Schiff mit der traurigen Fracht erhält den Namen: »el navío del permiso« (das Schiff des Zulässigen). Ist nicht damit die Grenze des nicht mehr Tragbaren ausgedrückt? Zum Schutz der Indios sollen die Schwarzen die mörderische Arbeit in den Minen tun. Aber sie verkraften das Klima, die Hitze unter der Erde und die dünne Luft oben in den Bergen nicht. 1718 versucht der Vizekönig Cérime Nicolás Caraccioli die »mita« abzuschaffen. Jedoch es gelingt ihm nicht. Wenigstens aber erreicht er, daß die schwere Arbeit auf freiwilliger Basis getan wird, denn die reichen Minen müssen abgebaut werden, besonders in Potosí.

Wenn wir heute in diese Stadt in etwa 4000 Meter Höhe kommen, erfaßt uns ein Schauer. Kahle Berge und verfallende Prachtbauten, pfeifender Wind und vermummte, auf leisen Sohlen huschende Indianer prägen das Bild. Viel Phantasie müssen wir aufbringen, um uns das prachtvolle Leben der Kolonialzeit in dieser Stadt vorzustellen. Als 1545 die Stadt von den Spaniern gegründet wurde, hatten die Indianer bereits die Silberadern im cerro rico, dem Reichen Berg, entdeckt. Eduardo Galeano berichtet uns die Vorgeschichte dieser Stadt folgendermaßen: »Die Geschichte Potosís hatte nicht mit den Spaniern begonnen. Schon lange vor der »conquista« hatte der Inka Huayna Capac seine Vasallen von Sumaj Orcko, dem »schönen Hügel«, reden hören, und endlich bekam er ihn zu Gesicht, als er sich krank zu den Thermen von Tarapaya tragen ließ. Von den Strohhütten des Dorfes Cantumarca aus erblickten die Augen des Inka zum ersten Male jenen makellosen Kegel, der sich stolz zwischen den hohen Gipfeln des Gebirgslandes erhob. Er war geblendet. Die unendliche Zahl rötlicher Farbtöne, die schlanke Form und die gigantische Größe des Berges boten in folgenden Zeiten weiterhin Anlaß zu Bewunderung und Staunen. Aber der Inka hatte geahnt, daß

75 *Potosí, der Reiche Berg, Bolivien.* Noch vor der Ankunft der Spanier entdeckten die Indios den Silberschatz dieses Berges. Einer Prophezeiung zufolge befahl der Inka, das edle Metall nicht abzubauen, sondern »denen, die nach uns kommen« zu lassen. Später wurden dann Tonnen um Tonnen aus vielen tausend Minen herausgeschlagen und machten Potosí im 17. Jahrhundert zur reichsten Stadt der damaligen Welt. Bald jedoch war das Silber zu Ende. Erst in unserer Zeit beginnt Potosí wieder zu wachsen, denn inzwischen fand man Zinn in dem Berg und baut es ab.

76 *Straße in Potosí, Bolivien.*
Deutlich sehen wir, wie durch das Versiegen des Silberreichtums die einstmals prächtigen Bauten verfallen. Nur langsam beginnt man wieder mit der Rekonstruktion und Pflege der alten Straßenzüge.

er in seinem Innern Edelsteine und prächtige Metalle bergen müsse und hatte die Pracht des Sonnentempels in Cuzco mit neuem Schmuck erhöhen wollen. Das Gold und das Silber, das die Inka aus den Minen von Colque Porto und Andacaba rissen, überschritt nicht die Grenzen des Reiches. Es diente nicht dazu, Handel zu treiben, sondern die Sonne zu verehren. Doch kaum hatten die eingeborenen Bergleute ihre Feuersteine in die Silberadern des »schönen Hügels« gebohrt, als eine hohle Stimme sie zu Boden schlug. Es war eine Stimme, stark wie ein Donner, die aus den Tiefen jener Felsgesteine erscholl und in der quechua-Sprache ausrief: »Dies ist nicht für euch; Gott bewahrt diesen Reichtum für die, die von drüben kommen.« Die Indianer ergriffen voll Schrecken die Flucht, und der Inka gab den Berg auf. Doch vorher gab er ihm einen Namen. Der Berg hieß von nun an Potosí und dies bedeutet: »Der, der donnert, auseinanderbirst, explodiert!«
Der 5. Vizekönig von Peru, Francisco de Toledo, Conde de Oropesa, der im Auftrag König Philipp II. Verwaltung und Wirtschaft des riesigen Vizekönigreiches zu organisieren beginnt und hierfür das ganze Reich bereist, gründete 1569 die Münze von Potosí, eines der bedeutendsten Bauwerke des Kontinents. Wenn wir heute durch die sieben Innenhöfe schreiten, die verschiedenen Hochöfen betrachten und den Werdegang der zahllosen Münzen studieren, die hier über Jahrhunderte geprägt wurden und den Weg in die Ferne antraten, bewundern wir großes handwerkliches Können. In der antiken Mythologie werden der Felsen von Gibraltar und der Hohe Atlas in Nordafrika als die Säulen des Herkules bezeichnet. Hier endete die Welt. Die ersten Prägemeister von Potosí übertrugen diese Säulen auf die ersten Münzen der Neuen Welt; unter ihrem Fundament zeichneten sich die Wellen des Ozeans ab und ein Band mit der Aufschrift »Plus Ultra« vereinte sie. Dies war die Devise Kaiser Karl V., der die Entdeckung der Neuen Welt zu seinem persönlichen Motto erkoren hatte. Sehr viel später rückten die beiden Säulen der alten Münzen von Potosí zusammen, das Band verlor seine Aufschrift, das Zeichen wurde Signum einer Währung, die wir heute alle vom nordamerikanischen Dollar kennen.
Der Vizekönig Toledo ließ aus Huancavelica in Peru Quecksilber nach Potosí bringen, um durch Verschmelzung der beiden Metalle das Silber besser nutzen zu können. Auch führte er für die harte Arbeit in den über 5000 Minen, die in den Reichen Berg gegraben wurden, wieder die »mita« ein. Um Potosí wurden vier künstliche Seen angelegt, da sonst nicht genug Wasser für die Verarbeitung zur Verfügung stand. Einige der Dämme um die Seen brachen nach einigen Jahren, rissen einen Teil der Stadt mit und begruben 4000 Menschen unter ihren Fluten.
Bereits 1611 wurde die erste Volkszählung in Potosí durchgeführt. 160000 Einwohner hatte die Stadt, davon 66000 Indianer, 40000 im Mutterland geborene Spanier, 3000 Spanier, die schon hier beheimatet waren, 35000 Spanier aus dem gesamten Vizekönigreich und 6000 Neger. Die Stadt wurde schnell zum reichsten und prächtigsten Ort der damaligen Welt, sie war sogar größer als London, das damals an erster Stelle stand. Bereits zu Beginn des 17. Jahrhunderts ließ die Prunk- und Verschwendungssucht 36 prachtvolle Kirchen, ebenso viele Spielhäuser, mehr als ein Dutzend Tanzschulen und ungezählte elegante, reichverzierte Paläste entstehen. Die gewaltigen Mengen Silber, die die geknechteten Indios und Sklaven aus dem cerro rico höchst mühevoll ans Tageslicht förderten, füllten aber nicht nur die Schatzkammern des Königund Vizekönigreiches. Berichten zufolge sollen in Potosí selbst die Straßen mit Silber gepflastert worden sein. Bereits in der zweiten Hälfte des 17. Jahrhunderts setzt sich der energische Gouverneur von Charcas, Don Pedro Enríquez, durch und verbietet endgültig die Zwangsarbeit in den Minen von Potosí. Langsam können sie auch weitere Verbesserungen ihrer Arbeits- und Lebensbedingungen erreichen, denn sie haben einen bedeutenden Fürsprecher am Ort selbst gefunden: einen der reichsten und größten Minenbesitzer von Potosí, Don Antonio López de Quiroga, der den größten Teil seines Reichtums zum Wohl der Indianer verwendet.
Obwohl Mitte des 18. Jahrhunderts in Potosí der Silberreichtum seinem Ende entgegenging, kamen aus ganz Europa Wissenschaftler, die sich um eine verbesserte Gewinnung und Verarbeitung des Metalles bemühten. Ebenso kamen Ärzte, die im Alto und Bajo Perú berühmt wurden durch ihr Studium der Flora und Fauna und ihr Bemühen, die medizinischen Kenntnisse und die Verwertung der Pflanzen bei den einzelnen Indianerstämmen kennenzulernen und auszunutzen. In Spanien ging das »goldene Zeitalter« der Literatur zu Ende, in Peru aber entstanden noch einige hervorragende Bücher geschichtlichen Inhalts und auch Epen zum Ruhme ihrer Helden im Kampf um die Freiheit. In Potosí wurden gerade zu der Zeit, als die Stadt anfing an Bedeutung zu verlieren, die schönsten Bauwerke im mestizo-barocken Stil errichtet. Heute finden wir im Gebäude der Münze eine ganz besonders reiche Sammlung schöner Gemälde jener Zeit.

Mehr als 300 Jahre waren vergangen, seit Kolumbus die Neue Welt betreten hatte. Das Auf und Ab der Geschichte hatte so grundlegende Veränderungen auf diesem Kontinent gebracht, daß sich ein radikaler Wandel in den einzelnen Ländern anbahnen mußte. Sie waren nicht mehr Äste am Stamm des spanischen Mutterlandes, sondern hatten sich Eigenständigkeit erworben. Das von Spanien für die Neue Welt geschneiderte Gewand war zu eng geworden, und zu viele Schadstellen hatten ihm menschliche Unzulänglichkeiten beigebracht. War der 25. Mai 1809 die Geburtsstunde für ein neues Lateinamerika, so besiegelte 1825 am gleichen Ort, in Chuquisaca, der Sieg über die koloniale Vergangenheit einen neuen Abschnitt in der Geschichte des Kontinents. Da 1809 der Präsident der Audiencia von Charcas León García Pizarro hieß, ging folgender Satz in die Geschichte ein: »Mit einem Pizarro begann die Herrschaft der Spanier, mit einem zweiten Pizarro endete sie.« Auch im Alto Perú half das kleine Heer unter dem argentinischen General José de San Martín, die spanische Herrschaft abzuschütteln. Noch ehe diese Aufgabe ganz beendet war, zog er aber in sein Heimatland, das ihn ebenfalls brauchte. So war es Simón Bolívar, der dem Alto y Bajo Perú zu Hilfe kam und unermüdlich auf dem Kontinent für die Freiheit kämpfte. Nachdem die letzten entscheidenden Schlachten für beide Peru in Junín und Ayacucho stattfanden, gab es im Alto Perú nur noch eine kleine Gruppe Königstreuer unter General Olañeta zu besiegen. 1825 standen sich bei Tumusla zwei Heere gegenüber. Von patriotischer Seite fiel ein einziger Schuß, und dieser traf Olañeta. Sein Tod setzte den endgültigen Schlußstrich unter die spanische Herrschaft in Bolivien.

Die ersten 20 Jahre Republik brachten aber in Bolivien noch weitere Unruhen mit sich. Zunächst wurde der Staat, der nun den Namen seines Befreiers trug, von Simón Bolívar vorübergehend selbst regiert. Dieser zog aber sehr bald gen Norden, um auch in den anderen Ländern der neuerworbenen Freiheit Sinn und Gestalt zu geben. So übertrug Bolívar die Regierungsgeschäfte an Marschall Antonio José de Sucre, der einige Monate später vom Kongreß als Präsident gewählt wurde. Sucre, der sich schon in den vorangegangenen Kriegen als eine der großen Stützen Bolívars bewährt hatte, verstand es auch als oberster Landesherr, Wirtschaft und Politik auf eigene Füße zu stellen. Da er aber, im Geist Bolívars handelnd, eine Umverteilung der Güter, Anerkennung der Minderbemittelten, Aberkennung so mancher ungerechtfertigter Privilegien, Säkularisierung einiger Klöster und ähnliches vornahm, wurde die Gegenströmung der schon früher Mächtigen so stark, daß es zu bewaffneten Auseinandersetzungen kam. Sucre stellte seinen Posten zur Verfügung und verließ das Land. Er zog nun nach Ekuador. Sein Nachfolger, General Andrés Santa Cruz, war zwar gebürtiger Bolivianer, hatte aber nur den Wunsch, Präsident von Peru zu werden. Da er als Nichtperuaner das nur werden konnte, indem er beide Länder vereinte, arbeitete er zielstrebig darauf zu. Es gelang ihm; Peru und Bolivien wurden für kurze Zeit ein Staatenbund. Hier aber sah vor allem Chile eine Gefahr für seine wirtschaftliche Freiheit an der Südküste des Pazifik, Argentinien fürchtete eine politische und wirtschaftliche Übermacht auf dem Subkontinent, die es nicht dulden wollte. So sagten Chile und Argentinien dem bolivianischen Bund den Krieg an und es gelang ihnen, diesen wieder zu zerschlagen. Die alten Grenzen wurden wieder hergestellt. Santa Cruz mußte das Land verlassen und zog sich nach Frankreich zurück.

In Bolivien ging das Auf und Ab weiter. Ein bolivianischer Geschichtsschreiber stellt fest: »In den Jahren von 1825 bis 1864 finden in unserem Land insgesamt 129 Untergrundbewegungen, Revolten und Revolutionen statt. Ja. Wir sind arm, weil wir Revolutionäre sind, und wir sind Revolutionäre, weil wir arm sind.« Bei dieser Art von Politik wurde natürlicherweise fast nichts für die wirtschaftliche Entwicklung des Landes getan. Die Bolivianer verfügen zwar über großen Minenreichtum, aber ihre Ausbeutung wird nicht in geeigneter Form vorangetrieben. Die Infrastruktur des Landes bleibt völlig im argen. Bezeichnend ist die Antwort eines europäischen Diplomaten, der nach Sucre kam, um seine Mission dort aufzunehmen; auf die Frage des Präsidenten, welchen Weg er denn durch dieses Land genommen habe: »Weg??«, antwortete dieser, »gar keinen!« Straßen fehlen noch immer; im Tiefland gibt es deshalb heute noch abgelegene Gegenden ohne Autos. Einem Touristen steht als Transportmittel ein Motorrad in Aussicht. Restloses Erstaunen wird dann bei Fremden hervorgerufen, wenn der Fahrer seinen Gast fragt: »Möchten Sie mit oder ohne Stock gefahren werden?« Sagt man »ohne Stock«, heißt das, daß Dutzende von Hunden, die gewohnt sind, das Gefährt anzuspringen, durch Zurufe abgewehrt werden müssen. »Mit Stock« artet dann zwar in eine artistische Meisterleistung aus, aber dem Chauffeur gelingt es durch Wedeln des Stockes immerhin, die aufgebrachten Vierbeiner in sichere Entfernung zu verscheuchen.

Die wirtschaftliche und politische »Schau-

77 *Die Münze von Potosí, Bolivien.* Während der Regierungszeit der Vizekönige von Peru wurden hier die Silbermünzen für das riesige Reich in kunstvoller Handarbeit geprägt. Sieben Höfe und sieben Hochöfen zeugen von dem Umfang und der Bedeutung dieser Münze. Heute finden wir in dem als Museum erhaltenen Bauwerk neben der Münzsammlung eine der bedeutendsten Gemäldesammlungen Südamerikas.

78 *Lama.*
Das Lama, das zu der Familie der Kleinkamele gehört, ist das Haustier der Hochlandindianer. Es ist genügsam und sehr geschickt im Überwinden unwegsamer Gebirgspfade. Die Männchen tragen Lasten bis zu 40 kg und legen Tagesmärsche bis zu 25 km zurück. Versucht man ihm eine schwerere Last aufzubürden, legt es sich sofort nieder. Die Lama-Wolle wird verwertet, ist aber nicht so begehrt wie die des kleineren Verwandten, des Alpaca und des Vicuña. Auch das Fleisch wird gegessen. Die Haut ergibt ein sehr widerstandsfähiges Leder, das besonders gern für Riemen verwandt wird.

kel« im Lande geht weiter. Die Präsidenten lösen sich ab, einmal despotische Militärs, einmal kluge Staatsmänner. Die Herrschsüchtigen, die in die Geschichtsbücher des Landes schwarze Seiten schreiben, scheinen zu überwiegen. Aus Machtgier werden Ländereien an sich gerissen oder durch unverantwortliche Verträge ganze Gebiete in die Hand des Auslands gegeben. Die Entdeckung und der weltweite Handel mit der Chininrinde hätten für Bolivien einen großen Reichtum bedeuten können: der Erlös wanderte jedoch in die Taschen einzelner Mächtiger. Die Entdeckung und der Abbau von Salpeter und Guano im bolivianischen Hochland westlich der Anden, in der Atacama-Wüste, füllten die Kasse eines besonders skrupellosen Präsidenten, Melgarejo, der die Nutzungsrechte an Chile verkaufte und von dort aus auch die Eisenbahn für den Transport bauen ließ. Das brachte Bolivien einen nicht wieder gutzumachenden Verlust ein. Als dieser Präsident abgesetzt wurde und sein fähiger und kluger Nachfolger diese Verträge rückgängig machen wollte, war nichts mehr zu retten. Es entbrannte der sogenannte »Pazifische Krieg«, 1878 bis 1880, zu Lande und zu Wasser, in dem Chile gegen Bolivien und Peru, das den Bolivianern zu Hilfe eilte, kämpfte. Nach knapp zwei Jahren blutigen Widerstandes mußten beide Länder sich den Chilenen beugen, die nun Bolivien nicht nur den Zugang zum Meer abnahmen, sondern auch die reichste Provinz. Peru verlor seinen südlichen Teil um Arica. Bis heute ist dieser Konflikt nicht beendet. Auf diplomatischem Wege versuchen die Bolivianer, unterstützt von Peru, Chile diesen Landesteil streitig zu machen, zumindest einen Korridor zum Ozean zu erhalten. Präsident Melgarejo hatte nicht nur im Westen seinem Land »den Weg in die weite Welt« versperrt, auch im Osten, dem Tiefland, das an Brasilien grenzt, verschenkte er hunderte von Quadratkilometern und ließ damit zwei wichtige Flußhäfen in brasilianische Hand fallen. So sehr sich die Nachfolger mühten, die Skrupellosigkeit eines einzigen Mannes zum Schaden seines Landes konnte nicht wieder gutgemacht werden.
Zur gleichen Zeit, als Bolivien seine reiche Westprovinz verlor, wurde im Landesinneren das bis dahin wichtigste Metall wiederentdeckt, das Silber. Die Gegend von Potosí und Sucre wurde Zentrum der Silbergewinnung. Die Bedeutung des Silbers als Wirtschaftsfaktor nahm derartig zu, daß keine Regierung ohne gutes Einvernehmen mit den Minenbesitzern den Wirtschaftshaushalt in Ordnung halten konnte. Aber bereits Ende des Jahrhunderts wurden die Zinnvorkommen zunehmend ausgebeutet und haben bis in unsere Zeit den Umfang und die Bedeutung des Silberabbaues, der gegen Ende des 19. Jahrhunderts abnimmt, weit überflügelt. Immer klarer tritt der enorme Reichtum dieses Landes in Erscheinung, denn von 1900 bis zum ersten Weltkrieg wurden im nordöstlichen Tiefland riesige Kautschukgebiete entdeckt. In diesem Gebiet, von dem der in so vieler Beziehung verhängnisvolle Präsident Melgarejo Teile an Brasilien abgegeben hatte, entbrennt ein Krieg, den die Bolivianer verlieren, und damit auch Teile ihres Kautschukreichtums. Der erste Weltkrieg, der aus allen Kontinenten Rohstoffe nach Europa zieht, bringt auch Boliviens Zinn-Export zu Bedeutung. Aber auch hier gilt wieder: »Gemeinnutz kommt nach Eigennutz!« So verpaßt die Regierung den Zeitpunkt, ihre Ware teuer auf dem Weltmarkt zu verkaufen. Die Kassen bleiben leer, die Infrastruktur wartet auf Verbesserung. In den dreißiger Jahren weitet sich eine zunächst unbedeutende Auseinandersetzung mit Paraguay zu einem der grausamsten Kriege aus, in die Bolivien je verwickelt wurde. Zunächst standen die Chancen gut, die bolivianischen Truppen waren in den Jahren zuvor von preußischen Offizieren gedrillt und ihre Tatkraft und Disziplin bemerkenswert geworden. Als aber die nur an das Hochland gewöhnten Indianer in das feucht-heiße Klima des Südwestens in den Krieg ziehen mußten, war die Schlacht nicht mehr zu gewinnen. Bolivien beklagte 1935 80000 Tote bei nur wenig mehr als einer Million Einwohnern im ganzen Land.
Auch Bolivien wurde im Laufe unseres Jahrhunderts, wie fast alle Länder Lateinamerikas, zu einem Schauplatz politischer Auseinandersetzungen zwischen Konservativen, Liberalen und National-Revolutionären. Verfolgen wir die Geschichte dieses reichen, großen Landes, so haben wir es schwer, einmal ein Dutzend Jahre zu finden, in denen Ruhe und Prosperität herrschen. Reisen wir aber durch das schöne Land, so ist es fast ein Wunder, mit welcher Fröhlichkeit, Offenheit und welchem Entgegenkommen uns die Bevölkerung begegnet.

Argentinien

Als 1516 der erste Europäer, der spanische Konquistador Juan Días de Solís, in den Rio de la Plata segelte und seinen Fuß auf das flache Ufer setzte, um das Land für die spanische Krone zu erobern, überfielen und ermordeten ihn kriegerische Indianer. Vier Jahre später segelte erneut eine kleine Gruppe spanischer Schiffe in den La Plata-Fluß, dieses Mal unter der Führung des Portugiesen Hernán de Magallanes. Er war kein Eroberer: er suchte den westlichen Seeweg nach Indien. Hier glaubte er ihn gefunden zu haben und fuhr in das Delta des großen Paraná-Flusses, der in den La Plata mündet. Bald merkte er jedoch, daß er in Süßwasser segelte. Also nicht der offene Seeweg! Er kehrte wieder um. Langsam fuhr er nach Süden und erst als die Temperaturen sanken, Stürme aufkamen, die Küste unwirtlich und fast menschenleer wurde, erreichte er wirklich das Südende dieses Kontinents und die Meeresstraße, die den atlantischen mit dem pazifischen Ozean verbindet. Er hatte es geschafft; der Weg nach Indien war offen, wenn er auch sehr viel weiter südlich lag, als er berechnet hatte. Wieder vergingen ein paar Jahre ehe der nächste spanische Segler im La Plata-Fluß einlief, der ja kein richtiger Fluß, sondern eine gewaltige Bucht ist, die, 56 km breit an der Mündung, sich 150 km landeinwärts zieht. Sebastián Cabot, der die neue Flotte führte, entging bei seiner Landung dem Kampf mit den Indianern und segelte weiter in das Delta des Paraná, bis er in eine liebliche Landschaft mit freundlichen Indianern kam. Bei den Guaraní-Indianern im heutigen Paraguay baute er die erste spanische Siedlung, das inzwischen zur Landeshauptstadt gewachsene Asunción. Da der spanische König befürchtete, daß die Portugiesen, die bereits den östlichen Teil des Kontinents kolonisierten, möglicherweise zu weit nach Süden vordringen könnten, sandte er Pedro de Mendoza ins Land der kämpferischen Diaguiten, Nachfahren der Kariben aus dem brasilianischen Urwald. Von dort waren sie einige tausend Jahre zuvor unter anderem auch gen Süden gezogen. Wir trafen sie ja auch bereits in den anderen Ländern Südamerikas. 1535 gründete Pedro de Mendoza zum ersten Mal die Stadt Santa María del Buen Aire, zu Ehren der Schutzpatronin der Seefahrer. Auch er bekam die unnachgiebige Art der streitbaren Indianer zu spüren, die die Fremden nicht in ihrem Land dulden wollten. Mendoza floh mit seinen Leuten nach Norden. Die meisten der über den Ozean mitgebrachten Pferde ließ er jedoch im Fort zurück. Die Indianer zerstörten die neue Siedlung, die Pferde aber, die sie nicht kannten, ließen sie frei in die weite Pampa laufen. Dort fanden sie Weide und Wasser und ein ihnen sehr angenehmes Klima. Sie vermehrten sich schnell, aber ebenso schnell lernten die Indianer nun doch, sie als Fortbewegungs-

79 *San Salvador de Jujuy, Argentinien.* Die Kathedrale wurde Mitte des 18. Jahrhunderts auf den Grundmauern einer 200 Jahre vorher aus Lehmziegeln gebauten Kirche errichtet. Besondere Bedeutung hat ihre Kanzel, die hervorragende heimische Schnitzarbeiten in dem kolonialen mestizo-barocken Stil aufweist.

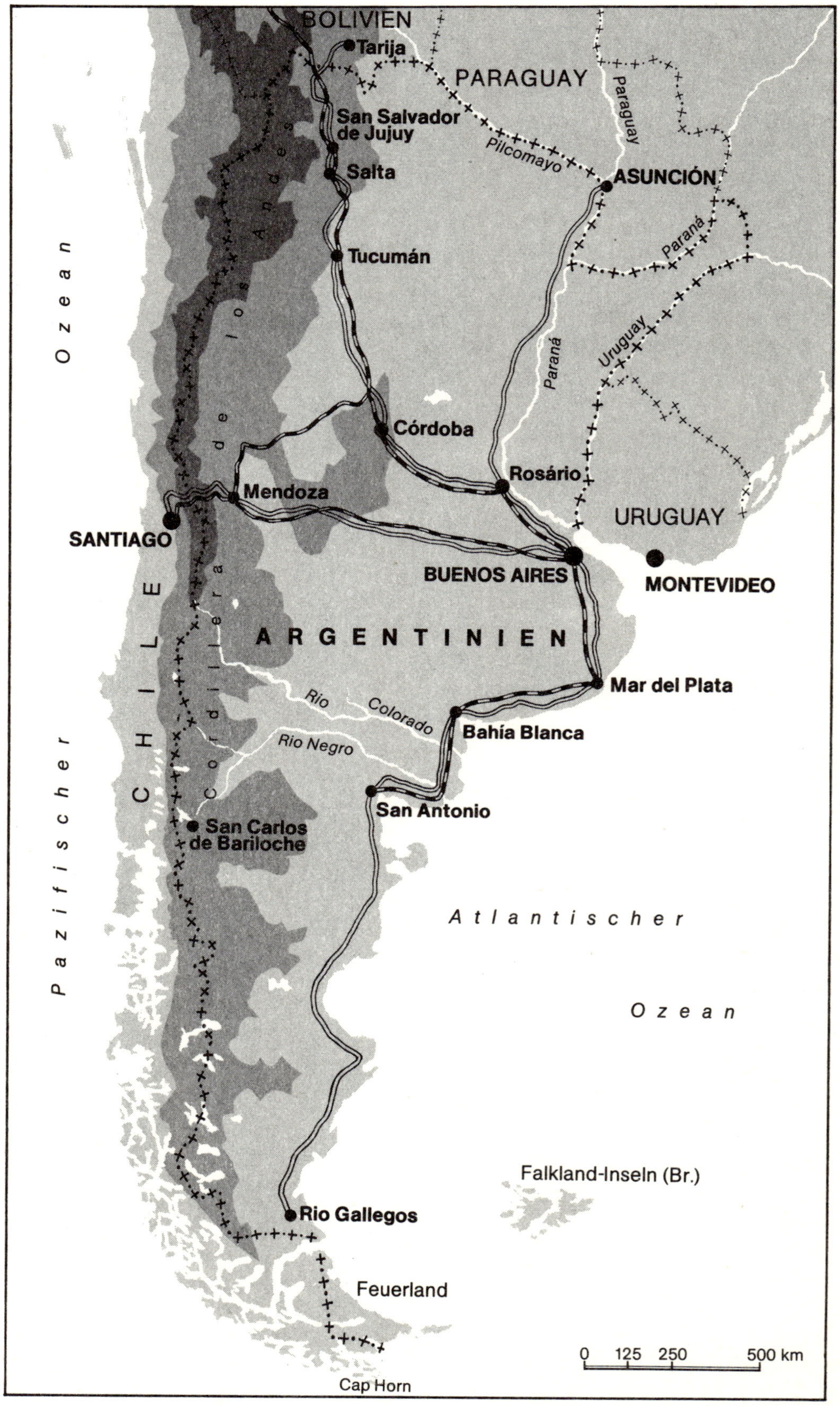

PLAZA

80 *Jujuy, Argentinien.*
Die schlichten Mauern des alten Cabildo (Rathauses) aus der ersten Zeit der Kolonisierung zeigen den wehrhaften Charakter der alten Bauweise und stehen ganz im Gegensatz zum Stil der Kathedrale, die nur wenige Meter entfernt zum Besuch einlädt.

81 *Über den Dächern von Salta, Argentinien.*
Gegen Ende des 16. Jahrhunderts wurde diese schöne Stadt gebaut, mehr als 1600 km von der Hauptstadt Buenos Aires entfernt. Der Turm der Kirche von San Francisco gilt mit 54 Meter Höhe als der höchste Kirchturm Lateinamerikas. Die Kirche wurde im 19. Jahrhundert gebaut und zeigt eine heitere Mischung verschiedener vorangegangener Baustile. Salta gilt für Argentinien als die Stadt, die heute noch am meisten von ihrer kolonialen Vergangenheit erhalten hat.

82 *San Miguel de Tucumán*
Dies ist die größte Stadt im Nordwesten von Argentinien. Auf einigen der großen Plätze der Stadt bilden Apfelsinenbäume einen fröhlichen Kontrast zu den grauen Mauern der Großstadthäuser. Hier versammelte sich 1816 der erste Kongreß des Landes und unterzeichnete seine Unabhängigkeit vom spanischen Mutterland. Tucumán ist Zentrum eines weiten Zuckerrohranbaugebietes.

mittel zu nutzen. Der Überfall auf die junge Siedlung Santa María del Buen Aire wurde so zur Geburtsstunde der Gauchos, der nomadenähnlich lebenden Viehhirten Argentiniens, der »Herren der Pampa«. Eine Neubesiedlung der heute fast zehn Millionen zählenden riesigen Stadt Buenos Aires – wie sie heute heißt – begann erst 1580. Da hier kein Gold und Silber, keine alten Kulturen wie im Norden und Nordwesten des Kontinents zu finden waren, blieb diese arme Gegend der Neuen Welt ohne besondere Bedeutung für das spanische Königreich. Der Sitz der Vizekönige war im weit entfernten Lima/Peru. So dämmerte etwa 200 Jahre lang dieses Flachland vor sich hin. Vor allem das Vieh vermehrte sich hier, Menschen gab es nur sehr wenige. An den Küsten blühte der Schmuggel, im Landesinneren, am Rande der Pampa aber tobten die Kämpfe mit den Indianern. Der Wunsch der spanischen Könige, auf einem der großen Flüsse, dem Paraná oder dem Pilcomayo, bis zur Silberstadt Potosí zu gelangen, um das kostbare Metall auf diesem kürzeren Wege über den Atlantischen Ozean zu transportieren, ließ sich nicht erfüllen. Die Strecke war zu schwierig, unwegsam und gefährlich. Erst als 1776 das Vizekönigreich La Plata gegründet wurde, fing die Stadt Buenos Aires an zu wachsen und an Bedeutung zu gewinnen. Zu diesem Vizekönigreich gehörten Bolivien, Uruguay, Paraguay und bis auf das heutige Patagonien auch Argentinien. Dort im kalten Süden lebten und herrschten die Patagonen, zu deutsch »Großfüßler«. Ihre Wiege soll viele tausend Jahre zuvor in Australien gestanden haben. Wissenschaftler sagen, sie seien über die Antarktis auf den Neuen Kontinent gekommen.
Die Vizekönige regierten in La Plata nicht lange. Bereits 1810 wurde der Ruf nach Unabhängigkeit von der spanischen Vormundschaft laut. 1812 kehrte José de San Martín, der Kreole aus Argentinien, aus Europa zurück. Dort hatte er sich eingehend mit den neuen Ideen und Maximen über Freiheit, Gleichheit und Brüderlichkeit auseinandergesetzt und sich dieses Denken zu eigen gemacht. Diese Erkenntnisse setzte er nun in Taten um. Er führte das Land in die Selbständigkeit einer freien Republik. 1816 wurde dieser Schritt auch endgültig besiegelt. Allerdings zog damit nicht der ewige Friede ein. Jetzt begannen das Ringen um die Staatsform und individuelle Vorherrschaft innerhalb der Landesgrenzen. Sollte es ein föderalistisch regierter oder ein zentralgelenkter Staat werden? Erbitterte Kämpfe brachen aus. Buenos Aires vertrat den zentralistischen Regierungsgedanken, das weite Land, die Provinzen, Pampas und Städte strebten nach mehr Selbständigkeit und wünschten den Bundesstaat. Schließlich siegte Buenos Aires, geführt von dem harten, starken Caudillo Rosas. Als die blutigen nationalen Auseinandersetzungen ihr Ende fanden, schrieb man bereits das Jahr 1880. Ihnen folgte ein Krieg mit Paraguay, der nicht nur viele Menschenleben kostete, sondern auch eine verheerende Choleraepidemie mit sich brachte. Ihr folgte wiederum eine Gelbfieberseuche, die 15000 Tote forderte.
Zählte vor gut 100 Jahren die Hauptstadt Buenos Aires nur etwas mehr als 180000 Einwohner, so können wir heute die Geschichte und Geschicke dieses Landes dem Antlitz dieser rasant wachsenden, größten Stadt Südamerikas ablesen. Von hier aus führte Juan Domingo Perón seine umwälzenden Wirtschafts- und Sozialreformen durch, versuchte er den riesigen Agrarstaat zu einer industrialisierten Nation zu entwickeln und Argentinien zur führenden Nation Südamerikas zu machen. Neun Jahre Regierungszeit genügten nicht, er mußte ins Exil gehen. Nach achtzehn Jahren wieder gerufen, zieht er erneut in die »Casa Rosada«, das rosa gestrichene Regierungsgebäude der Landeshauptstadt, ein. Als er nach nur zwei Jahren anstrengender Amtsgeschäfte stirbt, versucht seine dritte Frau die Regierungsgeschäfte fortzuführen. Da sie daran scheitert, übernehmen – wie schon so oft in der Geschichte des Landes – Generäle das Amt des Staatsoberhauptes.
Um uns wieder in den »Schatten der Anden« zu begeben, verlassen wir die riesige Stadt Buenos Aires. Wir können das auf dem noch aus der Kolonialzeit stammenden Handelsweg tun. Dabei durchqueren wir die unendliche, flache Pampa, die nur von vereinzelten Ortschaften und Haciendas mit sie umgebenden schattenspendenden Baumgruppen unterbrochen wird. Zwischen den riesigen Viehherden spazieren erhobenen Hauptes mit wippendem Gang die scheuen Nandus, die südamerikanischen Strauße, die etwas kleiner sind als ihre Vettern in Afrika. Wir begegnen ihnen bis tief in den patagonischen Süden, wie wir überhaupt unendlich viele verschiedene Vogelarten hier sehen, was auf dem vogelreichsten Kontinent der Erde auch gar nicht erstaunlich ist. Es sind große, kleine, lebhaft zwitschernde oder scheu sich zurückziehende darunter. Besonders lustig ist die kleine Kanincheneule. Sie ist hellgrau bis beige, hat einen weißlichen Kreis rund um die Augen, der wie eine Brille aussieht. Die etwa 15 bis 20 cm große Eule sitzt vorzugsweise auf den Zaunpfählen, die die riesigen Weiden umfrieden. Nähern wir uns im Auto den kleinen Wächtern,

so versuchen sie zunächst durch heftiges Auf und Nieder mit den Augendeckeln ihrer Angst vor den Fremden Herr zu werden. Halten wir an, beginnen sie mit kleiner schriller Stimme, begleitet von immer schneller werdendem Augenklappen, uns wegzuscheuchen. Ganz außer sich versuchen sie, ihr kleines Plätzchen zu verteidigen. Erst wenn wir die Autotür öffnen, heben sie sich, heftig mit den Flügeln schlagend, in die klare südliche Luft und bringen sich in Sicherheit.
Nun reisen wir etwa 1300 km nach Westen, »immer geradeaus«, durch die große Ebene der Pampa, um in die Stadt Mendoza, die an den letzten östlichen Ausläufern der Anden gelegen ist, zu gelangen. Den Namen hat diese Stadt von dem Eroberer Francisco de Mendoza, der aus Chile über die Berge gezogen kam. Damals, zu Beginn der Kolonialzeit, gehörte diese Gegend zu Chile. Mendoza soll das Sprichwort geprägt haben: »Die meisten Dinge erledigen sich mit der Zeit von selbst.« So versuchte er den Übereifer spanischer Beamter auf dem neuen Kontinent zu bremsen, denn nicht immer ließen sich alle Gesetze, die im fernen Sevilla in Spanien vom Indienrat verabschiedet wurden, wortgetreu in die Neue Welt übertragen. Allerdings müssen wir wohl heute rückblickend sagen, daß die Kluft zwischen dem Gewünschten, dem Verwirklichten und dem, was der König und sein Rat glaubten, daß es geschehen sei, zu groß war. Sicher aber entsprach diese Einstellung dem damaligen Geist, der geographischen Lage und den technischen Möglichkeiten, die es nicht wie heute erlaubten, das Geschehen in kurzer Zeit aller Welt bekannt zu machen.
In Mendoza sind wir in eine europäisch anmutende Stadt gekommen. In der zweiten Hälfte des vergangenen Jahrhunderts wurden auch in dieser, wie in so manchen anderen Städten des Kontinents, die meisten kolonialen Bauten durch ein Erdbeben zerstört. Aber auch das moderne Mendoza ist zu einer anziehenden Stadt mit hübschen Häusern, schönen Parkanlagen und großen Alleen geworden. Das trockene Klima mit sowohl einer kalten wie einer warmen Jahreszeit und kurzen Übergängen bietet eine gute Voraussetzung nicht nur für Getreideanbau und Viehzucht, sondern vor allem für ein weit ausgedehntes Weinanbaugebiet. Dadurch gehört Argentinien mit zu den großen Weinproduzenten der Welt. Wir können auf den Weingütern die riesigen Fässer und Keltereien bewundern und an ausgiebigen Weinproben teilnehmen. Es kommt sogar vor, daß in überdurchschnittlich guten Weinjahren das Zuviel dieser Flüssigkeit durch die Bewässerungskanäle der Stadt fließt. Da es zu den Merkmalen Mendozas gehört, daß diese Kanäle neben den Bürgersteigen offen durch die ganze Stadt ziehen, soll es Spätherbsttage geben, an denen man »frei Haus« das begehrte Getränk geliefert bekommt nebst dem dazugehörenden Geruch!
Sind die Städte am Osthang der Anden einmal von Chile aus gegründet worden und gehörten auch lange Zeit zum Generalkapitanat, das westlich dieses gewaltigen Gebirgszuges lag, so hat in der ersten Hälfte des vergangenen Jahrhunderts ein bedeutender Heereszug den Weg durch die Berge hier von Mendoza aus in entgegengesetzte Richtung gefunden. Der Befreier Argentiniens von der spanischen Kolonialmacht, der General José de San Martín, sammelte hier seine als »Andenheer« in die Geschichte eingegangenen Mannen und zog im Tal des Mendoza-Flusses westwärts nach Chile, um auch im Nachbarland die Spanier zur Rückkehr in ihr europäisches Mutterland zu zwingen.
Noch heute ist der Weg auf den Spuren des großen Generals beeindruckend, auch wenn wir ihn im bequemen Reisebus oder Transandenzug erleben. Verliert sich in Mendoza unser Blick gen Osten in der Unendlichkeit der Pampaebene, so schiebt sich zum Westen hin ein Gebirgszug nach dem anderen vor unsere Augen. Die Straße, die immer an dem meist tief neben uns fließenden Fluß entlang führt, windet sich langsam durch die sehr unterschiedlich gefärbten Berge: einmal ist es Schiefer, einmal Basalt oder Granit, die zum Teil als schroffe Türme neben uns emporragen; oft sieht man die klar gezeichneten Gesteinsschichten, die gelegentlich sogar mit einer feinen Moosschicht bedeckt sind, was der Landschaft einen weichen, grünen Schimmer in der sonst so kargen Gegend verleiht. Hinter jeder Biegung bietet sich ein neuer Anblick, der die Stunden nicht langweilig werden läßt. Da es in dieser Gegend der einzige Verkehrsweg ist, benutzen ihn auch gelegentlich Gauchos hoch zu Roß, die ihr Vieh auf die dürre Weide treiben. Manchmal begegnen wir auch kleinen Gehöften oder einfachen Restaurants am Wege. Nach wenigen Stunden öffnet sich das Tal. Pappel- und Weidenalleen werden sichtbar. Die Stadt Uspallata lädt zu einer Rast ein. Haben wir etwas Zeit, besuchen wir den heute zu einem Museum umfunktionierten Hochofen, in dem San Martín für seinen Feldzug das »Kanonenfutter« goß. Es ist ein Adobebau, dem drei eiförmige Kuppeln aufgesetzt sind, und der uns deshalb eher an einen Kernreaktor erinnert als an einen über einhundertfünfzig Jahre alten Hochofen. Von Uspallata aus steigt die Straße etwas schneller, denn von Mendoza bis zur chilenischen Grenze, dem Gebirgs-

83 *Mendoza, Argentinien.*
Diese Stadt wurde von Chile aus an den östlichen Ausläufern der Anden im 16. Jahrhundert gegründet und regiert. Von hier zog der General José de San Martín mit seinem »Andenheer« Ende des Jahres 1816 über die Kordillere und half dem Nachbarland entscheidend, die Herrschaft Spaniens abzuschütteln. Am Ende eines sorgfältig gepflegten großen Parks, sozusagen als »Krönung« des Cerro de la Gloria, steht dieses Ehrenmal für San Martín und sein Heer.

84 *Luftbild der Anden mit Aconcagua.*
Ein Flug von Mendoza nach Santiago de Chile vermittelt uns den Anblick dieses gewaltigen Gebirges. Vor uns erhebt sich der höchste Berg des Kontinents, der Aconcagua, mit knapp 7000 Meter Höhe. Wir blicken in die steile Südwand, die 4000 Meter abfällt und nach der des K2 im Himalaya als die steilste der Welt gilt.

85 *Im Tal des Mendoza-Flusses, Argentinien.* Hier führen Straße und Eisenbahn gen Osten nach Chile. Rasch wechseln sich Form und Farbe der felsigen Berge ab. Da wir uns hier bereits in etwa 3000 Meter Höhe befinden, haben wir die Baumgrenze lange hinter uns gelassen.

kamm, müssen wir einen Höhenunterschied von über 3000 Meter auf eine Entfernung von rund 200 km bewältigen. Unser Weg führt uns vorbei an einer kleinen steilen Brücke, die, etwas abseits von der großen Straße gelegen, gern den Touristen gezeigt wird. Hier führte das Andenheer seine Geschütze über den tobenden Gebirgsbach. Wir kehren auf die Hauptstraße zurück und erreichen nach einiger Zeit ein eigenartiges Naturdenkmal: Der Fluß hat sich an dieser Stelle so eingegraben, daß er eine Brücke über sich stehen ließ, über die bis vor einigen Jahren noch der ganze Verkehr geleitet wurde. Heute rollt der Transport einige Meter entfernt an uns vorbei, während wir dem Gurgeln des Flusses lauschen und sehen, wie tief unter uns das eisenhaltige Wasser sich durch das von Felsen beengte Bett zwängt. Eisen und Schwefel haben die Steilwände um das Flußbett so tief gelb gefärbt, daß das eigenartige Farbenspiel hier oben in der kargen, gewaltigen Bergwelt den Eindruck vermittelt, als habe die Natur nur versehentlich ihren Maltopf verschüttet.
Von hier aus ist es nicht weit bis zum nächsten ergreifenden Eindruck, dem gewaltigen Massiv des knapp 7000 Meter hohen Aconcagua und höchsten Gipfel des amerikanischen Kontinents. Es ist kein steil und spitz aufragender Bergriese, er scheint eher Möglichkeiten »hochalpinen« Wanderns zu bieten als halsbrecherische Klettereien. In der Tat werden die Bergsteiger nicht so sehr vor schroffen Felswänden gewarnt als vor sehr rasch umschlagender Witterung. So erkennen wir auch schon aus sicherer Entfernung von der etwa 4000 Meter tiefer liegenden Straße aus, wie die Wolkenfetzen um den Gipfel den Tod mit sich bringen können. Daß dieser Gevatter bei vielen Touren mit hinaufgestiegen ist und »Ernte gehalten« hat, zeigt uns ein kleiner Friedhof nahe der Straße mit von Wind, Wetter und Erdbeben gebeugten Kreuzen und Grabplatten bergbegeisterter Menschen aus vielen Nationen.
Jedoch für uns geht der Weg weiter. Wir wenden unseren Blick und entdecken auf der anderen Straßenseite Skilifte. Wie leicht können wir uns hier lebhaftes Wintersporttreiben vorstellen. Während wir unsere Reise nach Westen fortsetzen, lassen wir die großartige Landschaft auf uns wirken. Im letzten Ort Argentiniens vor der Grenze zu Chile erinnern uns die Häuser eher an die Schweiz als an die sonst in Südamerika übliche Bauweise. Graue Felsblöcke bilden die Mauern, weit überhängende rote Dächer schützen vor den Schneemassen, die hier während der Wintermonate die Landschaft verwandeln. Sind wir mit der Eisenbahn das Tal hinaufgefahren, geht es nun durch einen langen Tunnel, den wir erst auf der chilenischen Seite des Gebirges verlassen. Haben wir aber unsere Fahrt per Auto oder Bus angetreten, folgt jetzt eine in kurzen Haarnadelkurven sich steil den Berghang hinaufwindende Fahrt bis wir in 4200 Meter über dem Meeresspiegel die Paßhöhe erreicht haben; auf einem Sandweg, der uns bei dem Gedanken an die Rückfahrt bei nasser Witterung erschauern läßt.
Nicht von ungefähr genießt Argentinien Weltruf in puncto Autorennen; mir ist noch kein argentinischer Busfahrer begegnet, der es nicht mit Juan Manuel Fangio aufnehmen könnte! Allerdings gilt auch hier wie in ganz Südamerika die Regel, daß die großen Vehikel immer auf der Bergseite fahren, gleichgültig ob rechts oder links. Erstaunlicherweise erleben wir auch auf dieser schwindelerregenden Strecke, daß Autopannen – selbst im vollbesetzten Überlandbus – nur unten in den Ortschaften passieren, und wir auf die erstaunte Bemerkung, es sei ja ein Glück, daß es den platten Reifen nicht schon in den Kurven am Hang gegeben habe, zur Antwort erhalten: »aber sicher hatten wir den schon unterwegs, aber ich konnte das Gefährt ja noch bis hier herunter fahren!«
Noch aber denken wir nicht an die Abfahrt, sondern lassen das Schweigen der ungezählten Bergriesen, die sich zumeist zwischen fünf bis knapp siebentausend Meter über dem Meeresspiegel erheben, auf uns wirken. Eine große Statue des Erlösers Christus steht zum Zeichen des Friedens und der Brüderlichkeit am Rand der Straße und begrüßt und verabschiedet die Reisenden über die Grenze in der Stille und Einsamkeit der Hochgebirgslandschaft, in der die Natur mit Flora und Fauna kaum noch zum Verweilen einlädt. Sicher suchen die meisten Touristen hier oben am Himmel nach dem »Herrn der Lüfte« dieses Gebirges, dem Kondor; jedoch nur selten, sehr selten, werden sie das Glück haben, diesen majestätischen Vogel seine ruhigen Kreise am Himmel ziehen zu sehen.
Sind wir soeben auf den Spuren des großen Generals San Martín von Ost nach West in die Anden gezogen, so wollen wir doch auch dem Gebirgszug von Nord nach Süd folgen. Hatten die spanischen Könige im 16. Jahrhundert immer wieder aufgefordert, vom La Plata-Fluß aus einen Wasserweg in die Silberberge im Hochland des heutigen Bolivien zu suchen, so mußte doch auf die Transportmöglichkeit den Paraná- und Pilcomayo-Fluß hinauf verzichtet werden, da durch starke Regenfälle die Flüsse ihren Wasserstand so rapide verändern, daß an eine kontinuierliche Reise auf den Oberläufen der Flüsse nicht

gedacht werden konnte. So mußte alles auf dem Landwege zu den Häfen gebracht werden; über Jahrhunderte mahlten die großen Räder der sechs- bis zehnspännig gefahrenen Ochsenkarren ihre Spuren in den Sand der Pampa. Der Weg führte durch die heute noch mit schönen kolonialen Bauten ausgestatteten bedeutenden Handels- und Industriestädte Rosario und Córdoba. Letztere, drittgrößte Stadt des Landes, liegt am Westrand der Pampa und im Bereich der Berge. Von dort ging es am Osthang der Anden entlang nach Norden. Das Niveau steigt hier langsam etwas an, das Klima wird feuchter, und heute wird hier nicht nur Vieh gezüchtet, sondern auch Getreide und Zuckerrohr angebaut. Glaubten die Spanier damals in unbesiedeltes, neu zu entdeckendes Land zu kommen, so sahen sie voller Enttäuschung, daß bereits von Norden, vom Altiplano her ihnen Landsleute zuvorgekommen waren und eine Reihe wichtiger Handelsplätze gegründet hatten. Die Silberbergwerke im Hochland von Bolivien, besonders im »Reichen Berg« von Potosí hatten spanische Herren aus Peru bereits für sich beansprucht. In San Miguel de Tucumán, dem großen Umschlagplatz für den Handel in der Kolonialzeit, standen Herden von Mauleseln, auf die die Fracht aus den Ochsenkarren geladen wurde, um so den mühseligen Weg durchs Gebirge und das Hochland in die Hauptstadt des Vizekönigreiches zurückzulegen, ins tausende von Kilometern entfernte Lima. Tucumán bekam später noch eine andere Bedeutung. Wenn wir uns heute die Stadt ansehen, bewundern wir nicht nur die mit bunten Kacheln gedeckten Kuppeln der Kirchen, die auf den großen Plätzen uns »in den Mund wachsenden« Apfelsinen, wir gehen auch in die »Casa Histórica«, ein schönes kleines Gebäude im Kolonialstil, in dem wir in einem schlichten Raum den Ernst der ersten Stunde nachempfinden können, der von hier durch das ganze Land ging, als sich in diesem Raum 1816 der Kongreß der Vereinigten Provinzen von La Plata zusammenfand und die Charta zur Unabhängigkeit Argentiniens von der spanischen Herrschaft unterzeichnete. Damit begann der Weg dieses Landes als unabhängige Republik.

Wir setzen unsere Reise weiter nach Norden fort und gelangen nach einigen Stunden Fahrt durch bergige Landschaft nach Salta, eine mittelgroße Stadt mit etwas mehr als 200000 Einwohnern, in der besonders viel koloniale Baukunst erhalten und Fertigkeit im Weben, Schnitzen und Verarbeiten von Leder lebendig geblieben ist. Über die Dächer von Salta schauen nicht nur die Türme der Kathedrale, des alten Rathauses und verschiedener Klöster, hier steht auch der höchste Kirchturm des südamerikanischen Kontinents, der in rot und weiß gestrichene, 54 Meter hohe Turm der Klosterkirche San Fransisco. Das Kloster wurde in der zweiten Hälfte des letzten Jahrhunderts gebaut und verdient, nachdem sich unsere Blicke an den guten Proportionen und dem Kontrast der leuchtenden Farben zum tiefblauen Himmel sattgesehen haben, unsere Bewunderung. Von hier aus setzen wir unseren Weg fort und erfreuen uns an der prachtvollen Schnitzarbeit des Portals zum Kloster von San Bernardo. Spanischer Barock stand dazu im 18. Jahrhundert Pate. Wollen wir noch einmal die Dächer und Türme dieser malerischen Stadt bewundern, so wandern wir auf den Hügel San Bernardo hinauf, der sich am Rand der Stadt erhebt.

Bei einer Fahrt in die Umgebung begegnen uns immer wieder Männer und Frauen zu Fuß oder zu Pferd, die einen roten Poncho mit schwarzem Rand und schwarzen Fransen tragen. Nur in dieser Gegend ist dieser Umhang beheimatet. Die Gauchos hier montieren sich zum Schutz ihrer Beine beim Reiten durch Busch- und Strauchland ein großes Stück steifen Leders vor den Sattel. Begegnen wir ihnen, wenn sie in fliegendem Galopp über die Felder eilen, läßt sich der Vergleich mit einem aufgebrachten Elefanten, dessen große Ohren wie Segel vor dem Wind stehen, nicht ganz vermeiden. Das Bild des typischen Gauchos aus der Gegend von Salta wird abgerundet durch einen großen, hellen Filzhut, der nie fehlen darf.

Von Salta ist der Weg nicht mehr weit bis in die nördlichste Provinzhauptstadt des Landes, nach San Salvador de Jujuy. Hier sind ein Drittel der Bevölkerung Bolivianer aus dem Hochland. Wir erkennen sie an ihrer Tracht, den weiten Filzröcken der Frauen und den gestrickten Filzmützen (den »chullos«) der Männer. Jujuy war in den Anfängen der Kolonialzeit über Jahre hin größer als Buenos Aires, ist aber heute zu einer Provinzstadt mit liebenswertem Charakter geworden, die nichts von dem hektischen Jagen der Großstadt zu eigen hat. Der schlichte, wuchtige Bau des alten cabildo (Rathaus) steht gegenüber der strahlend weißen, spätbarocken Kathedrale, deren Kanzel zu den schönsten Schnitzwerken des Landes gehört. Im Norden von Jujuy beginnt das Tal von Humahuaca, ein Tal, das durch seine bizarre Landschaft, Verschiedenfarbigkeit der Berge und gewaltigen Kakteenbestand unsere ungeteilte Begeisterung hervorruft. Rechts und links der Straße liegen eine Reihe kleiner Dörfer, in denen wir die schlichten alten, kolonialen Dorfkirchen und einfachen Adobe-Häuser (Lehmziegel-Häuser) finden, vereinzelt

86 *In der Gegend von San Carlos de Bariloche, Südargentinien.*
Der starke Niederschlag verwandelt die Landschaft in freundliches Grün. Sie erhält den Namen »die Schweiz Argentiniens« und ist ein begehrtes Ferienziel. Ein gut ausgebautes Skigebiet zieht besonders die Freunde des weißen Sports aus dem ganzen Land an.

87 *Nördlich von Bariloche, Argentinien.*
Hier dehnt sich ein weites Endmoränengebiet aus, durch das sich der Limay-Fluß windet. Auf dem kargen Boden wird vornehmlich Viehzucht betrieben. Die Weite der Landschaft wird durch ständig wechselnde Bergformationen unterbrochen.

sogar Reste inkaischer Festungen. Dieses war die Wegstrecke, die die Inka für ihre Eroberungszüge nach Süden benutzten. Bis Tucumán hatten sie ihr gewaltiges Reich ausgedehnt, als die Spanier ins Land kamen.

Als letzte Station unserer Andenreise in Argentinien besuchen wir noch eine Stadt im Süden des Landes. Das Flugzeug überwindet die 3000 km am Osthang der Kordillere in wenigen Stunden, und dann befinden wir uns in einer völlig anderen Welt. Wir landen in San Carlos de Bariloche, einer europäisch anmutenden Stadt am Nahuel-Huapi-See. Die Argentinier lieben diese Stadt besonders und nennen die Umgebung »die Schweiz Südamerikas«. In der Tat war es auch eine Gruppe von Schweizern, die im vorigen Jahrhundert hierher kam und mit der Bauweise ihrer Heimat das Äußere der Häuser des Ortes prägte. Inzwischen sind auf einigen umliegenden Bergen eine Reihe von Skiliftanlagen installiert worden, so daß im Winter viele »porteños« (das heißt Bewohner der Haupt- und Hafenstadt Buenos Aires) sich hier dem »weißen Sport« hingeben und unter die Einheimischen mischen. Bariloche lebt aber das ganze Jahr über vom Tourismus. Schneebedeckte Vulkane und türkisfarbene Seen prägen diese Landschaft, die ein gemäßigtes Klima hat, das heißt keine sehr heißen Sommer und schneereiche, jedoch nicht extrem kalte Winter. Der große Nahuel-Huapi-See, an dem die Stadt liegt, bildet eine Landschaftsscheide. Im Norden folgt ein karges Endmoränengebiet, das gute Viehweiden bietet, an deren Berghängen eigenartige Gesteinsformen unsere Blicke fesseln und wo im Sommer dicke Hecken leuchtendgelb blühenden Ginsters die Landschaft beleben. Nach Süden säumen Heckenrosen die Straße, bietet viel Bambusgebüsch den Tieren bei Regen Unterschlupf, blühen breite Flecken mit Margeriten und Lupinen an den Ufern der Seen. Hier empfinden wir, daß wir die tropische und subtropische Landschaft, die dem Auge des Mitteleuropäers so viel Exotisches zu bieten hat, verlassen haben. Hier werden Zuckerrüben statt Zuckerrohr angebaut und Weizen statt Baumwolle, und wo im Norden die Lamas und Alpacas sich wohlfühlen, vermehren sich in dieser Gegend die vor Jahren aus Europa eingeführten Rudel Rot- und Damwild und verkriechen sich nun scheu in die weiten Laub- und Nadelwälder.

88 *Der Vulkan Tronador.*
Südlich von Bariloche, im Grenzgebiet mit Chile, erhebt sich der schon vor hunderten von Jahren erloschene Vulkan Tronador. Durch seine eigenartige Gipfelform – drei kleine Kegel ruhen auf einer Plattform in nahezu 3500 Meter Höhe – sammelt sich hier viel Schnee an, der dann donnernd zu Tale poltert, was dem Berg seinen Namen gab, denn »Tronador« heißt »der Donnernde«. An einer Flanke können wir in die Eishöhlen des Schwarzen Gletschers gehen, der von fern durch seinen »Überzug« aus vulkanischem Gestein wie eine riesige Kiesgrube aussieht.

Chile

Chile, das Land mit der »verrückten Geographie«, wie die Chilenen selbst ihre Heimat nennen, bietet uns ständig Abwechslung in Flora, Fauna, Landschaft und Klima. Um uns eine genauere Vorstellung von diesem »langen, schmalen Handtuch am Ende der Welt« zu machen, wollen wir sein Längenmaß einmal auf europäische Verhältnisse übertragen. Dabei müßten wir eine Entfernung zwischen Nordkap und Gibraltar annehmen, um das Längenmaß des chilenischen Festlandes, 4300 km, zu erreichen. Hinzu kommen aber noch Feuerland und weitere Inseln bis zum gefürchteten Cap Hoorn sowie nach Überquerung einer breiten Meeresstraße ein guter Teil arktischen Territoriums. Moderne Ethnologen vertreten die Meinung, daß die Urbevölkerung des äußersten chilenischen – wie argentinischen – Südens aus Australien über die Arktis und Antarktis ins heutige Patagonien gewandert sei: die Onas, Alacalufen und wie die verschiedenen Volksstämme hießen, die sich inzwischen mit den späteren Einwanderern so vermischt haben, daß keine Gruppen mit eigenen Sitten und Gebräuchen überlebt haben. Aber beginnen wir unsere Reise durch das Land nicht im Süden, sondern im hohen Norden. Das »Ende der Welt« sollte für uns auch das Ende unserer Reise sein.

Arica, die nördlichste Stadt des Landes, liegt nur wenige Kilometer von der peruanischen Grenze entfernt, in einer rein tropischen Trockenwüste. Dort aber, wo die Wüste bewässert wird, sehen wir die ganze Pracht sonnenverwöhnter Vegetation. Wie alle amerikanischen Städte ist auch Arica im Schachbrettmuster angelegt. Am Hauptplatz steht eine Kirche, deren gußeiserne Verstrebungen auf die Verwandtschaft mit dem Eiffelturm in Paris hinweisen. In der Tat ist sie auch von einem der Brüder Eiffel erbaut worden. Arica ist eine lebhafte Hafenstadt. Überseeschiffe, aber auch eine große Fischereiflotte liegen hier und bieten den vielen Pelikanen, Möwen und Guanovögeln ein Plätzchen auf ihren Planken. Arica gehört zum »Großen Norden« Chiles, der sich über etwa 1000 km Länge erstreckt und in dem es im Gegensatz zum »Kleinen Norden«, der sich südlich anschließt, nie regnet. Hier liegen die großen Erz-, Mineral- und Salpetervorkommen. Arica und Umgebung gehörten früher zu Peru, die Minen aber waren bis vor 100 Jahren ein Teil von Bolivien.

Gehen wir aber nicht nur 100 sondern 1000 und mehr Jahre zurück, so lebten hier die Atacames-Indianer, die möglicherweise aus dem brasilianischen Urwald im weiten Bogen über den Kontinent bis hierher gezogen sind. Aufgrund diverser Grabfunde und Sprachreste kann man annehmen, daß sie vor 1000 bis 2000 Jahren von der Tiwanaku-Kultur beeinflußt wurden. Im 15. Jahrhundert wurden sie von den Inka auf ihrem Siegeszug bis nach Mittelchile, etwa 2500 km südlich von Arica, unterworfen. Insgesamt finden wir aber in Chile wenig Reste präkolumbischer Kulturen: hier im Großen Norden noch einige Häuser und Befestigungsanlagen aus Stein, sowie ein- und mehrfarbige Tonurnen, Steinplattengräber, Felszeichnungen und Web- ja sogar Bronzearbeiten. Nie allerdings erreichten die Ureinwohner des heutigen Chile eine so hohe Kulturstufe wie die in Bolivien und Peru.

Ab der Mitte des 16. Jahrhunderts sind uns, wie von den anderen Ländern Lateinamerikas, genaue Schilderungen über Land und Leute überliefert. Zu der Zeit drangen die ersten Spanier von Cuzco kommend über die eisigen Höhen des Altiplano und die über 6000 Meter hohen Berge in den »Norte Grande« vor. Dieser erste Zug unter Diego de Almagro wurde zu einem von hohen Verlusten gezeichneten Trauerzug. Das Land im Süden mit seinen unendlich weiten, einsamen Hochtälern und kahlen Bergen bot keinen Schutz, keine Nahrung und keine Reichtümer. So kehrten sie wieder um nach Cuzco. Den Weg zurück wiesen ihre in Eis und Schnee zu Mumien erstarrten toten Kameraden. Erst einige Jahre später, über einen Teil des heutigen Nordwestargentinien, zog ein neues spanisches Heer, dieses Mal unter der Führung von Pedro de Valdivia, ins Land der Atacames und Araukaner. Sie hatten mehr Erfolg. Jetzt konnten sie in wenigen Jahren ihre Herrschaft festigen.

Die Stadt Arica, die früher zu Peru gehörte, wurde 1880 zu einem heftig umkämpften Kriegsschauplatz. Der Morro, das Wahrzeichen der Stadt, ein 150 Meter hoher, steil zu Stadt und Meer abfallender Fels, wurde von den Chilenen gestürmt und damit die Stadt besiegt. Als das gutgedrillte chilenische Heer in den Provinzen bis Antofagasta auch Bolivien besiegt hatte, erstreckte sich das chilenische Hoheitsgebiet am Ende des Pazifischen- oder Salpeterkrieges von 1879 bis 1881 um rund 1000 km weiter nach Norden.

89 *Arica, Chile.*
Die nördlichste Stadt des Landes war vor rund 100 Jahren heftig umkämpfter Kriegsschauplatz zwischen Peru und Chile. Oben auf dem Berg, dem »Morro«, wo heute friedlich die Fahne des Landes weht, können wir in einem Museum die Ereignisse des »Pazifischen Krieges« vor unserem geistigen Auge vorüberziehen lassen.

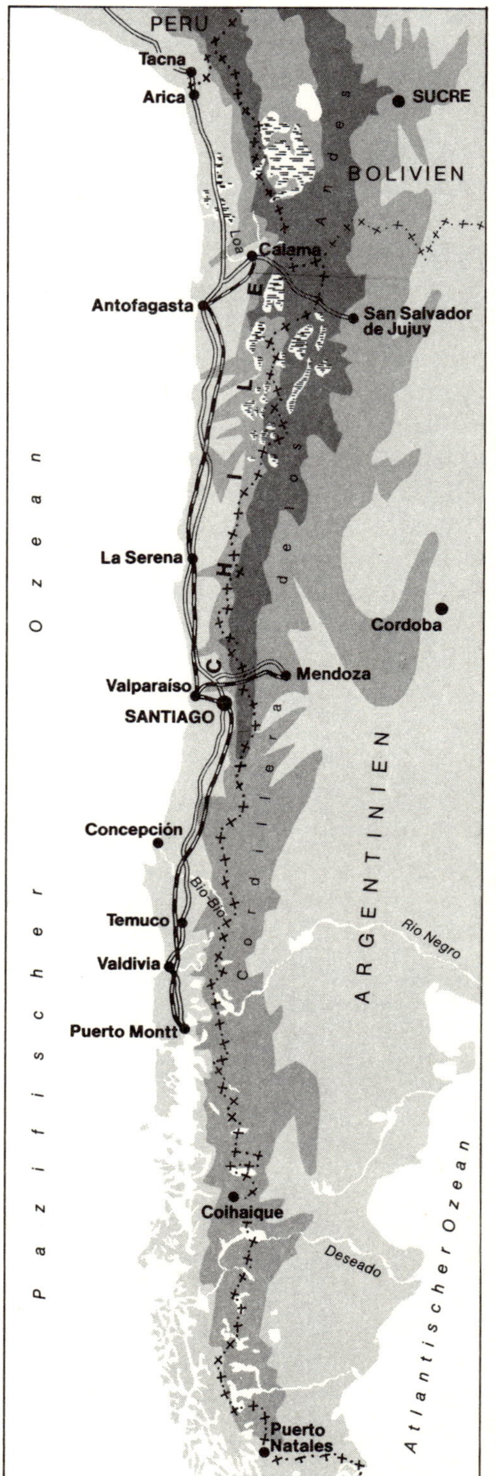

90 *Im Tal des Loa-Flusses.*
Am größten Fluß Nordchiles, der sich durch die Einsamkeit der Wüste als bescheidenes Rinnsal seinen Weg sucht, finden wir bei dem Dorf Lasana Reste einer Festung aus inkaischer Zeit. In dem tief eingeschnittenen Flußtal ziehen sie sich an einem Hang entlang.

91 *Chuquicamata, Chile.*
Hier wird in einem Umfang Kupfer im Tagebau abgebaut wie sonst nirgendwo auf der Welt. Das Metall macht heute zu fast 50 Prozent den Export des Landes aus. Chile ist der zweitgrößte Kupferproduzent der Welt. In großen Terrassen wird das Gestein gesprengt, ehe es zur Schmelzung und Purifizierung in die Fabrik gefahren wird.

92 *San Pedro de Atacama, Chile.*
Bereits Diego de Almagro und später Pedro de Valdivia machten an dieser Stelle Rast auf ihrem beschwerlichen Weg von Cuzco gen Süden zur Eroberung des »Landes der Araukaner«, des heutigen Chile. Im 17. Jahrhundert bauten die neuen Kolonialherren diese kleine Kirche am Hauptplatz des Dorfes aus getrockneten Lehmziegeln. Dem Strohdach gaben sie eine Lehmschicht als Abdeckung, um es nicht von dem ständigen Wind, der hier in der hochgelegenen Wüste weht, abheben zu lassen.

War Chile bis dahin ein vornehmlich auf Agrarprodukte ausgerichtetes Land, so hatte es nun die größten Salpeterlager und eines der größten Kupfervorkommen der Welt dazubekommen. Bolivien wurde damit allerdings der Zugang zum Meer versperrt, seit nunmehr 100 Jahren ist es Binnenland. Dafür baute Chile dem besiegten Nachbarn zwei Eisenbahnen. So kann von Arica und von Antofagasta aus Bolivien seine Ware zollfrei per Bahn von und nach La Paz transportieren.
Von Arica sind es nur 175 km gen Süden bis zur Hauptstadt der nördlichsten Region Chiles, Iquique. Die Stadt wurde bereits im 16. Jahrhundert gegründet; trotz verschiedener schwerer Erdbeben haben sich einige alte Holzhäuser erhalten. Vor der Küste dieser Stadt begann der Pazifische Krieg. Eine schwere Seeschlacht zwischen Peruanern und Chilenen wurde hier unter dem tapferen Arturo Prat zu Gunsten Chiles entschieden, und der 21. Mai wird als Siegestag jedes Jahr im ganzen Land gefeiert. Von hier geht der Weg hinauf in das Hochtal am Fuß der Anden zu den riesigen Salpeterlagern. Bis 1830 ahnte niemand etwas von diesem Reichtum. Erst als eine Gruppe von Minenarbeitern abends am Lagerfeuer feststellte, daß hier der »Sand brennt«, und ein Priester rein zufällig die Asche nahm und auf sein kümmerliches Gärtchen streute, stellte er nach wenigen Wochen mit großem Erstaunen fest, daß sein Mais und seine Bohnen mit einem Mal doppelt so groß wie bei den Nachbarn waren. Bis nach dem ersten Weltkrieg hielt der Siegeszug dieses Düngemittels an, das aber ebenfalls ein wichtiger Bestandteil für den im Krieg notwendigen Sprengstoff ist. Noch ist zwar Chile der größte Salpeterlieferant der Welt, es ist aber nur mehr ein verschwindend kleiner Teil der Menge, die auf dem Weltmarkt verkauft wurde, bevor es künstlichen Dünger gab. Die meisten Salpeterlager im Großen Norden liegen heute verlassen da. Wir erkennen von fern, wenn wir durch Pampa und Wüste reisen, wo es noch Leben und Arbeit gibt. In der Einsamkeit begegnen uns wenige Häuser, aber da, wo der schattenspendende Baum am Eingang frisch und voll grünen Laubes ist, empfangen uns Menschen, die hier noch ein, wenn auch meist kärgliches Auskommen haben. Wie oft aber sehen wir den Baum trocken und ohne Blätter an vergangene Zeiten erinnern!
Unsere Reise geht weiter. Die gut ausgebaute Pan-Amerika-Straße, die alle Staaten des Festlandes verbindet, führt hier durch unbewohntes Wüstengebiet. Ausgetrocknete Flußbetten deuten darauf hin, daß sich gelegentlich nach einem Regen – der durchschnittlich alle 20 bis 30 Jahre herniedergeht – hier Rinnsale bilden, die zur Küste streben. Die Berge im Küstengebiet sind nicht höher als 2000 Meter und fallen in der Regel schroff ins Meer ab. Die Ufer sind steil und tief abfallend, und durch den kalten Humboldstrom, der die Wassertemperaturen nicht über 12 bis 14 Grad steigen läßt, ist es hier zum Baden wenig einladend. Die wichtigste Hafenstadt im Norden Chiles ist Antofagasta. Ein sehr großes, heute meist leeres Hotel und eine Reihe vornehmer Gebäude zeugen von besseren Zeiten. Die rege Tätigkeit im Hafen, Umschlagplatz für Bolivien und die Ausfuhr aus den großen Kupferminen im Landesinneren, gibt der Stadt ihre Bedeutung in unserer Zeit. Auch hier – wie in so mancher Stadt Südamerikas – steht auf einem der großen Plätze ein hübscher kleiner Turm mit einer schönen alten Uhr, den die Engländer um die Jahrhundertwende der Stadt geschenkt haben. Wenige Kilometer nördlich vom Zentrum hat das tobende Meer, sicherlich unterstützt von gewaltigen See- und Erdbeben, einen Felsblock, der bereits weit getrennt von der Küste den Wellen preisgegeben war, in stetigem Aufprall und Abfall zu einem riesigen Tor durchbrochen. Sein Dach bietet vielen Guanovögeln Heimat.
Von Antofagasta aus wenden wir uns gen Nordosten den Bergen zu. Das Farbenspiel des Sonnenauf- und Untergangs läßt die sonst so menschenfeindliche Wüste anziehend auf uns wirken. Wir kommen zu dem in rund zweieinhalbtausend Meter Höhe gelegenen Plateau, das zum Osten hin von ungezählten Vulkanen und Bergmassiven, die bis zu knapp 7000 Meter über den Meeresspiegel ragen, abgegrenzt wird. Salz und Staub haben die Landschaft verkrustet und zeugen davon, daß dieser Teil der Erde sich in weit jüngerer Zeit aus dem Meer gehoben hat als zum Beispiel der Osten des Kontinents. Hier liegt die Atacama-Wüste, deren flache Salzseen davon beredtes Zeugnis ablegen. In dem Städtchen Calama finden wir in einem gemütlichen Hotel schattenspendende Bäume, deren Grün der Blätter dem Auge wohltut, nachdem wir über Stunden dem Flimmern der Hitze auf Asphalt und Wüstensand ausgesetzt waren. Calama liegt der größten Kupfermine der Welt, Chuquicamata, die ihr Erz im Tagebau abbaut, am nächsten. Von fern schon sehen wir die rauchenden Schlote und die gewaltigen Kegel der Abhalden. Die Gewinnung selbst geschieht auf riesigen Terrassen in einem kilometerlangen, breiten und tiefen Trichter durch Sprengung, später Erhitzen, dem Trennen des Sulphurs vom Oxyd und Purifizieren dessen, was dann als Kupfer auf allen Weltmärkten erscheint. Mit zur Zeit über einer

Million Tonnen im Jahr stellt dieses Erz etwa 50 Prozent der chilenischen Ausfuhren dar.
Vom aktuellen Geschehen in diesem Teil des Landes wenden wir uns wieder kurz dem Vergangenen zu. Wir fahren zum größten Fluß des nördlichen Chile, dem Rio Loa. Nur wenige Kilometer östlich von Chuquicamata aus führt uns die staubige Straße in das breit und tief ausgewaschene Urstromtal des Loa, der zwischen gelbblühendem Ginster und Pfefferbäumen tief drunten seinen Weg nimmt. Zu einem kleinen, versteckten Rinnsal wird er in den langen Jahren der Trockenheit. Eine alte Festung aus inkaischer Zeit, eine kleine spanische Kirche aus dem 17. Jahrhundert und einige Adobe-Hütten, mit Stroh gedeckt, das wiederum mit einer Lehmschicht vor dem Zugriff des hier ständig pfeifenden Windes bewahrt wird, kleine Kreuze auf dem Dachfirst, die von priesterlichem Segen zeugen, so stehen die Zeugen der Geschichte, der Jahrhunderte, in dem kleinen Dorf Lasana, das hier seine friedliche Existenz führt. Die mächtigen Vulkane, Sankt Peter und Sankt Paul, erheben sich wie Wachttürme im Osten des Flüßchens.
Wir aber wenden uns nun in leicht südöstlicher Richtung nach San Pedro de Atacama, das zu einem bemerkenswerten Besucherziel weitab jeden hektischen Treibens unserer modernen Welt geworden ist. Ein belgischer Pater, die für Chile schon fast legendäre Gestalt des Padre Le Paige, sammelt hier seit Jahrzehnten alles, was zur Geschichte des chilenischen Nordens gehört. Sein Museum beherbergt eine Vielzahl von alten Töpfen, Geweben, Werkzeugen, Mumien und ähnlichem, beredte Zeugnisse aus präkolumbischer Zeit. Auf der dem Museum gegenüberliegenden Seite des Hauptplatzes steht eine der charakteristischen kleinen Dorfkirchen im einfachen kolonialspanischen Stil aus dem 17./18. Jahrhundert, wie die Häuser in Lasana und den anderen Orten Nord- und Mittelchiles aus Adobe gebaut, mit Stroh gedeckt, das von Lehm gehalten wird. Aus dem quadratischen, kleinen Turm tönt das dünne, blecherne Läuten der alten Kirchenglocke. Wenige Kilometer außerhalb liegt das »Tal des Mondes«. Nicht zu Unrecht trägt die Gegend diesen Namen, denn geradezu gespenstische Formen weisen die von den in grauer Vorzeit hier abgelaufenen Wassermassen ausgehöhlten Berge auf. Wenn wir viel Glück haben, können wir im Dorf einen Mann finden, der bereit ist, uns in seinem Lastwagen in ein in über 4000 Meter Höhe gelegenes Tal im Grenzgebiet mit Bolivien, das Tatio-Tal, zu fahren. Vor dem Morgengrauen geht die Reise dann los. Wege sind für das Auge des Laien selten erkennbar; so holpern wir hinauf in die Abgeschiedenheit einer grandiosen Bergwelt. Der Mond geht als himbeerfarbener Ball unter, und seine Farbe strahlt auf den schneebedeckten Gipfeln der Vulkane wieder. In diesen Höhen ist es vor Sonnenaufgang empfindlich kalt, zumal die Kabine des laut klappernden, scheppernden Vehikels weit entfernt davon ist, ein Wärmespender zu sein. Zu Beginn der Fahrt hatte der Fahrer Pedro sich mit vielen Worten entschuldigt, daß sein Gefährt ein derart abenteuerliches Äußeres aufweise, aber er habe alles abmontiert, was klappern könnte und für die Strecke nicht dringend erforderlich sei. Man würde schon sehen, wie berechtigt das sei! Er hatte recht. Über »Stock und Stein«, durch Rinnsale, Salzseen und ausgetrocknete Flußbetten ging es und es war erstaunlich, daß das brave Vehikel überhaupt durchkam. Gelegentlich tauchten Lamaherden auf, die nur neugierig ihre Hälse reckten, sich aber bei der Suche nach Nahrung nicht stören ließen. Für das Auge des Touristen war unmöglich erkennbar, woraus die Äsung bestand. Bis zu einer Höhe von etwa 3500 Meter begleiteten uns riesige, wunderschön blühende Kakteen. Da sie in Lateinamerika zu Hause sind, wachsen sie auch dort, wo ein Europäer sie nicht mehr vermutet, selbst bei zehn Grad unter Null. Die kalte Morgenluft läßt erkennen, welcher Berg noch offen sichtbar sein »Friedenspfeifchen« raucht und ruhig den Dampf gen Himmel bläst. Zu unserer besonderen Freude begegnen uns zu wiederholten Malen Rudel der zierlichen Vicuñas, der edelsten Kamelziegen Südamerikas. Wegen ihres flaumweichen Felles sind sie fast ausgerottet. Wie kahl und einsam sah diese Gegend von fern aus, und was erleben wir alles aus der Nähe! Bald tauchen am Wegrand grüne Polster auf; das Llareta-Moos bedeckt hier die Steine bis hoch hinauf in die Berge. Diese Pflanze wird gespeist von der nebelartigen Feuchtigkeit des über die Berge ziehenden »bolivianischen Winters« und braucht etwa 200 Jahre, um zehn Zentimeter in die Höhe zu wachsen, hat dann aber einen so schweren, holzigen Boden, daß sie abgeschlagen und als Brennmaterial verwendet wird. Pedro erzählt, daß er sich einmal, nur einmal, nie wieder, mit seinem Lastwagen zum Abtransport des Llareta verdingt hatte. Er zeigt uns, wie diese Fuhre durchgeführt wird. Die Berge sind sehr häufig kahle, glatte Vulkankegel, einige hundert bis tausend Meter hoch; wir erkennen eine Zickzackspur und eine »Direttissima«. »Da sehen Sie«, sagt Pedro, »im Zickzack arbeitet man sich den Hang hinauf, oben wird das abgeschlagene Moos geladen, dann: Gang

93 *Geysire im Tatio-Tal, Chile.*
In über 4000 Meter Höhe, im Grenzgebiet zwischen Chile und Bolivien, sprudeln ungezählte Geysire aus dem Erdboden. Das mineral- und schwefelhaltige, kochende Wasser deutet auf die starke vulkanartige Beschaffenheit des Gebirges hin.

94 *In der Atacama-Wüste, Chile.*
Unendliche Einsamkeit und Verlassenheit drückt sich in der Weite der Sandwüste aus. Nur das Farbenspiel der Sonne versöhnt uns mit der menschenfeindlichen Natur.

95 *In der Salzwüste.*
Das Rot der aufgehenden Sonne auf den hohen Bergen gibt der Salzkruste einen guten Kontrast. Spät zog sich in vorgeschichtlicher Zeit das Meer aus dem großen Hochtal an den Westhängen der nordchilenischen Anden zurück. Das Salz wird noch heute hier abgetragen und für den Verbrauch aufbereitet.

raus, Motor aus und in teuflischem Tempo rast man geradewegs ins Tal! Nein, nie wieder, verstehen Sie? Nie wieder! Ich bin nicht ängstlich, aber das? Nein! Das war grauenvoll. Aber die Kollegen machen es noch heute so! Das ist chilenische Akkordarbeit!«

Nach etwa fünf Stunden Rütteltreck hatten wir die rund 100 km bis zum Tatio-Tal hinter uns. Die Landschaft wurde weit, und vor uns dampfte und sprudelte kochendes Wasser in ungezählten Fontänen aus der Erde. Der vulkanische Untergrund schafft sich hier durch Geysire Luft. Die dampfende Feuchtigkeit läßt ein hartes Schilfgras um das Tal herum wachsen. Eine besondere Art, im wahrsten Sinne des Wortes abgebrühter Frösche paddelt vergnügt in der jod- und mineralhaltigen Hitze umher, ja, selbst Enten fühlen sich bei 80 Grad Wassertemperatur augenscheinlich wohl. Das Schweigen dieser eigenartigen Urwelt hier oben wurde von ohrenbetäubendem Donnern aus einem Seitental gestört; die moderne Technik war dabei die Urkraft der Natur zu sammeln und in Röhren zu pressen, um daraus ein Kraftwerk zu bauen, das die 300 km entfernte Stadt Antofagasta und die Mine von Chuquicamata mit Strom versorgen soll. Noch steht das Werk nicht, nur der komprimierte Dampf aus den Rohren zeugte von dem Vorhaben; sicher ist, wenn der Plan einmal verwirklicht werden wird, sinkt die heute abenteuerliche, abwechslungsreiche Fahrt ab zu einer bequem durchführbaren, im allgemeinen Touristenprogramm zu bewältigenden Reise ins Gebirge. Aber südamerikanische Mühlen mahlen langsam, auch in dem sonst so europäischen Chile!

Jetzt verlassen wir das großartige Hochgebirge, kommen zurück zur Küste und erreichen auf unserem Weg nach Süden den »Kleinen Norden«. Durch gelegentlichen Regen wird die Landschaft nun von Strauch- und Buschwerk belebt. Kleine Flüsse finden ihren Weg von den Bergen bis ins Meer. Hier fängt die Umgebung an, einladend und freundlich zu wirken. Von Antofagasta aus reisen wir acht Stunden bis nach La Serena, die koloniale Stadt Chiles. Hier wurde das Antlitz der Stadt seit der Jahrhundertwende im spanischen Kolonial-Stil restauriert. Parkbänke und Mauern zeigen Mosaiken mit spanischen Szenen aus glasierten Kacheln, die Häuser haben schön geschnitzte Balkons, ebenso sind die Kanzeln und Altäre in liebevoller Handarbeit gefertigt.

La Serenas Anfänge waren wechselvoll. Ein Gefährte Pedro de Valdivias gründete die Stadt bereits 1544, doch wurde sie zwei Jahre später von den in dieser Gegend lebenden Diaguita-Indianern zerstört, wenige Jahre später unter Francisco de Aguirre wieder aufgebaut, gut 100 Jahre danach von englischen Piraten geschleift, und noch heute glauben ihre Bewohner an einen begrabenen Schatz in der Guayacán-Bucht, der schon Sir Francis Drake anlockte. Nach dem endgültigen Sieg der chilenischen Truppen über die Spanier im Krieg 1818 wurde die Unabhängigkeit Chiles hier in La Serena proklamiert.

Von La Serena geht nun die Fahrt gen Osten in ein Tal, den Elqui-Fluß stromaufwärts, zur Geburtsstätte der ersten Nobelpreisträgerin Südamerikas, der Dichterin Gabriela Mistral. Sie genießt auch nach ihrem Tod noch sehr große Bewunderung. Ihre Verse leben im Volk weiter. Hier können wir auch die modernen oder altmodischen Destillerien bewundern, in denen in diesem Tal der beste Pisco, ein klarer Traubenschnaps, gebrannt wird.

Zwischen Weihnachten und Neujahr ist La Serena Ausgangspunkt für ein Pilgerfest oben in den Bergen, 50 km östlich von der Stadt. Das Dorf Andacollo verwandelt sich in ein überquellendes, buntes Gemisch aus Tanzenden und Zuschauern. Hier erschien die Muttergottes vom Rosenkranz zu Anfang des 17. Jahrhunderts einem Jungen und zeigte ihm den Weg zum Reichtum: zuerst zu einer Goldmine, später, als dieses Edelmetall erschöpft war, fand man Kupfer, das bis heute noch zur Ernährung des Dorfes beiträgt.

Auf unserer Fahrt in die Landeshauptstadt Santiago wird es hügeliger, und da wir der gemäßigten Klimazone mit Regen – und sogar in seltenen Fällen auch etwas Schnee – entgegenreisen, grün und fruchtbar. Pappelalleen, Trauerweiden, Brombeerhecken, Obstplantagen, Weinberge und Getreidefelder bestimmen das Bild. Bei Llay-Llay überqueren wir den Aconcagua-Fluß. An seinen Ufern gedeiht der subtropische Obstgarten Chiles: Hier stört kein Frost das Reifen der Ananas, Avocado, Papaya und vieler anderer Sorten. Flußaufwärts führt die Straße nach Argentinien, in unzähligen Haarnadelkurven vorbei an dem herrlichen Skigebiet Portillo in ungefähr 3000 Meter Höhe. Kurz darauf kommen wir zur chilenischen Zollstation, wo sich zwei Möglichkeiten bieten, will man nach Argentinien reisen: Man kann den langen Tunnel benutzen, wo auch der Omnibusverkehr über die Bahnschienen geleitet wird, so eng ist es dort; an seinem Ausgang atmen wir bereits argentinische Luft und schauen in das Tal des Mendoza-Flusses. Ein anderer Weg aber führt hinauf zur Paßhöhe und Wasserscheide. Dort steht als verbindende Gestalt für beide Länder

96 *Pilgerfest in Andacollo, Chile.*
Alljährlich zwischen Weihnachten und Neujahr kommen von weither Pilgerscharen zu Ehren der Madonna von Andacollo. Im 17. Jahrhundert wurde hier nach einer Vision Gold und später Kupfer gefunden. Der Dank an die »Muttergottes im Rosenkranz« besteht aus Prozessionen und Tänzen buntgekleideter Gruppen, wobei jede für sich Musik dazu erklingen läßt und eigene Trachten hat.

eine große Christus-Figur, »Cristo Redentor« – »Christus der Erlöser«.
Nach einem Blick »zum Nachbarn« kehren wir zurück in die Metropole des Landes. 1541 wurde sie von Pedro de Valdivia mit dem Namen »Santiago del Nuevo Extremo« gegründet: »Santiago« zu Ehren des hl. Jakobus, des Schutzpatrons von Spanien, »del Nuevo Extremo« weil Santiago wirklich am Ende der Neuen Welt lag. Heute ist sie die viertgrößte Stadt Südamerikas und zählt knapp vier Millionen Einwohner. In rund 600 Meter Höhe über dem Meeresspiegel liegt sie am Fuß der Andenkette, die hier etwa 4000 Meter hoch ist; die Gletscherfelder der schon im Grenzgebiet mit Argentinien liegenden Berge aber schauen aus über 6000 Meter Höhe zu uns herab. Die Stadt ist sehr großzügig angelegt. Besonders die Vororte werden von wunderschönen Platanen, Ahorn- und Pappelalleen durchzogen. Im Laufe ihrer Geschichte wurden hier bisher 32 große und mittelgroße Erdbeben registriert, die immer wieder die alten Häuser zerstörten. Viele der schönen Kirchen und Klöster fielen ihnen zum Opfer, und nur wenige, wie etwa San Francisco und Los Domínicos, stammen noch aus der Kolonialzeit. Die ältesten Wohnhäuser lagen, wie üblich, nicht weit von der Kathedrale und dem Hauptplatz entfernt. Ein solches typisches Kolonial-Haus beherbergte eine große Familie, da die Töchter nie herausheirateten, sondern die Schwiegersöhne dazukamen. Es war ein einstöckiges Gebäude mit mehreren Innenhöfen, und den Eingang bewachte ein Pförtner in seiner Loge. Ehe die Straßen von elektrischem Licht beleuchtet wurden, ging zu jeder Stunde ein Nachtwächter mit seinem Lämpchen einher und verkündete die Uhrzeit: »Fünf Uhr hat es geschlagen, und es regnet!« war dann möglicherweise zu hören.
Santiago war nicht nur ein friedliches Plätzchen mit angenehmem »Mittelmeerklima«, sondern auch Schauplatz wechselvoller Geschichte. Der kriegerische Stamm der Araukaner versuchte zu wiederholten Malen, die Stadt zu zerstören. Dauerte es doch insgesamt etwa 300 Jahre, bis die Indianer endgültig die fremde Herrschaft anerkannten. In der Kolonialzeit gehörte Chile zum Vizekönigreich Peru, was bedeutete – wie in allen Ländern, die diesem Vizekönig unterstanden – daß sie nur mit Lima Handel treiben durften, von dort ihre Gesetze, Verwaltung und Gerichtsbarkeit erhielten. An der langen unwirtlichen Küste Chiles tummelten sich jedoch seit ihrer Entdeckung Piraten aller Nationen, um sich der neuerworbenen Habe der Spanier zu bemächtigen. Aber nicht alle Schiffe blieben im Bereich der Küste. Wir alle kennen die Geschichte von Robinson Crusoe, der in Wahrheit Alexander Selkirk hieß, ein Schotte, den es auf die zu Chile gehörende Insel Juan Fernández verschlagen hatte, und der zu Beginn des 18. Jahrhunderts von dort wieder befreit wurde. Da Lima fast dreieinhalbtausend Kilometer von Santiago entfernt liegt, läßt sich leicht vorstellen, wie schwer es war, aus dieser Entfernung sinnvoll regiert zu werden. So erhielt Chile bereits zu Beginn des 17. Jahrhunderts seine eigene Gerichtsbarkeit, seine »Real Audiencia«. Einer der ersten Gouverneure von Chile war Martín García Oñez de Loyola, ein naher Verwandter von Ignacio de Loyola, dem Gründer der Gesellschaft Jesu. So kam dieser Orden und der der Dominikaner schon früh nach Chile; beide begannen mit großem Fleiß, diesem Land ihre Kenntnisse weiterzugeben. Manche Geschichtsschreiber meinen, daß in keinem Land Südamerikas die Jesuiten die Indianer so stark in Ackerbau, Viehzucht, Handwerk und Geisteswissenschaften unterrichteten wie in Chile. Als die Jesuiten in der zweiten Hälfte des 18. Jahrhunderts auf Geheiß des spanischen Königs Karl III. aus Lateinamerika ausgewiesen wurden, mochte zu dieser Entscheidung beigetragen haben, daß man die Selbständigkeit im Denken und Handeln der heranwachsenden Völker fördern wollte; in der Tat aber fielen diese wieder zurück, denn sie hatten weder das Wissen noch die Disziplin, ihre Schulen, Krankenhäuser und das Gewerbe in Stadt und Land selbst zu führen.
Für Chile legte Karl III. auch einige wertvolle Grundsteine auf dem Weg zur Selbständigkeit. Er trennte dieses so weit entfernte Land von dem Vizekönigreich Peru und ernannte es zu einem Generalkapitanat. Darüber hinaus wurde in Santiago die königliche Akademie der Jurisprudenz gegründet, und die Handelsmonopole mit anderen Ländern wurden ebenfalls gelockert. In Zukunft gehörte es zur besonderen Auszeichnung eines Generalgouverneurs von Chile – wenn er sich bewährt hatte – anschließend Vizekönig von Peru zu werden. Besonders hervorzuheben ist hier Don Ambrosio O'Higgins, der Ende des 18. Jahrhunderts als Gouverneur Chile sehr viel Aufschwung brachte. Unter anderem führte er drei wichtige Pflanzen in Chile ein: die Baumwolle, den Tabak und den Reis. Sie alle gedeihen noch heute gut in der gemäßigten Mittelzone dieses langgestreckten Landes. Er verstand es auch, mit den Araukanern im Süden Frieden zu schließen und ließ einige Städte neu erstehen oder gründen. Auch dieser verdienstvolle Mann wurde später Vizekönig von Peru. Der Name O'Higgins ging aber in Chile insbesondere durch

97 *Die Universität in Santiago de Chile.*
Die Metropole dieses langen schmalen Landes »am Ende der Welt« hat durch unzählige Erdbeben das meiste seiner Bauten aus kolonialer Zeit verloren. An der großen Hauptstraße, der Avenida Bernardo O'Higgins, die aber im Volksmund nur Alameda heißt, liegen viele der markanten Bauwerke der Stadt. Im Vordergrund sehen wir die Universität von Chile, der die Kirche von San Francisco im Hintergrund folgt. Sie gilt als das Wahrzeichen der Stadt aus spanischer Herrschaftszeit.

98 *Santiago de Chile.*
Die östlichen Vororte ziehen sich bis an den Fuß der Anden hin. 1541 wurde die Stadt von Pedro de Valdivia gegründet. Heute zählt sie knapp vier Millionen Einwohner. Sie ist zu einer modernen, »europäischen« Großstadt gewachsen, die durch viele Alleen und Grünanlagen besticht. Hektischer Verkehr strömt durch breite Straßen, großzügige, elegante Stadtteile umgeben das Zentrum.

99 *Die Klosterkirche von Los Domínicos, Santiago de Chile.*

Auf dem Weg in die Kordillere, am Rande der Stadt, steht diese Kirche als Zeuge der ausgehenden spanisch-kolonialen Zeit.

Don Ambrosios Sohn Bernardo in die Geschichte ein. Als zu Beginn des Jahres 1810 die Nachricht aus Buenos Aires in Santiago ankam, daß dort die königstreue Regierung abgesetzt sei und eine Junta aus Kreolen sich an die Spitze des Landes gesetzt habe, war das der Anstoß, auch auf der anderen Seite der Anden, hier in Chile, den aus Spanien stammenden Gouverneur seines Amtes zu entheben. So wurde am 18. September 1810 die erste Regierung gewählt, die aus gebürtigen Chilenen bestand, einem Präsidenten, Vizepräsidenten und verschiedenen Staatssekretären. Aber auch in diesem Land sollten noch einige Jahre vergehen, bis die Unabhängigkeit vom Mutterland Spanien endgültig erreicht wurde. Hier tat sich Bernardo O'Higgins entscheidend hervor. Er führte das Heer an, das vielerorts durch seine Disziplin und Tapferkeit Siege über die Royalisten erringen konnte. Aus Peru kam Hilfe für die Königstreuen, vom östlichen Nachbarn für die Chilenen. Nachdem General José de San Martín sein Heimatland Argentinien von der kolonialen Herrschaft befreit hatte, stellte er ein Heer mit 4000 Mann auf, das er zwei Jahre lang schulte, ehe er es von Mendoza aus über verschiedene Pässe auf mühevollem Marsch über die Anden nach Chile führte. Eine Leistung, die nicht selten mit dem Zug Hannibals über die Alpen verglichen wird. Dort suchte ein zweimal so starkes, royalistisches Heer seine Ankunft zu vereiteln. San Martín vereinigte sich mit O'Higgins. Am 12. Februar 1817 fällt die erste große entscheidende Schlacht zwischen Königstreuen und Patrioten nördlich von Santiago bei Chacabuco, und am 5. April 1818 wurde Chiles Unabhängigkeit durch die Schlacht in der Ebene des Maipo-Flusses südlich von Santiago endgültig besiegelt. Zwei Jahre später läuft aus der Hafenstadt Valparaiso eine chilenische Flotte, bestehend aus 7 Kriegsschiffen, 14 Kanonenbooten und 17 Transportschiffen in Richtung Norden aus. Die Führung lag bei San Martín, ihm zur Seite stand Lord Thomas Cochrane. Noch nie war im Pazifischen Ozean ein so mächtiges Aufgebot an Schiffen gesehen worden, aber der Gedanke der Befreiung von der einengenden Kolonialmacht Spanien ließ alle Länder zusammenhalten und gemeinsam den Sieg erringen. General José de San Martín wurde zum Protektor von Peru ernannt und Lord Thomas Cochrane, der die spanische Seemacht im Pazifik zerstört hatte, zum »Helden der Meere«.

In Chile wurde Bernardo O'Higgins zum »Director Supremo« gewählt. Hatte ihn seine Unerschrockenheit und Tapferkeit als Soldat zum großen Helden des Vaterlandes gemacht, so fehlten ihm jetzt die Fähigkeiten eines Staatsmannes, um die frisch aus der Taufe gehobene Republik in sich zu formen und in das Weltgeschehen einzuführen. Dem Wunsch des Volkes folgend dankte er 1823 ab und ging außer Landes. Noch fast 20 Jahre lebte er zurückgezogen auf einem Landsitz in Peru, wo er auch sein Leben beendete.

Im Gegensatz zu manch anderer Brudernation verliefen die nächsten Jahrzehnte der Republik in Chile recht friedlich. Sehr bald bildeten sich zwei große Parteien, die Konservativen und die Liberalen, deren Auseinandersetzungen dem Land zu schneller, geistiger Entwicklung verhalfen. Die Parteien wechselten sich mit den Regierungsgeschäften ab und förderten die industrielle und soziale Entwicklung. Bereits 1850 wurde im Norden Chiles zwischen Caldera und Copiapó die erste Eisenbahn des Kontinents gebaut. Zu Anfang unseres Jahrhunderts schlossen sich drei Staaten im sogenannten A-B-C-Abkommen zusammen, in dem sie ihre gegenseitige Hilfe und Unterstützung festlegten: Argentinien, Brasilien und Chile. 1920 verabschiedete der Kongreß das Gesetz zur allgemeinen Schulpflicht, das heißt jedes Kind zwischen acht und 13 Jahren ist verpflichtet, Lesen, Schreiben und Rechnen in einer Grundschule zu lernen. Von 1920 bis 1927 regierte Don Arturo Alessandri, der nicht durch die Stimmen der Oberschicht, sondern vornehmlich der breiten Mittel- und Unterklasse gewählt worden war. Er schuf grundlegende Neuerungen auf dem Gebiet der sozialen Gesetzgebung und trug mit Änderungen der Verfassung nicht unwesentlich zur ersten Volksfrontregierung in Chile bei, die unter dem Präsidenten Aguirre Cerda von 1938 bis 1941 das Ruder in der Hand hatte. Hier vereinten sich die Bewegungen der Mitte und der Linken. Nach Aguirre Cerdas Tod 1941 verlangsamten sich wieder die Reformpläne für die breite Unterschicht; erst als 1964 Eduardo Frei an die Regierung kam, der als Christ-Demokrat die Mehrheit aller gemäßigten Parteien hinter sich hatte, richtete sich verstärkt das Augenmerk der Regierung auf Reformen im industriellen und landwirtschaftlichen Bereich. Sein Nachfolger Salvador Allende, den die Sozialisten und Kommunisten gewählt hatten, versuchte das Programm Eduardo Freis unter Beschleunigung durchzuführen. Er scheiterte, sicher nicht zuletzt daran, daß ein bereits selbständig denkendes Volk sich nicht von einer Ideologie leiten läßt, der die wirtschaftliche Grundlage fehlte. Vergessen wir nicht, daß das zumeist dünnbesiedelte Chile in seinen verschiedenen Klimazonen, von der tropischen Hitze der Atacama-Wüste bis zum eisigen Klima der Antarktis, (ohne nen-

nenswerte Zahl von Analphabeten) eine höchst individualistische Art entwickelt hat.
Wenden wir uns nun von der Landeshauptstadt ab, dieser Millionenstadt, die seit der ersten Volkszählung von 1865 alle 20 Jahre ihre Einwohnerzahl verdoppelt hat und die uns mit ihren eleganten Straßenzügen, Vororten und kulturellen Darbietungen aller Art auf lange Zeit zu fesseln vermag. Auf breiter Asphaltstraße fahren wir nach Westen durch Weinberge, Gemüse- und Getreidefelder, die von endlos scheinenden Pappelalleen und Trauerweiden gesäumt werden. Nachdem wir die bis zu 2000 Meter hohe Kordillere durchquert haben, erreichen wir die Küste und die zweitgrößte Stadt des Landes, die wichtige Hafenstadt Valparaiso. Sie steigt die Hänge der Berge hinauf, die direkt an der großen Hafenbucht beginnen. Die Straßen sind zum Teil so steil, daß seit langer Zeit Standseilbahnen die Bewohner in die höher gelegenen Vororte befördern. Auch Valparaiso ist oft von schweren Erdbeben und Bränden heimgesucht worden, besonders heftig zuletzt 1906. Da die Stadt von eifriger Betriebsamkeit ist, leben die ruhesuchenden Menschen in dem nahegelegenen Badeort Viña del Mar. Hier verlocken herrliche Strände zum Nichtstun, selbst ein Spielcasino übt seine Anziehungskraft aus. In den Buchten nördlich und südlich dieser beiden Städte reihen sich große und kleine Badeorte aneinander. Eine Vielzahl der Bewohner Santiagos verbringt hier die heißen Sommermonate.
Unsere Reise durch Chile setzen wir im großen Längstal von Santiago gen Süden fort. Im Osten begleiten uns immer die hohen Berge, deren Kette häufig von den gleichmäßigen Kegeln der teils aktiven, teils erloschenen Vulkane unterbrochen wird. Nach etwa 90 km kommen wir nach Rancagua. In den Mauern dieser Stadt fand 1814 eine der größten Schlachten zwischen Royalisten und Patrioten statt. Obgleich Bernardo O'Higgins zum Abzug gezwungen wurde, war er der Held der Schlacht. Am Rande von Rancagua finden alljährlich im Herbst die nationalen Wettkämpfe im »Rodeo« in der halbrunden Arena, genannt »media luna« (Halbmond) statt. Diese bestehen aus einer Geschicklichkeitsprüfung von je zwei Reitern in der typischen Tracht des chilenischen Landmannes – sie kommt ursprünglich aus Andalusien, denn auch dort trägt der Mann die schmal zum Knöchel verlaufende Hose, die kurze Jacke, den bunten, knappen Umhang, die breite Binde um die Taille und den großen, flachen schwarzen Hut auf dem Kopf, dazu Stiefel mit etwa fünf Zentimeter hohen Absätzen, an denen bequem die großrädrigen Sporen festgemacht werden können. Ein Jungstier wird in die Arena gebracht, der von den beiden Reitern hin- und hergejagt wird, bis sie ihn schließlich so an die Wand der »media luna« gedrückt haben, daß er ihnen nicht mehr entkommen kann. Nicht nur reiterliches Können und schnell reagierende Pferde sind hier gefordert, der ursprüngliche Sinn dieser Übung ist, die Rinder so zum Schwitzen zu bringen, daß sie möglichst viel von ihrem Fell verlieren, damit es für den Winter recht dicht wieder nachwachsen kann.
Von Rancagua aus gen Osten führen Straße und Eisenbahn hinauf in die Berge zu einer der größten Kupferminen der Welt, »El Teniente«. Sie trägt mit dazu bei, daß Chiles Export zu rund 50 Prozent aus Kupfer besteht. Im Gegensatz zu Chuquicamata im Norden wird hier das Kupfer untertage abgebaut.
Die Berge begleiten uns im Osten und im Westen, und immer mehr Weinfelder liegen im großen Längstal. In der Stadt Talca gelangen wir ins Zentrum des Weinanbaugebietes, das Chile zum fünftgrößten Produzenten der Welt macht. Hier in Talca wurde 1818 endgültig die Unabhängigkeit Chiles vom spanischen Mutterland erklärt. Etwas südlich von dieser Stadt fließt der Maule, der zeitweise Grenzfluß zwischen den Araukanern und den Spaniern war. Erst 1887 erkannte diese Urbevölkerung endgültig die chilenische Herrschaft an. Von Talca aus in Richtung Osten führt uns eine Straße hinauf in die Berge zum Maule-See. Hier, in dieser grandiosen Landschaft, kann man gut Lachse und Forellen fischen. Weiter nach Süden treffen wir in Chillán, der Geburtsstadt von Bernardo O'Higgins ein. Die Stadt wurde einmal 1833 und wieder 1939 von grausamen Erdbeben zerstört. Heute eine angenehme, mittelgroße Stadt, lädt sie ein, Rast zu halten, wobei wir nicht versäumen, dem Monument zu Ehren des größten Helden der Nation unsere Reverenz zu erweisen.
Von Chillán aus wenden wir uns westwärts, durchfahren die Küstenkordillere und kommen nach Concepción, die drittgrößte Stadt des Landes, wichtige Universitäts- und Industriestadt. Sie war jahrhundertelang die Rivalin von Santiago. Waren in der ersten Zeit der Conquista sowohl Santiago als auch Concepción Bischofssitze, so wurde bereits 1563 auf Gesuch des Königs Philipp II. Concepción der alleinige Sitz des Bischofs von Chile. In der Zeit der Unabhängigkeitskriege wurde die Stadt zu wiederholten Malen Zufluchtsort für Royalisten, manchmal auch für die Patrioten. Heute entsteht hier das wichtigste Industriezentrum des Landes. Unweit von Concepción wurde 1950 das Stahlwerk von

100 *Straße in das Skigebiet von Farellones.*
Von Santiago aus in das etwa 50 km gen Osten entfernte Skigebiet von Farellones fahren wir auf kurvenreicher Straße das enge Tal des Mapocho-Flusses hinauf. Bis auf über 2000 Meter Höhe begleiten uns Säulenkakteen, Buschwerk und die dornigen Espiñales. Skifahren ist seit Jahrzehnten ein sehr beliebter und verbreiteter Sport in Chile.

101 *Der Hafen von Valparaiso, Chile.*
Der Hafen gehört zu den bedeutendsten der Westküste Südamerikas. In der großen Bucht können wir das rasch wechselnde Kommen und Gehen eines »Tores zur Welt« erleben. Weniger als zwei Autostunden ist Santiago entfernt, das über diesen Platz seine Waren mit allen Kontinenten austauscht.

102 *Slums in Valparaiso, Chile.*
Die wichtigste Hafenstadt des Landes zieht sich an den Hängen der Küstenkordillere hinauf. Häufig fiel diese Stadt schweren Erdbeben und Feuersbrünsten zum Opfer. Standseilbahnen helfen, eine gute Verbindung zwischen den höhergelegenen Stadtteilen und dem Zentrum um den Hafen herzustellen.

Huachipato in Betrieb genommen. Hier liegen riesige Kohlevorkommen, gibt es auch ausreichend Elektrizität und Wasserkraft. Bereits nach zwei Jahren wurde mehr Stahl und Gußeisen produziert, als der Inlandmarkt aufnehmen konnte. Hier hat man auch große Textil-, Zement-, Zellulose-, Papier- und Glasfabriken errichtet, eine große Ölraffinerie und petrochemische Fabriken. Die Hafenstadt Talcahuano liegt nur wenige Kilometer vor der Stadt und ist nicht nur Chiles größter Marinestützpunkt, seine Werften nehmen Schiffe bis zu 30000 t auf. In seinem Hafen liegt zur allgemeinen Besichtigung ein bedeutendes Schiff aus dem Pazifischen Krieg: die von den Peruanern gekaperte »Huáscar«. Ein anderer Ausflug von Concepción aus führt uns etwas südlich an der Küste entlang nach Lota, ebenfalls einer Kohleindustriestadt. Nicht aber die Kohleverarbeitung zieht uns an, sondern ein großer Park, der »Parque Cousiño«. Vor etwa einhundert Jahren wurde er von einem Engländer angelegt und beherbergt heute unendlich viele exotische Pflanzen und Bäume sowie einige Vogelarten. Von Lota kehren wir zurück in die Großstadt, fahren auf den 90 Meter hohen Caracol-Hügel und kommen dort zu zwei wunderschönen Aussichtspunkten. Vom Mirador Chileno aus sehen wir weit über die Stadt. Eine halbe Meile weiter stehen wir an dem Mirador Alemán, einem Kriegerdenkmal mit einer Bismarck-Statue. Von hier haben wir einen herrlichen Blick über den Bio-Bio, Chiles größten Fluß, der 15 km weiter in den Pazifischen Ozean mündet.

Nun nehmen wir die kürzeste Straße gen Osten, zurück durch die Küstenkordillere, um wieder auf die Panamericana zu gelangen. Auf ihr fahren wir nach Süden und kommen nach wenigen Kilometern auf die Brücke des Laja-Flusses. Von hier haben wir einen herrlichen Blick auf einen der drei Wasserfälle, die der Fluß hier bildet. Knapp fünfzig Meter stürzt das Wasser tosend in die Tiefe. Die Wasserarme des Flusses bilden eine Insel, auf der ein Bungalow-Hotel steht. Wollen wir uns hier eine Pause gönnen, haben wir eine lohnende Möglichkeit, die verschiedenen »Wasserspiele der Natur« zu genießen. Die Erde ist hier sehr sandig; so fahren wir später auf unserem weiteren Weg nach Süden noch eine gute Strecke durch Kiefernwälder. Hier ist in den letzten Jahrzehnten sehr viel aufgeforstet worden, da durch früheres Abholzen der dichten Wälder aus Ur-Zeiten die ganzen Hänge dieser meist bergigen Landschaft erodiert sind. Nach der Stadt Los Angeles führt uns unser Weg über den Bio-Bio-Fluß. Dieser Fluß war bereits im 15. Jahrhundert die Grenze für die aus dem Norden eindringenden Völkerscharen. Die Araukaner, die hier wohl vor einigen tausend Jahren über die Anden gezogen waren, boten ihnen an den Ufern dieses Wassers endgültig Halt. Einhundert Jahre später, als die Spanier ebenfalls nach Süden vordrangen, gelang es aber auch ihnen nicht, hier weiter zu kommen. Diese schafften es, an der Küste entlang von Süden aus ins Landesinnere vorzudringen; sie bauten militärische Stützpunkte und später Missionsstationen. Die Spanier und Araukaner lieferten sich harte Kämpfe. Das Gebiet zwischen dem Bio-Bio und dem Toltén-Fluß etwa 200 km südlich, in der heutigen Provinz Araucanía, blieb bis 1887 unter der Herrschaft der Araukaner. Noch heute sollen hier etwa 150000 reine Indianer, die heute in Chile »mapuches« heißen, leben. Sie gehen größtenteils bereits in Schulen und für diejenigen, die studieren wollen, gibt es in einigen Universitätsstädten sowohl Stipendien als auch Studentenheime. Auch das wird ein Weg sein, sie zu integrieren.

Die Araukaner bewohnten, bewohnen zum Teil auch heute noch, runde oder quadratische Häuser mit dicken Schilfdächern. Sie bauten Bohnen, Kartoffeln, Quinoa, Mais, Chili-Pfeffer und Mangos an – je nach Klimazone. Als Haustiere hatten sie Enten und Hunde, Lamas und Guanacos. Sie lebten von ihrem Feldbau, Jagd und Fischfang. Ihre schlichten Tontöpfe haben nur im Norden unter dem Einfluß der Inka Verzierungen und Malerei erhalten. Sie rauchten aus Tonpfeifen Tabak, der bei ihnen zu Hause war. Ihr bevorzugtes Musikinstrument war die Tru-Truca, eine Art Holztrompete, die mit Tierdärmen gefüttert und mit einem Horn an einem Ende ausgestattet war. Sie pflegten das Matriarchat, den Totenkult, maskierte Tänze und geheime Verbindungen. Obgleich sie weit verstreut lebten, kannten sie eine Gemeinschaft, der eine politische, zivile und militärische Führung vorstand. Die Caciques vertraten die zivile »Regierung«, ihnen oblag die Ordnung und Rechtssprechung. Diese wählten den obersten Heerführer. Wir wissen nicht genau, ob sie ein höheres Wesen anerkannten. Wohl beteten sie eine »Seele des Himmels« an, verehrten Meulen als guten Geist, Huecub als schlechten und Epumamu als den Geist des Krieges.

Der Geschichtsschreiber Molina berichtet folgendes über sie: »Das Volk glaubt und bekennt sich zur Unsterblichkeit der Seele. Sie sagen, nach dem Tod reisen sie auf einem Walfisch auf die andere Seite des Meeres, wo sie zum Einlaß Tribut an eine alte Zöllnerin zahlen müssen. Zahlt man nicht, reißt sie dem Toten ein Auge aus. Dort schwelgen die Seelen in allen erdenklichen Genüssen, essen Kartoffeln,

103 *Viña del Mar, Chile.*
Keine zehn Kilometer von Valparaiso entfernt liegt nach Norden der Bade- und Erholungsort Viña del Mar. Große Buchten mit schönem Strand, ein Spielkasino, verschiedene Sportclubs, Theater und Universitäten prägen die Atmosphäre dieser gepflegten Stadt. Im Sommer verbringen die Bewohner so viel Zeit wie möglich am Strand, auch Zigeuner kommen und flüchten vor den schäumenden Wellen.

ohne sich sorgen zu müssen, und leben ohne Arbeit und Anstrengung. In diesem Zustand nennen sie die Seele »pillán«. Es gibt gute und böse »pillanes«; sie sagen, die Guten sind die Araukaner, die Bösen die Feinde wie z. B. die Spanier. Darüber hinaus erzählen sie, daß die pillanes über das Meer zurückkommen können und ihren Freunden und Stammesgenossen helfen können. Deshalb sagen sie auch heute noch, wenn ein Gewitter heraufzieht und es donnert, daß über den Wolken ein Kampf zwischen den araukanischen und spanischen pillanes stattfindet. Das Rumoren in den Wolken ist das Hufeklappern der kämpfenden Pferde, der Donner das Tönen des Tambours und der Blitz das Schießen der Artillerie. Wenn das Unwetter ins Land der Spanier abzieht, triumphieren sie über den Sieg der araukanischen pillanes; zieht es zu ihnen hin, schreien sie und versuchen, ihre pillanes mit Schlachtrufen zu animieren: »Haltet ein, Freunde, auf, zeigt Mut, nur Mut!««

Noch heute tragen die Frauen der Mapuches ihre schwarzen Umhänge, die von einem farbigen, breiten Streifen eingerahmt werden, und Kopftücher, über die sie ein Band mit Silberplättchen zum Schmuck binden. Den Umhang halten sie mit einem großen silbernen Brustschmuck zusammen. Sie bearbeiten ihr Stückchen Land und gehen als Saisonarbeiter auf größere Güter oder gelegentlich auch in die Stadt.

Auf unserer Reise durch das Längstal Chiles kommen wir über das Malleco-Tal. Neben der Straßenbrücke führt in über 100 Meter Höhe die Eisenbahnbrücke über das Flüßchen. Sie wurde gegen Ende des letzten Jahrhunderts von demselben Eiffel gebaut, der auch die Kathedrale von Arica konstruiert hat. Die Landschaft ist hügelig, in der Ferne sehen wir die hohen Schneeberge und wieder und wieder die schönen Vulkankegel. Auf die Höhe des Llaima, einen tätigen Vulkan mit zwei großen Kuppen, zieht das bekannteste Skigebiet Mittelchiles jeden Winter die sportbegeisterte Bevölkerung. Hier, etwa 700 km südlich von Santiago kommen wir in die Hauptstadt der neunten Region, nach Temuco. Hier treffen sich Vieh- und Gemüsehändler, wird das Getreide aus dieser »Kornkammer« Chiles verladen und bis zur Hafenstadt Puerto Montt in einer Entfernung von etwas weniger als 400 km Luftlinie Richtung Süden gebracht. Hier beginnt die so mitteleuropäisch anmutende Landschaft der Wälder, Seen und Berge, in der mehr als 100 000 Chilenen deutschen Ursprungs leben.

Auch diese Zone wird, wie die nördlichen, immer wieder von schweren Erdbeben heimgesucht. Wer dieses schreckliche Grollen der Natur, das sich erst durch ein unterirdisches Poltern ankündigt, nicht einmal erlebt hat, wird sich schwerlich vorstellen können, wie jemandem zu Mute ist, auf schwankender Erde, wenn die Wellenbewegungen unter den Füßen kein Ende zu nehmen scheinen, die Häuserwände ächzen und krachen, nicht selten dabei auch einstürzen, die Erde aufreißt, die Bäume sich tief neigen, und das Wasser in den Seen an den Ufern meterhoch aufspritzt, weil diese unglaubliche Urgewalt einen See hin- und herschüttelt, wie einen Kochtopf, dessen flüssiger Inhalt ebenfalls an den Rändern hochspringt. Aber auch auf andere Weise verweist in diesem Land die Natur den Menschen auf seinen, ihr untergeordneten Platz. Wie oft verwandeln die friedlich rauchenden Vulkane, diese »Hochöfen der Natur«, sich in schreckliche Massengräber für Menschen, Vieh und blühendes Land. Auch hier wird das Land durch unheilverkündendes, unterirdisches Donnern vorgewarnt. Zeit zur Flucht bleibt jedoch fast nie, denn blitzschnell folgt durch dicken, aufsteigenden Rauch die mit gewaltiger Urkraft in die Höhe geschleuderte, glühende Lava, die sich dann sengend und mordend zu Tale wälzt. Der Rauchpilz bleibt noch Tage oder sogar Wochen über dem Krater stehen und läßt Mensch und Vieh auch im weiten Umkreis von mehreren hundert Kilometern Zuflucht in Gehäusen suchen, um möglichst wenig von der fliegenden Asche einatmen zu müssen. Ist dann das grausame Ereignis beendet, schauen wir auf weite Trümmerfelder am Berghang und im Tal und auf den schwarzen Vulkan, dessen bis dahin schneebedeckte Hänge nun nackt und kahl die Trostlosigkeit des Geschehens wiederspiegeln.

Reisen wir in der Sommerzeit in die südlichen Gegenden dieses Landes – im Winter fallen hier stellenweise bis zu 6000 mm Regen im Jahresdurchschnitt – so leuchtet und wärmt die Sonne fast ohne Pause von Mitte Dezember bis Mitte März. Wir genießen dann die strahlenden Farben der grünen Landschaft, der schneebedeckten Berge und des tiefen Himmelblaus. Das Getreide und die Feldfrüchte werden eingebracht, auf den vielen tiefblauen Seen tummeln sich die großstadtmüden Sommerfrischler, und die Touristik hat Hochkonjunktur. Vom Längstal aus werden uns Abstecher an einzelne Seen begeistern, wie den Villarrico zum Beispiel, der, besonders bekannt durch seinen lohnenden Lachsforellen-Fischfang, ebenso Ausflüge mit dem Boot auf dem ausfließenden, geschichtsträchtigen Toltén-Fluß bietet, oder zu dem etwas abseits gelegenen, landschaftlich sehr reizvollen Calafquén-See, der uns den gleichmäßigen Kegel des

104 *Salto del Laja, Chile.*
Etwa 500 km südlich von der Hauptstadt fällt der Laja-Fluß 47 Meter in die Tiefe. Seine drei Wasserfälle bilden eine Insel, auf der wegemüde Reisende, die das Schauspiel des Flusses genießen möchten, sich in einem kleinen Hotel erholen können.

105 *Villarrica, Chile.*
Das Dorf Villarrica liegt an dem See und Vulkan gleichen Namens. Es ist zu einem beliebten Touristenzentrum geworden. Im Sommer lassen sich köstliche Lachsforellen aus dem See angeln, im Winter befördert eine moderne Anlage schneehungrige Skifahrer die Hänge des Vulkans hinauf. Die grüne, warme Landschaft bildet einen sehr deutlichen Kontrast zu der harten, abweisenden Gegend im Norden, deren trostlose Wüste nicht zu langen Aufenthalten einlädt.

106 *Der Vulkan Villarrica.*
Er ist einer der ungezählten Vulkane Chiles, die uns auf der Reise durch das langgestreckte Land begleiten. In knapp 3000 Meter Höhe tritt der Rauch aus dem Krater. Zum Schrecken der Bevölkerung verschüttet sich von Zeit zu Zeit der freie Abzug für sein »Pfeifchen«. Der gefürchtete Ausbruch folgt danach nur zu bald.

zur Zeit friedlich vor-sich-hin-rauchenden Villarrica-Vulkanes von der südlichen, weniger bekannten Seite zeigt, oder weiter zum Panguipulli- oder vielleicht noch Riñihue-See. Sie alle liegen in herrlicher, bergiger Gegend, wo Wald und Feld längst kultiviert sind.

Nun aber zieht es uns zur Küste in die Stadt Valdivia, 18 km von der Mündung des gleichnamigen – oder auch Calle-Calle genannten – Flusses entfernt, der der spanische Entdecker und Eroberer Pedro de Valdivia bei ihrer Gründung 1552 seinen Namen gab. William Thayer Arteaga beschreibt die Stadt folgendermaßen: »Die Stadt hat wirklich gelitten, und sie hat so viel gelitten, daß man ihre Geschichte auch so erzählen kann: seit ihrer Gründung wurde die Stadt oftmals von Erdbeben heimgesucht: im Jahr 1575 mit gleichzeitigem Seebeben und Überschwemmungen durch den See Sinihué; 1737, 1835, 1837, 1907 und 1960 mit Seebeben und ähnlichen Überschwemmungen durch den Rinihué. In den Jahren 1662, 1737, 1742, 1748, 1864, 1904 und 1909 brannte die Stadt ab; Zerstörung durch Hurrikan im Jahr 1881; im Jahr 1720 Hungersnot; 1736 die Pest mit dem Verlust der halben Bevölkerung. 1599 zerstörten kriegerische Mapuches die Stadt vollständig und töteten die männliche Bevölkerung; sie nahmen die Frauen mit und vermischten sich mit ihnen.«

Und trotz all dieser Schreckensereignisse ist Valdivia heute eine hübsche, anziehende Stadt. Mitte des 19. Jahrhunderts kamen viele deutsche Familien zur Kolonisation in diesen südlichen Landesteil, von denen eine große Zahl in Valdivia blieb. So entstanden Brauereien, Mühlen, Gerbereien, Schiffswerften, Schuhfabriken, Schulen, Krankenhäuser; auch die Land- und Forstwirtschaft wurde vorangetrieben. Valdivias Hafen Corral, einst eine Festung der Spanier, gewann große Bedeutung für die Schiffahrt. Frachten wurden aber zum Teil auch bis in die Stadt selbst auf dem Wasserwege gebracht. Die Stadt bekam ihr europäisches Aussehen, das sie sich bis heute bewahrte. Die vielen Holzhäuser mit roten Dächern, blonde, blauäugige Menschen und Disziplin und Strebsamkeit, die die Deutschen mitbrachten, herrschen vor. 1955 wurde hier die Südliche Universität gegründet, die neben den land- und forstwirtschaftlichen Fakultäten nach und nach die meisten der gewünschten Studienrichtungen umfaßt.

Unser Weg geht zurück ins große Längstal und führt uns nach Osorno. Diese Stadt stammt ebenfalls aus der Anfangszeit der Eroberung. 1582 begann ihre Geschichte, wurde aber bald darauf Opfer der Angriffe der Araukaner. Wirklichen Aufschwung nahm auch sie erst durch die Einwanderung und Kolonisierung durch Deutsche Mitte des letzten Jahrhunderts. Bis nach Puerto Montt, der letzten Stadt des zentralchilenischen Längstales, erkennen wir die Hand der deutschen Siedler. Sie haben gerodet und gepflanzt, Industrie und Handel eingeführt und vorangetrieben und bekleiden auch heute wichtige Ämter in Politik und Wirtschaft. Bis zum Ende des Zweiten Weltkrieges pflegten sie besonders streng ihr deutsches Brauchtum, mischten sich nur sehr selten mit Chilenen, ja, häufig sprachen sie noch kein sehr gutes Spanisch. Dieses alles ist verständlich, da sie sich einer ihnen fremden Mentalität chilenischer und indianischer Art gegenübersahen. Auch war die Technik keineswegs so weit fortgeschritten, um leicht in die Heimat der Väter reisen zu können. Durch den Zweiten Weltkrieg hat sich da sehr vieles in den letzten Jahrzehnten geändert. Es wanderten so viele Familien in das deutschfreundliche Land, daß die Pflege heimatlicher Sprache und alten Brauchtums nicht mehr im Vordergrund steht; auch ist das Reisen unvergleichlich viel einfacher geworden. So ist es für den deutschen Touristen heute, der durch die Seenzone Südchiles reist, erstaunlich, daß er fast ohne die spanische Landessprache sprechen zu müssen, dort seine Ferien verbringen kann.

Von Puerto Montt aus können wir einen Abstecher nach Argentinien unternehmen, indem wir am Llanquihue-See entlang fahren, dann mit einem Fährschiff über den Todos-Los-Santos-See ans östliche Ufer gebracht werden und uns dabei amüsieren, wie hier nicht das Schiff die Fahrgäste am Ufer abholt oder hinbringt, sondern die Passagiere sich in die Mitte des Sees rudern lassen und dort auf den Weitertransport warten. In Peulla nehmen wir einen Bus, der uns durch dichten Wald zur argentinischen Grenze bringt. Dort geht es wieder über einen See, dann weiter per Bus bis zum großen Nahuel-Huapi-See, wo uns wieder ein Linienschiff erwartet, das uns bis in die Stadt San Carlos de Bariloche bringt. Diese Fahrt wird begleitet von den Vulkanen Calbuco, Osorno, Puntiagudo – der aber den Oberteil seiner »punta« (Spitze) bei einem Erdbeben vor einigen Jahren verloren hat – und im Grenzgebiet mit Argentinien schaut zu uns der gewaltige Berg Tronador mit seinen drei Gipfeln herab. Haben wir auch noch Glück mit sonnigem Wetter, so wird uns diese Fahrt durch ihre anziehende Schönheit in langer, langer Erinnerung bleiben.

Nach unserer Rückkehr nach Puerto Montt werden wir es uns sicher nicht nehmen lassen, uns an dem hier vorhandenen Austernreichtum zu laben. Gegenüber

107 *Ländliche Szene in Südchile.*
Noch heute werden Lokomobile aus dem vergangenen Jahrhundert als Antriebskraft für Sägewerke benutzt. Das reichlich vorhandene Holz dient zur Speisung der Heizquelle.

der Stadt liegt eine kleine Insel in einer Bucht, Tenglo, die für das Curanto-Essen berühmt ist. Hierfür wird ein Loch von etwa zwei Metern Durchmesser in die Erde gegraben, da hinein werden große, heiße Steine gekarrt, auf die wiederum kommen dicke Kartoffelsäcke und Stroh, die die Wärme halten; darüber werden nun Kartoffeln, alle Sorten Fleisch, Fisch, Seetiere, Maiskolben und was sonst passen könnte in Aluminiumfolie gewickelt gelegt, wieder warm zugedeckt und so gegart. Das Verspeisen wird dann zu einem sehr fröhlichen Fest unter freiem Himmel.

An der südlichen Küste des zentralchilenischen Festlandes schließt sich die große Insel Chiloé mit der Hauptstadt Castro und der kleineren, malerischen Stadt Ancud an. Die Insel ist dünn besiedelt, die Bevölkerung lebt von Fischfang, Holzwirtschaft und Kartoffelanbau. Große Niederschläge fördern den dichten Waldbestand.

Wir kommen noch einmal zurück nach Puerto Montt, um unsere Reise in den Süden fortzusetzen – nun aber nicht mehr auf dem Landweg, denn der Straßenbau, der hier äußerst kostspielig ist, steckt noch in den Anfängen. Die patagonischen Provinzen charakterisieren sich durch Gebirge und Fjorde, kalte Winde und sehr viel Regen. Nun haben wir die Wahl, entweder das Flugzeug oder eines der selten verkehrenden Fracht- oder Ausflugsschiffe zu nehmen. Halt machen wir dann in der Provinzhauptstadt Coihaique, einem bescheidenen, langsam wachsenden Städtchen, in dem die Menschen sehr freundlich und gastfrei sind und hauptsächlich von Vieh- und Waldwirtschaft leben. Seit einigen Jahren wird sehr stark aufgeforstet, da in diesem Jahrhundert der Wald zweimal, um ihn zu roden, abgebrannt wurde. Es ist eine in ganz Südchile noch übliche Form des Rodens, da auf diese Weise nur die unbrauchbaren Hölzer verschwinden, die dicken, wertvollen Stämme aber stehen bleiben und dann leichter herausgezogen werden können. In Fachkreisen ist man sich aber nicht unbedingt darüber einig, wieweit Nutzen und Schaden am Wald sich hierbei die Waage halten. Für uns Touristen bleibt der gespenstische Anblick der verkohlten, ausbleichenden Stämme, die teils einige Meter hoch in den Himmel ragen oder als »Holzfriedhöfe« – wie die Bewohner dort sagen – der Landschaft ein trauriges Gesicht geben. Regierungskommissionen haben inzwischen herausgefunden, daß Viehzucht in diesem Gebiet weniger rentabel als Waldkultur ist, so daß nun dem Aufforsten große Unterstützung zukommt.

Um ein wenig von der großartigen Landschaft kennenzulernen, chartern wir für einige Stunden ein kleines Flugzeug und genießen es, zwischen den bis zu dreieinhalbtausend Meter hohen schneebedeckten Bergen, deren Gletscher an steilen Hängen ins Tal rutschen und die von malerischen Fjorden durchzogen werden, entlangzufliegen. Nach einer guten Flugstunde landen wir auf einer steinigen Piste an einem Meeresarm, der sich hier zu einem See verbreitet, der Laguna San Rafael. Uns beeindrucken die dicht bewaldeten Berge, zwischen denen sich auf der Südostseite ein gewaltiger Talgletscher ins Wasser schiebt. Er erstreckt sich über etwa 80 km und läßt hier seine bis zu 80 Meter hohen Eistürme in den See kalben. Von ständigem Donnern und Poltern begleitet stürzen sie in das aufspritzende Wasser, das dadurch stark in Bewegung gerät. Zwei freundliche Patagonier, die als Wächter einer Hotelruine hier ihr Dasein fristen, rudern uns so nahe wie möglich zu den Gletscherbergen, ohne daß die Wogen uns erfassen können. Gebannt betrachten wir die bis ins Blauschwarze sich färbenden Eisberge, die sich besonders durch den Kontrast zu den am Ufer blühenden Büschen und Pflanzen als großartiges Erlebnis in unser Gedächtnis einprägen. Um uns kreisen Wildgänse, Schwarzhalsschwäne und Reiher. Die »Eiskälber« treiben als bizarr geformte kleine Inseln auf dem Wasser. Auf dem Rückflug machen wir einen Abstecher auf eine der ungezählten Inseln im Meer. Dort leben vor allem Fischer. Sie züchten unter anderem Muscheln, deren Genuß wir uns nicht entgehen lassen sollten. Sie nennen sie »Schuh-Muscheln«, denn sie haben die Größe des Schuhes eines Erwachsenen. Das Männchen wiegt in der Regel etwa 500 Gramm, das Weibchen ist etwas kleiner. Sie werden in einem Sud gekocht und mit Zitronensaft und Salzkartoffeln gegessen. Nach einem Stück wohlgesättigt, lassen wir uns von dem entbehrungsreichen, rauhen Leben der Menschen hier berichten.

Als letzter Station unserer Reise kommen wir in Punta Arenas, der südlichsten Stadt der Welt an. Sie liegt bereits nahe dem 53. Breitengrad und ist eine freundliche, gepflegte Stadt, in der Entgegenkommen und Gastfreundschaft sehr groß geschrieben werden. Seit dem Bestehen des Panama-Kanals sind es nicht mehr viele Schiffe, die ihren Weg durch die Magellan-Straße nehmen. Aber der Transport des in und um Feuerland gewonnenen Erdöls läßt sie wieder belebter werden. Schotten brachten im 19. Jahrhundert aus ihrer Heimat Schafe mit, die hier prächtig gedeihen; Schafzucht zählt heute zu dem wichtigsten Industriezweig dieser Landschaft. Wenn im Januar die Schafschur auf den großen

108 *Die Cordillera del Paine, Chile.*
Vor diesem gewaltigen, steilen Gebirgsmassiv in Patagonien genießen wild lebende Guanacos in einem großen Naturschutzpark Frieden vor der unerbittlichen Beutegier vieler Menschen. In der Abgeschiedenheit dieser Landschaft scheint die Zeit stillzustehen. Die raschen Witterungsumschläge haben bisher die Versuche, die etwa 2000 Meter hohen Steilwände zu erklettern, scheitern lassen.

109 *Der Valentín-Gletscher, Chile.*
Im nördlichen Patagonien schieben sich vom höchsten Berg am Südzipfel Südamerikas auf einer Strecke von etwa 80 km diese gewaltigen Eismassen in einen Meeresarm, die Laguna San Rafael. Fortwährend kalben laut polternd Teile der 80 Meter hohen Eistürme und verursachen so viel Seegang, daß ein Ausflug im Ruderboot zu einem Wagnis wird. An den Ufern des Gletschers erheben sich bewaldete Berge. Im Sommer grünt und blüht es in der eisigen Landschaft.

110 *Der Copihue.*
Chiles »Glockenblume« ist in dem dichten Baumbestand des mittleren Südens beheimatet, viel besungen und geliebt. Im Winter beleben die Blüten der Kletterpflanze als »leuchtende Feuerfunken« den regennassen Wald.

Höfen stattfindet, üben sich die Scherer eifrig in Tempo und Geschicklichkeit. Die Tiere dürfen nicht verletzt werden, da sie sonst auf der Weide von Geiern und Pumas gerissen werden. Am Ende der Schurzeit ist in Punta Arenas dann das große Wettscheren. Bisher nahm der Beste in acht Stunden der stattlichen Zahl von über 300 Schafen das Fell herunter.

Wir machen einen Abstecher auf die große Insel Feuerland, die zu einem Teil auch zu Argentinien gehört. Im Norden liegen die großen Ölvorkommen; wegen ihrer Fackeln haben die Spanier auf der Durchfahrt diese Insel »das Land des Feuers« genannt. An der Südwestküste finden wir ebenso beeindruckend Talgletscher wie in Patagonien. An den Küsten tummeln sich Pinguine, Seelöwen und ähnliche antarktische Tiere, die wir im Sommer aber kaum in den Buchten finden, da es ihnen dann dort zu warm ist und sie sich lieber an die noch weiter südlich vorgelagerten Inseln um Kap Hoorn zurückziehen.

Als letzten Ausflug hier »am Ende der Welt« fahren wir in den nördlichen Teil Südpatagoniens, ein weites Endmoränengebiet, in dem der ständige Passatwind die Bäume nach Westen neigt. Die Stämme ziehen sich zum Schutz ein helles Kleid aus etwa zehn Zentimeter langen Flechten an, das weithin leuchtet. In Puerto Natales machen wir Halt, bewundern wieder Scharen von Cormoranen und Schwarzhalsschwänen, deren schwarze lange Hälse sich scharf von ihren weißen Körpern abheben. Hier ist das Zentrum der Gefrierhäuser für Fleisch und vor allem Meeresfrüchte. In diesen südlichen Meeren lebt die große Königskrabbe, deren köstliches, dem Hummer ähnliches Fleisch zu den feinsten Delikatessen zählt.

Es sind nur wenige Jahre vergangen, seit in der Nähe von Puerto Natales in einer riesigen Höhle das Skelett eines Sauriers gefunden wurde und unsere Phantasie beim Nachdenken über Urzeiten belebt. Heute treffen wir auf den weiten, kargen Weiden Schafherden und ihre Hirten, die nicht viel Fremde sehen und sich deshalb sehr über ein freundliches Schwätzchen freuen und munter von ihrer Arbeit oder dem Leben um sie herum berichten. Westlich von unserer Schotterstraße liegen einige malerische kleinere Seen oder es reichen Meeresarme bis hier herein. Plötzlich erhebt sich im Norden ein gewaltiges, eigenartiges Bergmassiv, die Cordillera del Paine. Sie besteht aus drei Berggruppen, den »drei Türmen«, die ihren Namen ihrer schlanken, glatten, hohen Form verdanken, dem Mittelstück mit einigen Gletschern und im Westen den »drei Hörnern«, deren eigenartige steile Bergkuppen aus braunschwarzem Schiefer auf dem hellen Gestein der unteren 2000 Meter aufsitzen; die Hörner sehen dadurch aus, als hätten sie ein dunkles Dach. Wir fahren am Sarmiento-See entlang, der das Massiv abgrenzt, und halten an einer Stelle, an der wir uns bequem auf einem kleinen Moränenhügel niederlassen und diese gewaltige Naturkulisse bewundern können. Nur schwer wenden wir unsere Blicke von dem fast 3500 Meter hohen Bergmassiv. War gerade noch der morgendliche Sommerhimmel strahlend blau, so ziehen in ganz kurzer Zeit bereits Wolken herauf und verheißen Unheil; das Wetter schlägt sehr schnell um. Das ist auch einer der wesentlichen Gründe, warum hier noch wenige Bergsteiger ihrer Liebe zum Klettern nachgegangen sind. Die Unberechenbarkeit der Natur ist sehr groß.

Lassen wir unsere Blicke über die direkte Umgebung schweifen, so wissen wir kaum, was uns mehr erfreut. Die flinken Nandus fliehen in schnellem Trab vor uns und verschwinden hinter den Hügeln. Etwas mutiger bereits sind die Guanacos, die wilden Lamas, die in großen Herden heute hier friedlich leben, da das Gebiet zum Naturschutzpark erklärt wurde und so auch bewacht wird. Keine Schüsse verschrecken die scheuen Tiere mehr und bedrohen sie vor dem Aussterben. Aus gesicherter Entfernung beobachten sie zunächst den neugierigen Reisenden. Wollen wir etwas näher in die dunklen Augen mit dem samtenen Blick schauen, brauchen wir ein wenig Geduld, etwas Zusprache und vielleicht noch ein fröhliches Liedchen, dem sie mit erhobenem Haupt und aufgerichteten Lauschern folgen. In dem Sumpf der Senken stelzen Trappvögel und suchen mit ihren langen, gebogenen Schnäbeln nach Nahrung. Auf dem Wasser schwimmen zahllose Enten oder Wildgänse, auf den Büschen oder Zäunen ruhen sich verschiedene Adler aus. Über unseren Häuptern aber kreisen in majestätischer Ruhe, ohne einen Flügelschlag, die Kondore, die so geschickt die Thermik zu nutzen wissen. Im großen Bogen machen sie ihre Beute aus. Nichts kann uns stören beim Beobachten dieses großen Herrn der Lüfte, der heute leider nur noch so selten anzutreffen ist.

Haben uns die Anden als große Leitlinie die Richtung von Norden nach Süden durch den gewaltigen Kontinent gegeben, durch hektische Großstädte, feuchtheißen Urwald, schwindelerregende Paßstraßen und hoch aufspringende See an felsiger Küste, so mündet hier, am »Ende der Welt« das Ende unserer Reise in eine Oase des Friedens und der Ruhe, nach denen wir uns alle mehr als nur für einen Urlaub sehnen.

Praktische Reisetips

Für alle sechs Andenstaaten benötigen deutsche Reisende einen gültigen Reisepaß, kein Visum, kein Impfzeugnis. Für den Urwald empfiehlt es sich, mit Medikamenten gegen Malaria und Mücken versehen zu sein, vor Beginn der Reise dorthin ein Mittel gegen Typhus zu nehmen. Ratsam ist es, nirgends Leitungswasser zu trinken und keine ungewaschenen Früchte zu essen. Ebenso sollten in den Tropen keine Eiswürfel in die Getränke genommen werden, da auch sie aus nicht abgekochtem Wasser bestehen.
Die Landessprache ist in allen sechs Staaten spanisch.
In den meisten Ländern Südamerikas hat man auf Inlandflügen nur ein Freigepäck von 20 kg. In Argentinien wird auch auf längeren Überlandbusreisen das Gepäck gewogen und darf 20 kg nicht überschreiten.
In sehr vielen Ländern Südamerikas muß man auf Flughäfen eine Ausreisesteuer in US-Währung bezahlen.
Geld wechselt man am günstigsten in den jeweilig zu besuchenden Ländern selbst, da die Kurse im Ausland zum Teil erheblich ungünstiger sind.

Kolumbien: Fläche: 1 138 914 qkm. Staatsform und Bevölkerung: Präsidial-Republik mit Kongreß. 25,5 Millionen Einwohner, davon etwa 50% Stadtbevölkerung.
Hauptreiseziele: Cartagena an der Karibikküste, historische Bauten aus spanisch-kolonialer Zeit; Bogotá, Hauptstadt mit starker Mischung kolonialer und moderner Bauweise, besonders sehenswert das Goldmuseum in der Banco de la República; im Süden des Landes die koloniale Stadt Popayán; San Andrés de Pisimbalá mit interessanten Grabtempeln; San Agustín, mit mehr als 300 Steinfiguren aus präkolumbischer Zeit.
Währung: 1,– US Dollar = etwa 46,– kolumbianische Pesos.
Da in Kolumbien die »violencia«, die bürgerkriegsähnlichen Unruhen, noch nicht ganz verschwunden sind, empfiehlt es sich in diesem Land ganz besonders auf die eigene Habe und Sicherheit zu achten.
Hauptexportprodukt: Kaffee mit 66%, (1959 waren es noch fast 90%).

Ekuador: Fläche: 270 190 qkm. Staatsform und Bevölkerung: Präsidial-Republik mit Kongreß. 7,8 Millionen Einwohner, davon 800 000 in der Hauptstadt Quito und über eine Million in der größten Hafen- und Industriestadt Guayaquil.
Hauptreiseziele: die reiche Barockstadt Quito, die im Goldmuseum der Banco Central eine sehr gute Übersicht über die präkolumbischen Kulturen bietet: von den 86 Kirchen am Ort sind sehr viele sehenswert; der Sonntagsmarkt im nördlich gelegenen Otavalo bei den Otavalo-Indianern; ein Besuch bei den Colorado-Indianern südwestlich von Quito und weiter an die Pazifik-Küste nach Esmeralda mit wunderschönem Strand; eine der schönsten Eisenbahnfahrten des Kontinents von Quito nach Guayaquil, zunächst »auf der Straße der Vulkane« bis Riobamba, danach mit großartiger Aussicht auf den höchsten Vulkan der Welt, den Chimborazo, durch die Westkordillere ins tropische Tiefland zum größten Bananenhafen der Welt, nach Guayaquil; die im Süden gelegene Stadt Cuenca bietet malerische Landschaft und schöne koloniale Bauwerke; eine Abzweigung nach Osten in das große Zustromgebiet des größten Flusses der Erde, des Amazonas, z.B. über Baños an den Napo-Fluß zu den im Urwald lebenden Alama-Indianern; besonders lohnend ein Ausflug zu den Galapagos-Inseln, der kaum unter einer Woche zu machen ist (reguläre Flugverbindung von Quito und Guayaquil); die schneebedeckten Vulkane verlocken immer wieder Bergsteiger, unbedingt ratsam ist, sich wegen der Witterungsverhältnisse bei Einheimischen gut beraten zu lassen.
Währung: 1,– US Dollar = etwa 27,– Sucres.
Hauptexportprodukte: Erdöl und -derivate: 40%, Kaffee: 20%, Kakao und Kakaoprodukte: 17% und Bananen: 11%.

Peru: Fläche: 1,3 Millionen qkm. Staatsform und Bevölkerung: Präsidial-Republik mit verfassungsgebender Versammlung. Knapp 17 Millionen Einwohner, davon fast 25% in der Hauptstadt Lima.
Hauptreiseziele: Lima, die »Stadt der Könige« als ehemalige Residenzstadt der Vizekönige von Peru viele sehenswerte Bauwerke der Kolonialzeit; in dem anthropologischen Museum und dem Goldmuseum ein hervorragender Überblick über die präkolumbischen Kulturen: der Monat Oktober bietet aufgrund der Prozessionen am 18., 19., 28. und am 1. November des »Señor de los Milagros«, dem Herrn der Wunder, der die Stadt im 17. Jahrhundert von der Pest befreit hat, viel Feierlichkeit und internationale Stierkämpfe; die Stadt Trujillo im Norden als Zentrum der Mochica- und Chimú-Kultur, interessante Tempel in der Umgebung; Besichtigung von Zuckerrohrplantagen; etwa 400 km nordwestlich von Lima die Weiße Kordillere, die »Schweiz Perus«, östlich davon das älteste Kulturzentrum Perus, Chavín de Huantar mit eindrucksvoller Tempelanlage; 400 km südlich von Lima die »Pampa de Nazca« mit den ausgedehnten Erdzeichnungen; etwa 500 km südöstlich davon die Stadt Arequipa mit interessanten Bauten der Kolonialzeit; von dort in abwechslungsreicher Bahnfahrt zum Titicaca-See und weiter ins »Herz« des ehemaligen Inka-Reiches, nach Cuzco und Umgebung; die Sonntagsmärkte von Pisac und Chinchero.
Währung: z. Zt. 1,– US Dollar etwa 280,– Soles Oro (durch starke Inflation gleitende Abwertung). Geld kann in der Regel in Peru nur in der Banco de la Nación getauscht werden.
Hauptexportprodukte: Kupfer: 21%, Silber: 10,7%, Fischmehl: 9,9%, Erdöl: 9,3%.

Bolivien: Fläche: 1 099 000 qkm. Staatsform und Bevölkerung: Präsidial-Republik mit Kongreß. 4,9 Millionen Einwohner, davon 31,5% Stadtbevölkerung.
Hauptreiseziele: La Paz, das seit 1899 als Regierungssitz starken Aufschwung nimmt (durch seine Lage in knapp 4000 Meter Höhe sollten sich Touristen mindestens 1 Tag Zeit zum Akklimatisieren nehmen); Titicaca-See und Umgebung, besonders die Tempelanlage von Tiwanaku; die Minenstadt Oruro, besonders zu Karnevalszeiten, da dann sehr farbenprächtige Tänze geboten werden; das landschaftlich schön gelegene Cochabamba; Santa Cruz als »Tor« zum Tiefland; die Hauptstadt des Landes, Sucre, die sich als kleine koloniale Residenzstadt (etwa 90 000 Einwohner) mit vielen schönen Sehenswürdigkeiten erhält; unweit von Sucre der bunte, sehr fröhliche Sonntagsmarkt Tarabuco; die ehemalige Münzstadt Potosí, geprägt vom »Reichen Berg«, der in kolonialer Zeit Tonnen von Silber und heute Zinn hergibt.
Währung: 1,– US Dollar = etwa 21,– bolivianische Pesos.
Hauptexportprodukte: Zinn: 55%, Erdöl und Erdgas: 22%.

Argentinien: Fläche: 2,8 Millionen qkm. Staatsform und Bevölkerung: Präsidial-Republik z. Zt. mit Militärregierung ohne Kongreß. 26,5 Millionen Einwohner, davon 83,7% Stadtbevölkerung.
Hauptreiseziele: Buenos Aires, mit 10 Millionen Einwohner die größte Stadt Südamerikas, elegante, moderne Großstadt ohne koloniale Bauwerke; Rosario, die zweitgrößte Stadt Argentiniens, wichtiger Flußhafen am Paraná zur Verladung des Getreides aus dem Norden und Nordwesten; Córdoba, Universitätsstadt an dem Gebirgszug gleichen Namens mit schönen kolonialen Bauwerken in großartiger Landschaft gelegen; Salta, Jujuy und das Tal von Humahuaca im äußersten Nordwesten des Landes, schöne koloniale Städte am Ausgang des Tales, das durch sehr farbige Felslandschaft, riesige Kakteen und malerische alte Dörfer beeindruckt; Mendoza, Zentrum der ausgedehnten argentinischen Weingegend, gepflegte, hübsche Stadt an den Ostausläufern der Anden, Ausgangsort am Mendoza-Fluß entlang nach Westen durch ein großes, landschaftlich beeindruckendes Tal nach Chile; San Carlos de Bariloche, etwa 800 km südlich in der »argentinischen Schweiz« gelegenes Touristen-Zentrum mit guten Skifahrmöglichkeiten im Winter und Fischfang im Sommer; von dort nach Süden zu den patagonischen Gebirgen, Seen und wandernden Talgletschern, Buchten mit Pinguinen, Robben und Seelöwen.
Währung: 1,– US Dollar = 1 828 argentinische Pesos (stark gleitende Währung bei hoher Inflationsrate).
Hauptexportprodukte: Getreide: 28,5%, Industrieprodukte: 21,4%, Fleisch: 9,9%.
In Argentinien haben die Banken sehr unterschiedliche Wechselkursgebühren. Es empfiehlt sich, vorher Erkundigungen einzuholen.

Chile: Fläche: 756 600 qkm. Staatsform und Bevölkerung: Präsidial-Republik, z. Zt. Militärregierung ohne Kongreß. 10,9 Millionen Einwohner, davon 79,2% Stadtbevölkerung.
Hauptreiseziele: Santiago, eine moderne, gepflegte Hauptstadt, von wo aus im Winter in einer Autostunde Entfernung gute Skifahrmöglichkeiten, im Sommer in eineinhalb Stunden Entfernung gute Bademöglichkeiten am Pazifik gegeben; in Nordchile von Antofagasta aus gen Nordosten in die größte Kupfermine der Welt, die im Tagebau abbaut, Chuquicamata; weiter nach San Pedro de Atacama, interessante, salzverkrustete Landschaft, koloniale Dorfkirchen aus Lehmziegel, gutes Museum mit Funden aus inkaischer und präinkaischer Zeit; von dort in ein Tal, Tatio, in über 4000 Meter Höhe, in dem ungezählte Geysire aus der Erde sprudeln; das Längstal von Santiago bis Puerto Montt, auf etwa 1 300 km Entfernung sehr abwechslungsreich durch Vulkane, Seen und Wälder, schöne Flußlandschaften mit guter Angelmöglichkeit; die Cordillera del Paine in Südpatagonien als eindrucksvolles Gebirgsmassiv mit sehr vielfältiger Fauna, da Naturschutzgebiet; gewaltige Talgletscher in Patagonien, Feuerland und benachbarte Inseln; die Oster-Insel kann durch Linienflüge von Santiago aus in den trockenen Monaten von September bis Januar besucht werden und bietet interessante Studien aus alter Zeit.
Währung: 1,– US Dollar etwa 40,– chilenische Pesos.
Hauptausfuhrprodukt: etwa 50% Kupfer.